教师专业发展学校探索书系

影响中学课堂的

YINGXIANG
ZHONGXUE KETANG DE
56 BEN SHU

56本书

许守武　唐大光　主编

暨南大学出版社
JINAN UNIVERSITY PRESS

中国·广州

图书在版编目（CIP）数据

影响中学课堂的 56 本书/许守武，唐大光主编. —广州：暨南大学出版社，
2017.2（2017.3 重印）
（教师专业发展学校探索书系）
ISBN 978 – 7 – 5668 – 2036 – 5

Ⅰ.①影… Ⅱ.①许… ②唐… Ⅲ.①中学教育—文集 Ⅳ.①G63 – 53

中国版本图书馆 CIP 数据核字（2016）第 325599 号

影响中学课堂的 **56** 本书
YINGXIANG ZHONGXUE KETANG DE 56 BEN SHU
主　编：许守武　唐大光

出 版 人：徐义雄
责任编辑：武艳飞　姚晓莉　黄　斯
责任校对：李林达
责任印制：汤慧君　周一丹

出版发行：暨南大学出版社（510630）
电　　话：总编室（8620）85221601
　　　　　营销部（8620）85225284　85228291　85228292（邮购）
传　　真：（8620）85221583（办公室）　85223774（营销部）
网　　址：http：//www.jnupress.com　http：//press.jnu.edu.cn
排　　版：广州市天河星辰文化发展部照排中心
印　　刷：湛江日报社印刷厂
开　　本：787mm×1092mm　1/16
印　　张：17.75
字　　数：336 千
版　　次：2017 年 2 月第 1 版
印　　次：2017 年 3 月第 2 次
定　　价：45.00 元

前　言

　　眼前的这本书是澄海实验高中教师的读书随笔，也是他们向同行互荐好书的一个集萃。

　　2010 年的冬季是一个暖冬，在示范性普通高中评审终结的时候，专家引用了一句古语作为勉励："欲取其中，必求其上；欲取其上，必求其上上。"办学的上上之策，当然就是把师生读书的事情做好。联想起每到冬季，便有不少师生前来索要书单，或闲话最近读了什么好书，彼此交换一下感受。兴味盎然之时，有的便顺手带上某本书，说是可以蜷缩在被窝里慢慢看。看到老师们频频光顾当当网、孔夫子、亚马逊淘书购书，眉飞色舞地向别人推荐好书那种迫不及待的样子时，就想为何不顺水推舟，组织一个互荐共读活动，学校也可以做一下购书服务。就这样，"暖冬阅读"和后来的"暑期共读"活动就做了起来。于是，春夏秋冬，首尾衔接，教师们将读书感受和教育叙事结合起来，阅读与思考、叙事与反思、互助与共享之行动在有意无意间蔚然成风，若干年来不曾间断。这种"读书与反思"活动的自然形成，得益于教师年轻，也得益于课程改革。课改中遇到的困惑和问题实在太多，青年人比较敏感和顽强，将问题当挑战，在书中找出路，在行动中建模型，在反思中验证答案，学校管理作为推手，促成了这种共读共享活动。就这样，每年征集优秀读书随笔，终于汇集成辑。

　　本书辑录了教师相互推荐的五十六种好书，大部分是近年在教师中影响较大的教育类图书，还有教育界经久不衰的热点图书，以及教师喜爱的数理科技史、人文社科类书籍。教师为这些书籍动心、动情，抒写推荐语，并呈献读书札记和心得共七十余篇。为了便于查阅，编者将推荐图书和随笔归为五个主题，分别是：理想教育、专业发展、教育创新、班主任工作、悦读共享。

　　主题一：理想教育。国内外著名教育家俊采星驰，如陶行知、苏霍姆林斯基、斯宾塞、卡尔·威特等，他们的教育思想和教育理想闪烁着智慧的光芒，给后人留下了极为宝贵、永世传颂的精神财富，被一代又一代教育人所敬仰和践行。本主题以荐读的形式，推荐了《最伟大的教育家——从苏格拉底到杜威》《苏霍姆林斯基教育理论体系》《陶行知教育名篇》《优秀教师一定要知道的14件事》《斯宾塞的快乐教育》等书籍。除此之外，还介绍了近年行内流行、对转变教育观念影响较大的图书，如《教育新理念》《爱的教育》《窗边的小豆豆》《在与众不同的教室里——8位美国当代名师的精神档案》《第56号教室的故事：雷夫老师中国讲演录》《那些让孩子感到幸福的事儿》《不跪着教书》，这些宣扬理想教育的作者，如亚米契斯、黑柳彻子、袁振国、吴非等，他们的其他书籍也成为教师趋之若鹜的畅销书。

主题二：专业发展。教师专业发展是当下教育界很流行的关键词。教师是学校提高教育教学质量和优质发展的关键因素。随着教育综合改革的深化，教师的综合素质逐渐成为人们关注的热点。本主题推荐了《教师最需要什么——中外教育家给教师最有价值的建议》《教师角色与教师发展新探》《优秀教师的九堂必修课》《教师专业成长——刘良华教育讲演录》《教师的幸福人生与专业成长》等有关教师专业发展的书籍，萃集了名家名师教育思想和智慧，肖川、刘良华、高万祥、叶澜、李镇西等专家教授和一线教师叙述了从教多年的经验与收获，阐述了如何发展自我、成就自我，提出了读书修身、积极思考、磨炼技艺、人际沟通、追寻快乐等方面的积极建议。本主题还推荐了冯卫东的《今天怎样做教科研：写给中小学教师》一书，内容涉及中小学教师教科研工作的方方面面，为教师开展教科研，形成具有个性特征的研究范式提供了可资借鉴的范本。

主题三：教育创新。自从教育产生以来，"有效教学"便成为恒久追求。作为在高考制度和学生成长夹缝中生存的高中教师，不得不在应试和课改之间找平衡，他们是史上面临挑战最多、压力最大的一个教师群体，也是最能吃苦、最善于学习创造的一群人，因此，诞生了许多成功经验和教学模式，并被迅速移植到课堂上来。本主题首先推荐了余文森教授的《有效教学十讲》《有效教学的案例与故事》《有效备课·上课·听课·评课》三部书。余教授根据自己几十年的教学经验，道出了许多启人心智的关于有效教学的独特见解。本主题还推荐了洋思中学副校长刘金玉的《高效课堂八讲》，以及周彬老师的《课堂方法》《课堂密码》等图书。这些图书是"有效教学"在课堂的最好注

脚，使高高在上的课改理念成为扎扎实实的行动。本主题推荐的另一些专著，如《改善学生课堂表现的 50 个方法》《赏识你的学生》《为思维而教》等，是对现代教与学的观念和方法的进一步拓展和扩充。

主题四：班主任工作。多年前听一位老教师说：当教师就要当班主任，当班主任就要当毕业班的班主任。这句"金玉良言"在张万祥的《做一个幸福的班主任——16 位知名青年班主任讲演录》这本书中得以体现。张万祥老师的这本书中收录了 16 位在全国享有盛誉的知名班主任的讲演录，道出了他们最精彩的探索、最深刻的感悟、最动人的业绩、最美丽的人生轨迹和最真挚的忠告。同样的道理在《光辉岁月——我与个性一班的高三之旅》中也得到了印证。本主题还特别推荐了李镇西的《做最好的班主任》一书，该书全方位阐释了作者的教育观、教师观、学生观、家长观、班级管理、学生思想工作、学生心理健康教育等方面的理念和实践。李镇西与他的学生之间的那些感人肺腑的故事，以及他的班级管理模式，发人深省。本主题下的《为师之鉴：教师心头的那些悔与痛》《班主任兵法》等书籍，也都是班主任工作经验和教育智慧的精华集萃。

主题五：悦读共享。作为一名教师，要坚持科学素养与人文素养并重的理念，就必须广泛阅读。通过阅读，拓宽视野，提高思想高度，增加对前沿科学的了解，加强思维的深度和广度。除了阅读与教学有关的书籍外，还要多读经典，与"巨人们"对话，学习他们的研究成果。本主题推荐了《物理学史》《数学哲学：对数学的思考》《老师的谎言：美国历史教科书中的错误》《目送》等书，对于丰富自己的知识面，提高自己的人文精神、科学精神等都很有裨益。对于如何有效阅读，特别推荐了莫提默的《如何阅读一本书》，这是一本有关阅读的永不褪色的经典，一本指导读者如何通过阅读增进理解能力的好书。

全国著名特级教师、全国十佳班主任郑立平说："聪明的教师总是善于见贤思齐，察纳雅言，择善而从。"这本书恰似此话的映像。老师们以名师著作为鉴，叩问自己，敢于在灵魂的镜子前"亮丑"，审视教学生涯的每一步，认识自我、正视自我、完善自我。从辑录文章中可以感受到每位老师都在努力寻找课程改革的正道通途，正确表达对理想教育的理解和追求，而不是成为课程改革的失语者。通过阅读改变行走状态，从而改造自己的课堂教学，活化了基础知识，幻化了灵动课堂，优化了学习品质。

今年冬天又是一个暖冬。抚摸墨迹鲜亮的书稿，望向仍是烈日当空的窗外，不由想起泰戈尔的诗句：一种感动正穿越内心。最是书香能致远，这个暖冬又添一抹书香。

本书是从数百篇读书随笔中选取的一部分心得和札记，有如丛林里撷取落叶，限于编者的水平，或许有诸多瑕疵纰漏，谨请读者朋友不吝指正。

衷心感谢全体作者和参加本书编辑工作的所有人员！

编　者

2016 年 11 月

目　录

专业发展

教育创新

班主任工作

悦读共享

理想教育

教育是神圣而崇高的，教育是育人的事业；
教育的使命让人从无知走向睿智，从幼稚走向成熟；
教育的最高境界是逐步形成自我教育的人格。
教育需要激情，需要全身心投入与无私奉献；
教育需要诗意，需要洋溢着浪漫主义的情怀；
教育需要机智，需要把握每一个转瞬即逝的机遇；
教育需要活力，需要以年轻的心跳昂奋地工作；
教育需要恒心，需要毫不懈怠地追求与持久探索；
激情、诗意、机智、活力、恒心的源头活水是崇高理想。

——摘录自朱永新《我的教育理想》

推荐书籍

《陶行知教育名篇》

作　　者：陶行知

出　版　社：教育科学出版社

出版时间：2013 年

推荐理由

"捧着一颗心来，不带半根草去"，这是陶行知先生的座右铭，也是其一生献身于教育事业的真实写照。陶行知先生创立了"生活教育""创造教育""教学做合一"等教育理论，它们博大精深又富有远见卓识，与新课程改革的理念有着惊人相似之处，陶行知先生的学校观、教师观、学生观和管理观等教育思想，成为教育改革的营养和源泉。

《陶行知教育名篇》汇集了陶行知先生平生教育教学研究与实践的精髓，是学校教育教学改革与发展的蓝本和启示录。一书在手，如师相随。随着普通高中由规模化转向内涵化发展，学习和借鉴陶行知教育思想，坚持其"民主、开放、创造"的教育信念，践行其"生活教育""创造教育""教学做合一"等教育理论，构建"教研共同体"，推行扁平化管理，有助于推行普通高中教育教学改革，促进学校管理现代化，提升办学品质。

推荐人：许守武

大道至简　悟在行知

许守武

《陶行知教育名篇》让人深深地感受到一位教育家崇高的教育情怀，真切地领悟到理想教育的真谛。陶行知创立了"生活教育""创造教育"等教育理论，它们博大精深又富有远见卓识，与新课程改革的理念有着惊人的相似之处。他的学校观、教师观、学生观和管理观等教育思想，成为教育改革的营养和源泉。随着普通高中由规模化转向内涵化发展，那些曾经对教育教学的稳定起重要作用的教学常规管理制度，有的已经不适应形势发展需要，急需改进和重建。阅读《陶行知教育名篇》，学习陶行知的教育思想，践行其学校观、师生观和管理观，坚持"民主、开放、创造"的教育信念，构建"教研共同体"，推行扁平化管理，有助于提高学校管理效率，进一步促进学校品质的提升。

一、学习、实践陶行知的学校观、师生观和管理观

学习、实践陶行知的学校观、师生观和管理观有利于改革传统管理那种管制、监控、指示、命令的模式，建立新的学校管理机制，推行扁平化管理，形成具有本校特色的教学常规管理模式。

陶行知对于办什么样的学校，建立一种什么样的师生关系，落实什么样的学校管理制度有着真知灼见。他在教育名篇《我之学校观》中说："学校有死的有活的，那以学生全人、全校、全天的生活为中心的，才算是活学校。"他说："学校是师生共同生活的处所。他们必须共甘苦。甘苦共尝才能得到精神的沟通，感情的融洽。""办学如治水，我们必须以导河的办法把学生的精神宣导出去，使他们能在有益人生的事上去活动。倘不能因势利导，反而强事压制，那么决堤泛滥之祸不能幸免了。"陶行知先生的学校观、师生观和管理观反映出扁平化管理的理念。

扁平化管理是相对于传统的重管制、监控、指示、命令的"金字塔"式管理而言的，要求通过减少管理层次、增加管理幅度、精减人员来建立一种紧凑的横向组织，达到管理的灵活性、敏捷性、柔性和创造性的目的。扁平化结

构强调组织的系统、管理层次的简化、管理幅度的增加与分权。我们借鉴陶行知的学校观、师生观和管理观，在组织机构、信息沟通、管理流程和师生互动四个方面建立了一系列规章制度。

第一，推行组织结构的扁平化。教学常规管理的中心是教务管理，环节众多，任务繁重，可谓千头万绪。为实现教务管理组织结构扁平化，需要整合管理业务，调整职能，把常规管理的职权下放到年级学科组，实行级组管理制度。做法如下：由教务处一名主任总负责，年级学科组分点负责年级段的教学指导、教学督导指挥、教学咨询和教学服务，包括制订计划、教学设计、课堂教学、作业布置与批改、指导实验、辅导、课外活动、考试、排课调课、校本教研等十个教务管理环节的督导检查，实行步行式管理，开展大面积"推门听课"。发现问题即时解决，年级学科组成为教学协调中心、督查中心、服务中心。这种短、平、快的组织结构，使管理释放出最优效能，达到"无缝隙"的境界。

第二，促进信息沟通的扁平化。以往推行的年级管理，主要由学校德育部门负责。实行扁平化管理之后，理顺了机构的关系，年级级长协同教务主任开展工作，使教育教学业务相连、集散有度、管理有序。年级教育教学全员管理，负责人自加压力，寻找差距，防止推诿扯皮现象的发生。另外，为进一步促进信息沟通的扁平化，进一步理清全校教学教研常规管理线条，保持教研组长的相应职权，教研组长直接指导各备课组的教学教研工作，同时负责教学检查、公开课组织、教研论文评选、教师业绩考评、新教师培养，以及组织教学能手比赛、学科竞赛等。这样，整合了学校资源，共同落实阶段目标。年级组、教研组的发展促进了学校的整体发展。

第三，实施管理流程的扁平化。教学质量是学校发展的生命线。贯彻了管理扁平化之后，质量管理流程开始实行"一制三抓"制度。"一制"，即教学质量目标责任制。班级和学科质量直接与班主任、教研组长和科任教师的绩效评比挂钩，班主任是班级教学质量的责任人，负责班级常规教育和管理，确保班级教学质量；教研组长是学科教学的把关人，负责科组教学质量；科任教师是学科成绩的直接责任人。"三抓"，即一抓教学检查，日查课、周查作业、月查测试；二抓考试规程，明确考务工作流程，将命题、监考、评卷、讲评的操作规范化；三抓质量分析和反馈，实行三级质量分析，每次大型考试后，分别召开班主任、备课组和年级组三级质量分析会，及时发现问题，迅速采取措施解决问题。

第四，倡导师生互动的扁平化。教师和学生是教学活动的主体，师生虽然角色不同，但目标是一致的。师生和谐平等的关系就是一种教学扁平化的关

系。为此，在课堂常规教学中实行"三五式"教学策略。这里的"三"指的是"三个转变"，即变注入式教学为启发式教学；变学生被动听课为主动参与；变单纯知识传授为知能并生。"五"指的是"五个要让"，即在课堂教学中能让学生观察的要让学生观察；能让学生思考的要让学生思考；能让学生表述的要让学生表述；能让学生自己动手的要让学生自己动手；能让学生自己总结的要让学生自己推导出结论。教师不能包办代替，师生平等，教学相长。

二、学习、实践陶行知"教学做合一"的教学观

学习、实践陶行知"教学做合一"的教学观，改革传统教学方式，推行"自主、合作、探究"的教学方式，形成课堂教学规范样式，引领教师实施有效教学策略，构建高效课堂。

陶行知"教学做合一"的教学观是生活教育、创造教育思想的集中体现。其意思很明显，就是"先生要照学生学的路子教，学生要照做的路子学"，实际上就是为学生的一生发展而教。他说："教学做是一件事，不是三件事。我们要在做上教，在做上学。"他又说："事怎样做便怎样学，怎样学便怎样教。教而不做，不能算是教；学而不做，不能算是学。教与学都以做为中心。"由此他特别强调要亲自在"做"的活动中获得知识，不只是提高人的认识能力，而且是提高人的行动能力，强调了自主性、实践性和创造性。当今素质教育要培养创新意识和实践能力，新课程改革要实行"自主、合作、探究"，实质上都是"教学做合一"的教学观的反映。

陶行知"教学做合一"教学观引领下的学校管理制度，其根本目标是使所有学生都获得充分、全面的发展，从而形成公平、高效的学校教育秩序。教学常规管理制度的制定不仅仅在于规范教学秩序，更重在营造宽松的创造空间，发挥自主性、实践性和创造性，引领学生成长和教师发展。为此，我们根据陶行知教育教学思想，在实践中树立了"有效教学、自主学习、持续发展"的教学理念，突出"教学做合一"教学观的贯彻实施，改进或重建教学常规管理制度，构建教学教研文化。其中既包括了《课程实施纲要》《三年一体化全程教学设计规划》等教学规程和"导学式"课堂范式，也包括了《教学常规管理制度》《综合实践活动实施与管理制度》《学生学业成绩管理制度》《选课指导制度》等其他常规管理制度。

第一，牢固树立"有效教学"的教学理念，推行"以学定教"的成功做法。在陶行知"教学做合一"教学观的引领下，形成了"有效教学、自主学习、持续发展"的教学理念。其内涵阐述如下："有效教学"主要指通过教师在一段时间的教学之后，学生获得具体的进步或发展；"自主学习"指学习者

在教师的指导下，根据自身条件和需要自由地选择学习目标、学习内容、学习方法，并通过自我调控的学习活动完成具体学习目标的学习方式，其基本特征是主动学习、独立学习和自觉学习；"持续发展"指通过有效教学和自主学习，实现学生个性的健康发展和可持续发展，实现教师专业发展和学校内涵发展。推广"以学定教，先学后教"的成功做法，以课堂教学结构改革，带动教学方法改革，实施"重心前置、自学贯通、精讲精练"教学设计策略，以改革教学方法整体推动精致教学的有效实施。"重心前置"就是说在课堂教学之前引导学生进行目标明确的自主性学习，使学生于课前先学，以便课上有准备地学；使教师课前充分了解学情，以便课上有针对性地教。"自学贯通"是指在课前、课中、课后贯穿主动学习、独立学习和自觉学习，学生有自主学习的时间，能在学习中主动提出问题。"精讲精练"，主要指发生在课堂上的教与学行为，不但要包括"讲什么""怎么讲""练什么""怎么练"，而且要重视时间效率，围绕学习目标，按照效益最大化的要求，设计好重点讲和练的内容、方法和方式。

第二，实施课堂教学规范样式，创新导学式自主学习方法。"教学做合一"思想的核心是自主性学习，培养学生终身学习的能力。在倡导自主性学习方面，我们继续推行和有效训练学生掌握"三先三后"（即先预习后听讲，先复习后作业，先思考后请教老师、同学）的学习方法，在此基础上，修订《高中生学习规范》，创新实施导学式自主学习方法，对课堂教学范式中的"当堂自学"环节做了严格规定。要求课堂教学必须融合自学内容、自学方法和自学时间三项内容，有效设计学生课堂自学。要求必须结合学习目标有层次地进行课堂自学，一节课自学安排一般不超过三次，每次设置问题不超过三个，方法上可以是"问题式""检测式""任务式"等多种模式的综合运用，以体现"主题精炼、内容精当、方法精巧"的原则。

此外，在"教学做合一"思想的指引下，自学指导工作要做到常规化、专门化、制度化。利用新生入学、备考指导、阶段复习考试等时机组织开展学习方法指导，科学支配早读、夜修时间，提高学习效率；各班级健全和完善学习小组活动制度，定期组织学生开展学习心得交流；各学科落实竞赛活动制度、社团活动组织管理制度，定期举办各类学习竞赛和实践活动；各科任课教师通过课堂教学、练习布置、考试讲评、教学小结等环节，有目的、分步骤地进行自学训练，培养学生的学科自学能力，使其养成良好的学科学习习惯。同时，组织开展中学生生涯规划辅导，做好学生选修指导和学业指导工作。

第三，重视综合实践活动常态化建设，开展生活教育和创造教育活动。综合实践活动课程常态化和全员性是课程建设的重点和难点。"教学做合一"是

破解这个难题的良方妙药。为此，学校探索出利用社区教育资源实施综合实践活动的途径与方法，制定了《综合实践活动实施与管理制度》，以保证活动规划整体化、课程资源开发生活化、活动管理课程化和经常化。班主任和科任教师负责研究性学习、社区服务和社会实践活动的指导和组织工作，为学生开展综合实践活动创设宽松的活动时空，使课程规划、课题设计、学科指导、活动组织和成果汇集展示各环节落到实处，实现全员参与、全面整合、全程管理的目标。

三、借鉴陶行知"以互助合作精神相待"的思想和"民主、开放、创造"的教育观

借鉴陶行知"以互助合作精神相待"的思想和"民主、开放、创造"的教育观，改变以往教研管理自上而下、忽略合作创新的刚性管理，建立对话、协商、合作机制，形成教学研究共同体，促进学生个性发展、教师专业发展和学校可持续发展。

陶行知非常重视教师之间的团结协作。他在《育才学校创造年计划》中提出"以严肃认真态度律己；以互助合作精神相待；以科学方法治事治学"，明确师德规范，反对教师之间的"知识封锁"，希望在教师之间营造"精诚团结""同心协力"的氛围。陶行知说："我们深信教师必须学而不厌，才能诲人不倦。"教师如果只靠几本教科书，却不追求新的知识，不研究新的学问，那么他就既不能适应日新月异的科学进步，也不能满足学生上进的要求。随着课程改革的深化和学校转型的发展，教学更应该践行陶行知"以互助合作精神相待"的思想，建设教学研究共同体。因此，学校修订了《校本教研制度》，制订了《学科带头人培养方案》《青年教师校本培训方案》，努力建设"学习型""研究型"教师团队。

第一，共读共享，过一种幸福完整的教育生活。"过一种幸福完整的教育生活"是每一位师生的共同愿景。在一个"学习型"组织中，大家共同拥有先进的理论支撑，共同使用一套教育话语体系，共同破译教育密码，师生与学校共同成长。这些要素的基础是培植教师的读书热情。因此，我们大力推动教师读书活动，使读书活动日趋常态化、制度化。在每年十二月至第二年二月份一百天中举办跨年度读书活动，推荐教育教学名著一百部，组织"读书与反思"征文比赛和"有效教学"教学论坛，共读经典名作，共享成长经历，积极组织教师参加教研室举行的"我的读书随笔"教师读书征文大赛和专题交流活动，推动教师读书活动的深入开展，不断提高教师的理论水平、人文素养和文化品位。

第二，精修精研，走一条研训结合的发展道路。我们秉承陶行知的继续教育思想，在新修订的《校本教研制度》中增加教师专业研修和考核内容，如组织开展"课堂同步实录""15分钟精讲"等活动，引导教师深入学习，自我反思，提高理论和科研水平，促进专业发展。另外，改革公开教学活动制度，以"推磨课""对比课"为公开课的主要组织形式，开展"新教师汇报课""小课题研讨课""学科带头人示范课""组性交流课"等公开教学活动。公开课要优化课堂设计，要解决由于生源优化带来的课堂教学定位问题，要解决课堂教学从"强调知识"向"强调知识与能力、思维与方法并重"转变，从"强调讲授"向"强调教师主导下学生进行自主探究学习"转变的问题，要解决如何把握好课堂的思维容量与思维质量，培育和提升学生的思维品质等问题。

第三，互帮互助，建一个同伴互助的共同体平台。我们制订了《青年教师校本培训方案》，在开展"青蓝结对"活动的基础上，落实青年教师校本研训积分制度和"教坛新秀"评选条例，组织"有效教学"教学论坛，通过主题研讨、小组交流、案例分析、教学观摩、课题研究、师徒结对等形式，建立"参与、互动、合作、探究"的教研共同体平台。同时，将青年教师参加校本研训活动的情况纳入业绩考核。制订《学科带头人培养方案》，推进"名师"工程建设，落实高级教师和骨干教师公开课制度，进一步发挥学科带头人的示范和辐射作用；支持教师参加区域性教研活动，鼓励教师参加各级教研交流，积极开展联校学科教研活动。

践行陶行知的教育思想，改革教学常规管理制度，改变校大、事多、管理松散的现象，为进一步提高教学质量提供文化制度的保障，使管理上精干高效。

参考文献：

陶行知. 陶行知文集［M］. 南京：江苏教育出版社，2008.

推荐书籍

《最伟大的教育家——从苏格拉底到杜威》

作　　者：[爱尔兰] 弗拉纳根

译　　者：卢立涛、安传达

出 版 社：华东师范大学出版社

出版时间：2009 年

推荐理由

　　《最伟大的教育家——从苏格拉底到杜威》介绍了苏格拉底、柏拉图、亚里士多德、奥古斯丁、卢梭、杜威、蒙台梭利、布伯等 18 位西方教育思想和教育实践的先驱者，生动地展示了从古至今教育思想的发展与演变。书中重点关注每位教育家的教育理念和所倡导的教学方式，大部分教育家的教育思想至今还影响着世界教育。其中马丁·布伯关于"对话"理论的独到见解，给我们广大教育工作者提供了很好的借鉴，同时也引发了我的思考：如果教师和学生能够构建出一种全新的"我—你"关系，那么，教育将焕发新的生机和活力。

推荐人：苏永强

拨动心灵的琴弦　奏响美妙的旋律

苏永强

近日，我拜读了弗拉纳根的《最伟大的教育家——从苏格拉底到杜威》，该书介绍了从苏格拉底到杜威共18位西方教育家的教育理论与实践，生动地展示了从古至今教育思想和教育方法的发展与演变。其中，伟大的犹太哲学家马丁·布伯的"对话"教育理论引起了我深深的思考。

马丁·布伯认为，人在交往中形成的关系具有本体论的意义，人的价值只有在关系中才可以充分展现出来。教师和学生间建立起来的应该是人性平等的"我—你"关系，而不是教师支配和控制学生的"我—他"关系。布伯声称，在真正的教育关系中，教师必须对孩子们的自发性行为和创造性思维进行评论和引导，而不是为了只有他们自己才知晓的教育目的而强迫学生接受这种影响。学生和教师之间的关系必须是"对话"的关系，是一种精神上的相遇，两个主体以理性、信任的心态去释放自己全部的个性和生命力，并由彼此的"相遇"走向"包容"，让学生向世界敞开心扉，使学生勇敢地面对现实世界，从而通过自愿的方式徜徉在人类的文化世界中。

布伯关于"对话"理论的独到见解，为我们广大教育工作者提供了重要的理论指导，同时也引发了我的思考：如果教师和学生能够构建出一种全新的"我—你"关系，那么，教育将焕发新的生机和活力。结合新课标提出的建立充满人性关怀、民主平等的新型师生关系，营建师生共同发展的教学关系，培养学生独立性和独立学习能力的要求，我着重谈谈关于如何构建新型师生关系的一些想法。

首先，师生间相互理解。师生在相互理解中才能澄清误会、疏通隔阂、排除矛盾、增进了解，从而达到相互承认、彼此信赖、共享知识的目的。教师在考查学生时，并不是用主观预设的条条框框去看待对方，而是设身处地地感受学生的所感所想，从而深入理解学生的内心世界、情感和想法。中国教育学会会长顾明远先生曾经说过："爱学生的基础是什么？是信任，是理解。"对学生内心深处的想法多一些理解和关注，对学生多一些肯定、尊重与赏识，以此来增强学生自信、自重、自立、自强的意识，这是教育者应有的胸怀和智慧。

教师只有通过深入的理解，走进学生的心坎从中体味到学生心灵的渴望，感受到教育工作的职责与神圣，才能不断地实现自我超越。学生通过理解教师，可以从中感受到教师对自己的期待，从而积极地学习、生活，不断进取。以"理解"为基础的师生关系，将会引领师生一同追寻崭新的生命意义。

其次，师生间平等对话，即强调师生人格的平等、价值的平等。教育应强调教与学中的师生是处于平等地位的、完整的人。教师不是特权式的人物，而是与学生站在同一基线上。在对话中，只有相互尊重彼此的个性，才能分享不同的个人经历、人生体验。在对话中，既有师生主体性的张扬，也有对师生"自由意志、独立人格"的守护，充满了平等的人与人之间的互惠和诚信。在平等对话中，让学生体验到平等、自主、尊重、友善、宽容和关爱，形成积极的人生态度与丰富的情感体验。

最后，师生间真诚交往。交往是构建平等、双向、良好师生关系的基本途径，也是教育实践的前提条件和重要基础。这就要求教师放下所谓"师道尊严"的架子，走近学生，真诚倾听、分享、交流。教学中的交往，对学生而言，意味着主体性的凸显、个性的表现和创造性的解放；对教师而言，意味着分享理解、专业成长和自我实现。在真诚交往中，教师将自己真实、完整的人格展现在学生面前，"言传身教"，给予学生指导，帮助学生理解生活、感受世界。真诚交往所形成的精神氛围和心理场域，对师生的成长有着十分重要、巨大的价值。正所谓"湿柴在烈火中也会燃烧"。真诚交往所引燃的思想碰撞和交锋，会深化和完善我们对问题的认识，会使一些思想在我们心中深深地扎根。师生间真诚的交往抵御着内心的麻木和荒芜，抗拒着倦怠感的产生，喷涌出教育力量的源泉。

良好的师生关系是教育成功的关键因素之一。在教育教学活动中，师生一起努力，共同构建出一种全新的"我—你"师生关系，共同拨动学生心灵琴弦上迷人的音符，必将奏响一曲曲美妙的教育旋律，为学生的幸福人生和终身发展奠定基调。

参考文献：

余文森，林高明，陈世滨. 有效教学的案例与故事［M］. 福州：福建教育出版社，2008.

推荐书籍

《给教师的建议》
作　　者：[苏] 苏霍姆林斯基
译　　者：杜殿坤
出 版 社：教育科学出版社
出版时间：2005 年

推荐理由

　　作为一位具有30多年教育实践经验的教育理论家，苏霍姆林斯基为了解决中小学的实际问题，切实提高教育、教学质量，专为中小学教师写了一本《给教师的建议》。此书内容充实，全面地反映了作者的教育思想和教育实践，书中总共给出一百条建议，针对每一个问题，既有生动的实际事例，又有精辟的理论分析，且文字深入浅出，通顺流畅，非常容易阅读。从作者简单质朴的文字中我们可以感受其无比高明睿智的教育智慧及教育思想，不仅能引起许多共鸣，而且还会让我们不断反思自己的教学，有益于开阔眼界、提高教育教学水平。

推荐人：林晓亭

《给教师的建议》读书札记

林晓亭

我在走上讲台的第一个寒假里，抽空阅读了苏霍姆林斯基的《给教师的建议》。起先只是抱着随意浏览的态度，而当我阅读完这本书的前言之后，我就决定，作为一名新教师，我必须认认真真地读完它。因为它一开始就点明了教师可能面临的种种教学情况，道尽了一名教师的心声。而我，迫不及待地想看看这位尊敬的教育家会给予我们教师什么样的建议。

这本书给我最大的感觉就是：细致、真实、广博、实用。苏霍姆林斯基观察到了教学中的方方面面，教师、学生、学校、教学方法、教学内容、教学才能……点点滴滴，他都涉及了，并且在给出的建议中，他也细致地为我们剖析问题、找出根源、给出建议，这是他的细致之处。而他给出的又是活生生的例子，写出来的文字给人以真实的感觉，引起了作为教师的我的共鸣，这是它的真实。通过阅读这本书，我好像又找回了读书的魅力，读一本好书，就如同和一位高尚的人对话，苏霍姆林斯基广博的知识储备和丰富的教学经验让人敬佩。整本书提供了各种不同的教学教育建议，非常实用，让人受益匪浅。

在阅读期间，有很多话语深深地触动了我，既有某种共鸣，又让我开始反思自己的教学。

一、对自己有信心，对学生有信心

"如果你想把自己的一生贡献给崇高的教师工作，那么，我们心中就应对人、对他身上的良好本质具有无限的信心。""教育才能的基础在于深信有可能成功地教育每个儿童。"

读到此处，我一直在想：自己是否做到了这一点？对于学生，我是否做到了一直对他们怀有无限的信心？当我怀着一颗感恩的心，走上讲台，一开始我确实是满腔热情，想把这份工作做好，于是我认真地学习，努力备课，争取和学生亲近，希望自己的付出能够让每一位学生都有一个好的高中学习生涯。然而，工作上遇到的困难和压力，打击了刚开始信心满满的我。对于学生，我一直都很温柔，我也很爱他们，很多时候和他们就像朋友一样，可是，我又不得不承认，一颗心很难平均分给每一个学生，我经常采取鼓励性的方法来增强学生的信心，但是不知道怎么才能很好地帮助他们；我虽然对他们有信心，但还是很难照顾到每个学生的发展。对于初为人师的每个细节，我都还在探索当中。对于苏霍姆林斯基说的"如果你想把自己的一生贡献给崇高的教师工作，那么，我们心中就应对人、对他身上的良好本质具有无限的信心"，我非常赞同。希望我在新的学期能够时刻记住这句话，对自己有信心，对学生有信心。

二、理性对待工作，理性对待学生

"不要把儿童和自己混为一谈，不要对他提出那些对成人提的要求，但是自己也不要孩子气，不要降到孩子的水平，同时还要理解儿童行为的复杂性和儿童集体关系的复杂性。"

说实话，读到这里的时候，我似乎发现了自己的错误。作为一个新教师，我觉得自己和高中生的代沟其实不大，他们喜欢的很多事物也是我所熟悉的，我会站在他们的角度来与他们相处。可是，我没有很好地把握尺度，跟他们走得太近，反而让自己少了一份教师应该有的威严，所以有时候学生并不怕我，这也直接影响到学生作业的完成情况。他们觉得这个老师好说话，即使没完成作业也不会有什么大的惩罚，这是我在期末清楚地意识到的一个问题。我也知道，这个问题即使我在新学期马上改正，学生也已经有了先入为主的潜在意识，即使我变得再严肃，也不会取得立竿见影的效果。而我又是一个比较感性的人，所以有时即使不会降到孩子的水平，但还是缺乏一种理性的分析，这确实是我在过去一个学期里做得不是很到位的地方。

三、拓展教育空间需要投入足够时间

"'教师的时间从哪里来？一昼夜只有24小时。'这句话是我从克拉斯诺达尔斯克市的一位女教师的来信中摘抄下来的。是的，没有时间啊！——这是教师劳动中的一把利剑，它不仅伤害学校的工作，而且损及教师的家庭生活。教师跟所有的人一样，也要做家务，也要教育自己的孩子，因此就需要时间。我有一些十分确切的资料可以证明，许多中学毕业生害怕报考师范院校，因为他们感到干这一行职业的人没有空闲时间，虽然每年有相当长的假期。"

读着这段话，心里真是万分感慨。子非人师，焉知师之苦？在我成为一名教师之后，很多人都羡慕我找到了一份稳定的工作，而且还是一份悠闲的有寒暑假的工作，可又有谁知道教师的辛苦？这个学期以来，我感受最深的就是备课的辛苦。作为新教师，备课更是一个重要而又有难度的环节。拓展教育空间需要投入足够时间，为了备好每一节课，我几乎每晚都要熬夜，不敢马虎上讲台；总感觉时间不够，不能很好地备一节课，每节课都像是挤出来的，我想，这就是初为人师的必经之路吧，教学经验只能靠日积月累。

四、读书是提高教育素养的主要途径

"……您花了多少时间来备这节课？不止一个小时吧？"那位历史教师说："对这节课，我准备了一辈子。而且，总的来说，对每一节课，我都是用终生的时间来备课的。不过，对这个课题的直接准备，或者说现场准备，只用了大约15分钟。"

"怎样进行这种准备呢？就是读书，每天不间断地读书，跟书籍结下终生的友谊。潺潺小溪，每日不断，注入思想的大河。读书不是为了应付明天的课，而是出自内心的需要和对知识的渴求……应当在你所教的那门科学领域里，使教科书里包含的科学基础知识，对你来说只不过是入门的常识。在你的科学知识的大海里，你所教给学生的教科书里的那点基础知识，应当只是沧海之一粟。"

"一些优秀教师的教育技巧的提高，正是由于他们持之以恒地读书，不断地补充他们的知识的大海。如果一个教师在他刚参加教育工作的头几年里所具备的知识，与他要教给儿童的最低限度知识的比例为10：1，那么到他有了15年至20年教龄的时候，这个比例就变为20：1、30：1、50：1。这一切变化都归功于读书。时间每过去一年，教科书这一滴水，在教师的知识海洋里就变得越来越小。"

上面这三段话，对我触动很大，特别是那句"在你的科学知识的大海里，你所教给学生的教科书里的那点基础知识，应当只是沧海之一粟"。是的，现在的我之所以感觉备课很难、需要的时间很多，是因为自己的知识还不够广不够深，不足以来降低备课的难度，不足以把明天要上的知识变成自己拥有的知识海洋中的沧海一粟。刚接触教学的时候，和同是新教师的同事总会思考这样一些问题：为什么其他教师看起来好像很轻松，至少不会像我们这样天天处于紧张的备课状态？如果我们也教了几年，是否就能跟他们一样得心应手呢？答案并没有那么肯定。因为教学能力和教龄有时候不一定成正比。教师这个职业虽然在许多人眼里是十分稳定的，但这只是一种职位上的稳定，教师的活动其实是时刻在变化着的，环境在变化，"人"也在变化，教学也时刻在变化。而要跟上这个变化，自身的努力就十分重要。我认为，这里所说的读书，是其中非常重要的一环。自身知识丰富了，见识广了，你的课堂就会显得丰富多彩，而不只是局限于课本里的知识讲解，与此同时，我们的备课时间也会相应减少，我们可以有更多的时间阅读。记得校长曾经说过："教师只读教材和教参无论如何是不能成为优秀教师的。"苏霍姆林斯基告诉我们，教师获得教育素养的主要途径就是读书，读书应该成为教师的精神需要。教师只有懂得一些课堂上并不学习的东西，才能使自己的视野变得宽广，才能成为教育过程的真正能手。而只局限于教材内容的备课，会使课堂变得缺乏情感，学生的兴趣也会荡然无存。

读了《给教师的建议》，我对教育工作有了更深的理解和感悟，让我们这些新教师时时不忘己任，努力完善自己，终身阅读、终身学习，以自己丰富的学识扩展自己的教育空间，最大限度地激发学生的创造力和他们的求知热情；让苏霍姆林斯基成为我们每一位教师成长路上的指路明灯，将我们的心灵引向崇高的精神殿堂！

推荐书籍

《斯宾塞的快乐教育》

作　　者：[英] 赫伯特·斯宾塞
译　　者：颜真
出 版 社：海峡文艺出版社
出版时间：2010 年

推荐理由

斯宾塞提出的"逃走教育、快乐教育"的教育理念，强调"对儿童的教育应当遵循心理规律，符合儿童心智发展的自然顺序"，揭示了科学教育最本质的特征，对西方科学教育理论的产生和发展起到了里程碑的作用。在《斯宾塞的快乐教育》这本书中，斯宾塞先生用朴实的语言描述了许多有趣的小事例，仔细地叙述了小斯宾塞快乐、幸福、茁壮成长的经历，向我们证明教育是一件快乐的事。作者以小斯宾塞的成长经历为线索，以快乐教育为主题，融理论于实践，寓思想于方法，以小见大，因事说理，生动而具体地向人们展示了一位仁慈而睿智的父亲、一位伟大的英国思想家的教育理念和教育实践，对教育工作起着指导性的作用，读来颇有教益。

世界上有这样两种思想：一种随着时代的变化而产生，也随着这个时代的结束而宣告过时，另一种也是随着时代的变化而产生，但对人类有着不朽的价值，就像钻石一样，经过时光的打磨，反而更加光彩夺目。斯宾塞的"快乐教育"无疑属于后者，他的教育被证明是普遍适用的，因为它揭示了人性和心智发展的规律而使孩子和家庭受益无穷，他的教育被证明是普遍适用的。

在读这本书时，我不时为自己在日常教育中曾有过的一些过失而惭愧，也为自己偶尔的一些做法与斯宾塞的方法相同而欣喜。

推荐人：毛敏

有感斯宾塞的快乐教育

毛 敏

我曾经在许多教研读物上看到斯宾塞的名字，但从未真正了解他的教育思想，只知道他的教育因为揭示了人性和心智发展的规律而使孩子和家庭受益无穷。究竟是一种怎样的思想能获得如此高的评价？斯宾塞究竟是一个什么样的人？带着一种好奇与疑惑的心情，我开始了对《斯宾塞的快乐教育》的研读。

这是一本半自传半札记的书，总共20章，包括安琪儿降临的序曲，快乐教育最初的秘密，快乐的家庭教具，对孩子进行快乐教育，找出不快乐的小虫子，快乐的智力培养，孩子心智成长的规律，培养孩子自助学习、自我教育的能力，培养孩子快乐写作的能力，运用有益的暗示在孩子的教育中，快乐的自然教育，培养孩子的道德、意志和品质，避免过度教育和过度学习，尊重孩子的权利，培养孩子终身受益的习惯，培养孩子的独立性，培养孩子健康的心理，教给孩子最有价值的知识，对孩子进行情感教育，发挥父爱在教育中的作用。

这本书既关注了儿童的智力因素，又关注了儿童的品德、情感、习惯等非智力因素，但纵贯整本书的就是"快乐"学习。斯宾塞谈道：痛苦的功课使人感到知识讨厌，而愉快的功课会使知识吸引人。在一个有效而快乐的环境中，采用儿童易于接受的方法教育是斯宾塞教育思想的核心。斯宾塞自己在书中说，写这本书对于他而言是件轻松而愉快的事。我可以说，读这本书对我来说是件轻松而愉快的事，因为书中没有艰涩的道理与文字，却读到了一份久违的亲切与共鸣。书中的许多观点极具开创性，且有很多值得人深思的精彩话语，比如：

（1）事实证明，如果对自己的孩子多一些拥抱、抚摸，有时甚至是亲昵地拍打几下，孩子在对外交往以及智力、情感上都会更健康。

（2）我一直认为，父母在孩子的教育中是不能缺席的。

（3）我认为要对孩子进行教育，父母首先要教育自己。

（4）每一件善行都不会被忽视，每一点努力都会有所收获。

（5）我一直认为，除了极少的神童和天才，99%的孩子在天赋上只有特点不同之分，而没有好和坏、高和低的差别。

（6）学习一件事物比读十本书更管用。这是孩子亲身的体验，知识得来是经过他自己验证的。这样也有利于培养孩子独立思考的能力。

（7）长期以来的教育误区，把教育仅仅看作是在严肃教室中的苦行僧的生活，而忽视了对孩子来说更有意义的自然教育和自助教育。

（8）要知道如何教育孩子，首先要知道孩子在什么样的状态下学习最有效。我认为，孩子在快乐的状态下学习是最有效的。

（9）任何生命都会对某些对象表现出特别的兴趣。一旦他们发生兴趣时，也就是教育的好时机。

（10）在孩子早期教育中，一个重要的任务我认为是培养他的自主学习和自我教育的能力。

（11）在孩子的智力培养中，"拔苗助长"和"放任不管"都是有害的。比这两种方式更有害的则是惩罚和粗暴。

（12）积极的暗示，特别是这种暗示来自亲人、朋友或教师，几乎肯定会对孩子在心理和心智方面产生良好的作用。

（13）我认为，在孩子道德和品质教育中，应更多地采用自然惩罚的办法，而尽量少地使用人为惩罚。

（14）如果哪一位父母或教师可以根据几道题就判断出一个孩子的优劣，他不是天才就一定是一位先知了。

（15）每一个孩子都希望得到被信任的机会、被重视的机会、与他人平等的机会。

从这些话语中，我将斯宾塞的教育原则和方法及个人体会整理归纳如下：

一、教育应符合儿童心智发展的规律

不同的阶段，对儿童的教育必须采用不同的方法，教育要符合儿童对事物的认知能力层次，要从简单到复杂，从不准确到准确，从具体到抽象。这让我不禁想到一句关于教育的名言："只有不会教的教师，没有教不好的学生。"曾有一段时间我对这句话的正确性产生了怀疑，但现在仔细思考，却认为有一定的道理。每个孩子，除了个别的天才以外，智力发展水平都是差不多的，只有特点不同，不存在层次差别，针对每个孩子的特点去设计教学的方式必然能将孩子教好，至于在什么阶段选择教孩子什么内容，本身也是一个教师会不会教书的体现。当然，在现行教育环境下，班级人数太多，要求实现这种差别化教育，对于教师来说，也是一种几乎不可能完成的任务，教育的发展还需要教师和社会的共同努力。

二、教学应该从实验到推理，引导儿童自己进行探讨和推论

这让我联想到了杜威的"实用主义"教育思想，强调学校即社会，教育即生活，教育就是教会学生如何去做，从做中学。斯宾塞的教育观点与杜威的思想极其相似。对于这点，我们先人其实也早有认识，"纸上得来终觉浅，绝知此事要躬行"。但在现实的教育中，我们却更侧重于理论的学习，只要求学生看书学习，其他什么都不用管，学生经过学习对于某一原理了解得非常透彻，可对于这个原理有什么用却一无所知。原因就在于我们让学生掌握的是现成的知识，而不是让他们自己探讨和推论。

三、教育要注重学生的学习兴趣

兴趣是最好的老师。在日常教育中，不能忽视了教学环境的营造，一味地讲求知识点的严谨细致、追求深度难度，殊不知，过分死板的学习环境会导致学生对该课的兴趣不足。兴趣没了，再高深的学问也没用，因为那终究是老师的，无法转化为学生内在的知识。有效的教学也应该包括高效的学习环境。一个好教师不仅要有好的学问，还应该有善于了解学生、能与学生建立良好关系的本领。懂得循循善诱，有耐心又不乏创新精神，这一切的培养与形成，都来自于对教育学理论的学习和研究。

斯宾塞的这些教育方法与传统教育中采用的照本宣科、死记硬背、无视学生的身心规律和学习主动性的教学方法相比，无疑是一种进步，它注重心理规律、兴趣和实验，更符合新课程理念和新课标要求，也更适应新课改需要，对当今的教育改革有极好的借鉴作用。读完此书，我不得不赞同美国哈佛大学校长杜威对于此书及斯宾塞的评价：《斯宾塞的快乐教育》是英国和美国读者最多的教育名著。斯宾塞的教育思想是随着时代的变化而产生的，对人类有着恒久的价值，就像宝石，经过时光的打磨，更加光彩夺目。

推荐书籍

《苏霍姆林斯基教育理论体系》

作　　者：王天一

出　版　社：人民教育出版社

出版时间：2003 年

推荐理由

　　北京师范大学王天一教授著的《苏霍姆林斯基教育理论体系》，除了概述苏霍姆林斯基的生平外，还具体分述了其教育实践和理论体系的若干方面，包括：基本的教育信念（如相信孩子的可教育性、自我教育在学生接受教育过程中的作用等），德智体美劳全面发展教育，教师问题研究，学校领导与管理等。全书对苏联当代著名教育理论家苏霍姆林斯基的生平、教育思想、教育实践等各个方面作了研究和探讨。在过度追求物质、追求升学率，忽视学生的自我教育、主动成长，忽视学生精神层面的积极建构，对教育方向迷惘的当今，细读《苏霍姆林斯基教育理论体系》无疑可以给我们教育工作者提供有力的精神支持以及关于教育方法的启迪。

推荐人：杨晓勇

大爱无声

杨晓勇

"苏联伟大的教育家"，大学时就听老师这样介绍苏霍姆林斯基。几年前就买了北京师范大学王天一教授著的《苏霍姆林斯基教育理论体系》一书，但只是翻了翻。寒假整理书籍时，这本书又重新跃入我的视野。重读《苏霍姆林斯基教育理论体系》，苏霍姆林斯基的教育思想一条条呈现在眼前，教育事迹宛如电影片段一般一件件在眼前飘过，氤氲其中，仿佛生命的流淌，大爱无声。

我们正处于一个飞速发展的时代，各种观念、思潮不停地冲击着我们。东西方文化的剧烈冲突，传统文化的快速陷落，适合我们的价值观体系又处于恢复与重建的阵痛之中，我们该何去何从，选择与融合、继承与创新是无可避免的命题。我们的教育以及我们自身都在这种大背景下砥砺前行。新的思想、新的观念、新的理论、新的手段层出不穷，让人眼花缭乱。审视我们走过的路，我们无可逃避地发现，我们失落了。

当我们执念于蝇头小利，执念于付出与收获的比例关系，执念于如何体现自己的人生价值时；当我们纠结于生活工作中的鸡毛蒜皮，纠结于我们多大程度上得到了社会的认可，纠结于是否改变环境，跳出这个让人又爱又痛的行业时；当我们不平于我们的工作，不平于社会时，我们失落了。无论是在战火纷飞的卫国战争时期，还是在战后重建的恢复时期，苏霍姆林斯基都将自己有限的生命和热情毫无保留地投入到无限热爱的教育事业之中，他热心于一线的普通教育工作，用自己的坚毅与决心告诉我们：舍弃便是解放。

当学生不敢与教师照面时；当学生不愿意接受教师的意见，哪怕是正确的意见时；当学生毕业后如同挣脱牢笼，与我们再见如同陌路时，我们失落了。固然有社会大环境的影响，但当我们上班匆匆而来，下班匆匆而去，不曾放慢自己的脚步；当我们教学两年还不能叫全一个班级学生的名字；当我们用作业占满学生的课余生活，不能放缓心情同学生轻声交谈时，我们又怎能不失落？苏霍姆林斯基用一两年的时间对三千七百多名学生进行了全面追踪研究，他用两年三千七百多页笔记告诉我们：学生在学校的快乐与教师是紧密相关的。他

用自己始终如一的行动证明：琐碎平凡中更见伟大。

当我们感慨学生越来越不好管理时；当我们越来越不放心学生的自主活动时；当我们纠结是否用更细致的条例来量化教育学生时；当我们纠结于给了学生更多的自由会不会演变为散漫无序时；当我们不得不用更多的如"5＜2"的理论来解释发生在学生身上的现象时，我们失落了。诚然，社会教育和家庭教育是教育不可分割的重要组成部分，但如果我们自己都不相信学生，不相信教育的力量，那我们一开始就已经失败了。苏霍姆林斯基一贯坚信自我教育在学生接受教育中所起的关键性作用。"没有自我教育就没有真正的教育。"苏霍姆林斯基对学生自我教育的不断探索，种种论断，对青少年良好精神培养的一贯关注，充分体现了一个理念：信任是教育的开始，精神力量才是最可靠的财富。

当我们迫于升学的压力、迫于种种社会原因，将自己和学生囚禁于校园方寸之地，囚禁于课本和辅导书的狭小天地时，我们失落了。然而，当我们指责学生厌学时可曾给他们提供了更大的空间？苏霍姆林斯基在很多年前就已经带领学生走出了学校，走入了田园，走入了大森林，在大自然中引导学生欣赏自然美景，欢快地学习自然知识，让想象插上翅膀，作文从此不再那么枯燥，地理、生物等很多学科不再那么无趣。培养学生热爱学习的态度、良好的学习习惯正是苏霍姆林斯基努力要形成的。他用童心、用热情告诉我们：课堂的真谛在课堂之外。

当我们抱着教材和几本教参就走上讲台时；当我们抱怨课堂气氛不够热烈时；当教育界和领导呼吁我们要做学习型的教师时，我们失落了。不知不觉，我们满足于现代媒体的感官刺激，越来越依赖电脑和网络；不知不觉，爱看书的习惯已渐渐离我们远去。苏霍姆林斯基在很多年前就指出：学生的知识水平取决于教师的知识水平，取决于教师的知识渊博程度。提高课堂质量的关键，在于每天充实自己的知识，在于教师的精神生活。如果你手头没有三百本书（这是最低限度），那就谈不上备好课。回想自己多年的从教生涯，自己也清楚"教学的质量在课堂""功夫在课堂之外"，但经岁月沉淀后的课堂是否趋于平淡，学习的激情是否依然还在？苏霍姆林斯基不仅这样说，还用几十年持之以恒的行动诠释了"君子微言而笃行之"的最高境界。

耐心细致的工作，年复一年、日复一日的探索，集体主义教育思想，全面发展教育思想，家庭教育思想……苏霍姆林斯基不仅让我们看到了其关于教育教学的种种精辟论断，对塑造学生美好心灵、培养学生良好精神世界的执着，更让我们看到了他高尚的人格，与生命融为一体的对事业的忠诚，对教育孜孜不倦的探索。在过于追求物质，忽略精神层面的今天，再谈他的教育思想体系，无疑有厚重的社会意义。

回望苏霍姆林斯基伟大的教育思想和润物无声的事迹，掩卷唏嘘，心灵触动。自己该如何重新给自己的职业生涯定位，如何看待自己的学生，如何以引以为荣的职业姿态昂首前行，如何在多年后以一种慰藉的心态检视自己的平生。思此种种，我想自己是不是应该做点什么？

推荐书籍

《优秀教师一定要知道的 14 件事》
作　　者：［美］托德·威特克尔
译　　者：赵菲菲
出 版 社：中国青年出版社
出版时间：2006 年

推荐理由

　　威特克尔教授是美国印第安纳州立大学教授，曾在多所中学任教，并担任校长之职。在长期的教学实践和学校管理中，他对"什么是优秀教师所具有的独特品质和行为，使他们可以更有效率地开展教学"这样的问题开展了深入研究，总结出优秀教师所必须秉持的若干信念、行为和态度，并写成了《优秀教师一定要知道的 14 件事》一书。从这本书中我们可以找到怎样成为一名优秀教师的答案。例如：优秀教师是如何对待考试的呢？当学生犯错时，优秀教师是怎样处理的呢？优秀教师是如何成功地渗透他们的教学理念的呢？优秀教师是如何赋予学生高远的期许，帮助他们提高教学成绩的呢？

　　我们将如何把这些智慧迅速而有效地运用到我们自己的班级和学校中？这需要我们经历漫长的摸索！

推荐人：许春梅、陈佳明、林沛玲

教师在课堂上的公平与宽容

许春梅

　　《优秀教师一定要知道的14件事》这本书没有晦涩难懂的语言，让我印象深刻且颇为感动的是作者站在一个校长的角度，用他管理学校的心得体会去教我们如何开展自己的工作。这14件事，每一件事都让我印象深刻，但让我印象最深刻的是第11件事——决策应该以谁为准。作者提到在开会的时候校长批评大家会议纪律不好，会让大多数原本很认真的教师觉得不舒服。其实反观我们的学校管理，似乎也是这样，当学校对我们提出诸多要求的时候我们心里也不舒服，不舒服的原因不是要求过高，大多数要求其实大多数教师都能自觉做到，只是被强调以后会有很多人觉得自己是被逼的，所以产生各种抱怨。当然大家都会按要求去做，但最终的结果可能没有大家自愿去做那么好。和这一件事相关的是第10件事——什么是可以视而不见的问题。主要讲的是对于那些不影响大局的事情可以视而不见，换句话说，要学会宽容。

　　对于一名普通教师而言，关于管理学生层面的思考更为实在。在看这本书的时候，不免想起在课堂上批评学生的时候，总会有个别学生看手表，原因是他觉得老师占用了课堂时间来教育同学，而对他来说，他是无辜的，他并没有犯错误。有的时候学生会在我批评完以后问我："老师，你最近脾气为什么那么大？"我总会用这样的话来回答他们："我没发什么脾气，只是教育一下大家，这不都是正常的吗？"每周只有一节班会课，我压根就不够时间进行班级管理，所以我需要用课堂时间对大家进行教育，我会在午写的时候就开始上课，以此来弥补时间上的不足。以前我会觉得心安理得，我至少得让学生看上去都在听课，这是课堂最起码应该有的效果，不是吗？反思一下，这么做确实有问题。为了个别学生打乱教学进度，对大多数同学来说是不公平的，并且这样会影响其他同学的积极性，时间长了，可能会给学生带来消极的心理暗示。所以以后需要进行调整，当个别学生听课状态不好的时候，教师可以走下去对学生进行提醒，如果学生在被制止以后仍然不能自觉地遵守课堂纪律的话，那教师就只能在课后对其进行教育了，这样既可以维护课堂纪律，也可以保障教学进度，从而不会影响大多数学生的利益。

大多时候我们总是按照自己的想法去掌握课堂，这涉及这本书提及的第 5 件事——谁是课堂的主导者。尽管我们总是强调教师是主导，学生是主体，甚至我们的课堂会设计各种环节，来突出学生的主体性。但是如果学生个体都得不到尊重的话，那还讲什么学生的主体性。换个角度想，每一位教师都能认真地备每一节课，但能认真地开每一次会议吗？如果能这么想，我们自然就能包容学生偶尔的调皮、偶尔的走神。每个孩子的成长都是不可逆的过程，我们无法保证我们能保护好每一位学生的心灵，但是我们可以努力做到在发火的时候数十下，以期减少对学生的伤害。

教师这个职业很伟大，因此我们也必须伟大。希望在这项伟大的事业上我们可以越做越好，越做越用心。

教师该以怎样的形象出现在学生面前

陈佳明

地点：某高中校园

事件1：教师A面带微笑地走在校园里，迎面走来本班学生B和C，教师A扬起头准备和他们打招呼，学生B、C看了教师A一眼，面无表情地走过……教师呆在原地！

回到办公室的教师A愤愤不平地和同事说起此事："真是世风日下，世风日下啊，我虽不是班主任，好歹也教了他们大半年啊……"

地点：教师食堂

事件2：教师甲和教师乙排队打饭时，动作稍微慢了一些，就被一位年轻的女教师插到了前面。这不是同组的某某吗？不计较被插队的甲、乙准备与其打个招呼，未曾想年轻的女教师瞥了他们一眼，就潇洒地走了。留下甲、乙面面相觑……

看了第一件事，也许你会责备学生不讲礼貌，目无尊长。看了第二件事，也许你会感叹当下的年轻人真是越来越个性十足！对比这两件事你又会想到什么呢？我们在责备学生的同时，有没有反观一下自己？这里不想过分责备那位年轻的女教师，也许她是初来乍到，还不认识大家，以后熟了就好了。但试想我们的教师若是以这样的形象出现在学生面前，学生又会怎么想呢？

最近看了《优秀教师一定要知道的14件事》这本书，其中第7件事"教师应该以什么样的面貌出现在学生面前"提到："教师打喷嚏的时候，全班都要感冒，这是事实。我们的影响是明显的，我们关注的东西，学生也会关注。如果我们可以信赖，与学生关系良好，学生会想方设法让我们开心。如果我们缺乏可信性，学生就会想方设法和我们对着干。"

是的，教师应该以什么样的面貌出现在学生面前呢？我当初尚未踏上讲台之时就曾有过这样的思考。后来真正成为教师，发现这个问题更是每天都会遇到。例如，哪天你换了个新发型或穿了件风格不同的衣服，走进教室的那一刹那，必定会引来目光一片，伴随着的还有窃窃私语。教师，别忘了，从某个程度上来讲也是公众人物，虽没有被"狗仔队"追的危险，但也务必注意自己的公众形象！

高中生年龄一般在 16~19 岁，正是世界观、人生观、价值观形成的关键时期，具有模仿性强、可塑性大、易受感染的特点。虽说家长的言传身教至关重要，但像我们这类寄宿学校，学生每周与教师相处的时间往往比跟父母相处的时间要多出好几倍。学校是他们长期的生活环境，他们面对的成年人就是教师，他们随时随地都在用自己敏锐的眼睛观察着教师。

孔子曰："不能正其身，如何正人？"我们都知道，学高为师，身正为范。教师的一举手、一投足，甚至一颦一笑都蕴含着教育的力量，因此，教师该以什么样的面貌出现在学生面前，确实是值得我们深思的一个问题。

在我看来，保持好形象并不是一件很难做到的事，可以从以下几处着眼。

第一，锤炼日常语言。教师每天都与学生接触，交流比较频繁，语言运用是否恰当很重要，应尽量做到"得意时，不夸口；生气时，不粗口"。尽量不要让学生觉得你很轻浮，也不能让学生认为你很粗俗。

第二，规范自身形象。不少教师认为，教师就是教师，学生就是学生，有本质的区别，教师能做的事学生不一定能做。这一点没有错，但是有一些不良习惯，教师应尽量做到自我克制，不要给学生负面的影响。例如，我们每天都在规范学生的仪表仪容，不让男生留长发，不让女生染头发，不许不穿校服，但假如教师自己的打扮都不符合自己的职业要求，甚至穿奇装异服，试问这样的形象，又如何能以理服人呢？

第三，不要吝啬你的微笑。一张笑脸，也许能改变一个学生的一生。或许你会说这太夸张了，不！微笑在教育中的分量可不能忽视。教师不应该每天都板着脸或一本正经，特别是在这个越来越崇尚个性的时代，年轻教师尽可以保持活力和个性，这能拉近和学生的距离，但要注意分寸。多给学生微笑，特别是给后进生一个笑脸，有时能收到意想不到的效果。在学校里每天要面对的问候比较多，当学生问好时，有的教师只是面无表情地点一下头，也许你刚下课很累，也许你正在为家里生病的小孩担心，但是学生得到的信息却是：我的老师不喜欢我，打招呼他（她）懒得理睬。试想，这位同学下次还会积极地向你问好吗？说不定，他还就此不喜欢你的课了呢！

今年生日，我所任教的一个班级送给我一张贺卡，正中间是给我画的漫画——一个大大的笑脸，下面有这么一句话："老师，你嘴角的微笑，百度都搜索不到！"我感动了很多天，真的很温暖！多了笑容，少了皱纹，工作效率没有降低反而提高了，我喜欢以这样的面貌出现在学生面前。

以一个好的形象出现在学生面前，对教师来说是一种为师的艺术，对学生来说是一种无声的教育。"亲其师，信其道"，一位在学生心目中有着良好形象的教师，他（她）的课也一定很受学生欢迎！

赞美的力量

林沛玲

和往年一样，开学的第一节班会课我就让学生填写调查表，但今年的调查结果却出乎意料，在对新学期的期望这一栏中大部分学生填写的都是自己的不足、缺点，没几个学生写下他们对新一年的畅想、期望。我看完调查表后真的很茫然，不知如何是好。面对这样一个信心不足的班集体，我该怎么办？恰好在一次例会上校长的话提醒了我："你已经是大人了，为人师，不能带着情绪进课堂，你的行为、你的态度牵引着每一个学生。"这使我想起了美国作家托德·威特克尔先生在《优秀教师一定要知道的14件事》中谈到的一个观点："成功的教师以尊敬的态度对待学生，成功的教师尤其理解赞美的力量。"

"赞赏""鼓励"对于教师而言是非常熟悉的字眼，教师也明白"赞赏"和"鼓励"对于增强学生的自信心所起到的至关重要的作用。我想这应该就是我们班的学生现在最需要的东西了。我针对本班的实际情况，将托德·威特克尔先生所描述的五个促进赞美发挥作用的方法（即赞美必须名副其实，具体明确，即刻发生，完全彻底，私下进行）运用到学生的日常生活中，对学生在日常生活及学习上所取得的成绩进行及时的肯定和鼓励，经过一学期的努力，大部分学生对生活、对学习又充满了信心。

我想这就是赞美的力量！教师的赞美是阳光、空气和水，是学生成长不可缺少的养料；教师的赞美是一座桥，能连通教师与学生的心灵之河。教师的赞美多了，学生学习的劲头就更足了。正所谓"赞人一句三春暖"，赞美我们的学生无形中能增强他们的自尊心和自信心。我想：对人的赞美也是实现以人为本的有效途径之一。

总之，教师要让对学生的赞美之词成为日常工作语言，要相信好孩子是夸出来的。教育专家魏书生也曾做过调查：对于大多数孩子来说，他们缺少的不是批评，而是赞扬。令他们记忆深刻的不是批评，而是那些难得的赞扬。每个人都希望得到别人的赞扬，一次小小的赞扬、鼓励，对孩子的影响有时是终生

的，甚至让孩子一生都对它记忆犹新。每个学生的身上都有让我们为之骄傲、为之自豪的闪光点。所以作为教师，给予学生适度的赞赏，对孩子的成长有着积极的意义。

参考文献：

叶舟. 一切从赞美开始 ［M］. 北京：北京理工大学出版社，2011.

推荐书籍

《致青年教师》
作　　者：吴非
出 版 社：教育科学出版社
出版时间：2010 年

推荐理由

　　我们经常在不经意之间埋怨职业的辛苦，而往往忽略了在"进乎技矣"的境界中的幸福与乐趣。而教育是陶冶人之心灵的职业，它应当有比一般职业更多的快乐。"对教师职业生命负责"，是吴非老师《致青年教师》的忠告。吴非老师推心置腹地告诉青年教师自己是怎么做的，哪些地方自己还做得不够，哪些问题还在深入思考。这为处于迷茫摸索阶段的我们指明了方向。全书共分六辑，"做个有胸襟的教师""不要急""心里装着学生的心""尊重常识""不放弃理想""播下一粒善良的种子"，共计 85 篇文章，是一本致青年教师的警醒文集，也是青年教师的职业范本。

推荐人：张晓玲、蔡萍、王曼珊

教育的寂寞

——读《致青年教师》有感

张晓玲

如果你是一名语文教师，你是否也有过这样的教学体验——在教育的过程中感到寂寞。并非人声鼎沸寂寞就会无影无踪。于六十多人的教室中传道授业解惑时，我经常感到一种深深的寂寞。

今年是我踏上讲台的第三年，针对教学上如何处理语文文本，我存在两种状态。面对我不感兴趣的课文时，我不外乎是教参的传声筒，当我言不由衷地重复着他人的见解时，教学味同嚼蜡；而面对自己喜爱的课文时，难道可以躲避这种情况吗？犹记得毕业后从教的第一年，我讲《红楼梦》。夏日炎炎，学生昏昏欲睡。在播放完林黛玉《葬花吟》的视频后，我便开始讲解其中词意。忽而谈及"人无论高低贵贱，无法逃脱命运摆布的无力感是如影随形的"。念及此，不知为何，眼泪无声落下，倍感狼狈的我仓皇出逃。重返教室的我，看见的是学生们错愕不解的眼神。一时间，两个班的学生都在疯传："我们的语文老师上《红楼梦》时哭了！"天气燥热，而一个倍感寂寞的教师的心却如同浸过了雨水的青石板。

《红楼梦》一课以后，我心中一直后悔不已。作为成年人的我为何在一群孩子面前如此把控不住情绪？直至读了吴非先生书中的《就让你的眼泪流出来》一文，心才坦然。教师本是常人，也应当敢哭敢歌。吴非先生说："在他（指青少年）的人生体验中，有无数真善美的声音和画面，他没能注意到，也没有感受到，这是因为没有精神向导。"教师也是有七情六欲的正常人，他也有悲伤的权利和表现。我们要把孩子教育成情感健全的真人，自己也应当如此。在学生面前做一个真诚的老师，这本身不就是一种最有力的引导吗？

教育界一直信奉一种说法——要给学生一杯水，教师自己要有一桶水。我对此深信了好几年。直到读到了吴非老师的一句话——"学生的学习过程，实质应当是尽可能有效地摆脱教师的过程"，才顿生醍醐灌顶之感。原来教育的境界应高至如斯，教师的职责不在于给学生一杯水，而在于给学生指明河的方向，让他们自己走过去！在上《红楼梦》那一课时，在那些错愕不解的眼神中，哪怕有一个学生因此萌生"那一本让老师禁不住落泪的书到底是一本怎样的书"的念头，从而产生一探究竟的冲动，这样的教育不也是有价值、有意义的吗？

吴非老师告诉我们："无论是对学生的教育，还是自己的专业发展，好多事，都不要急。""教育的一个重要特征是'慢'，教育教学是'慢'的艺术，教师自身的专业发展也需要一个很长的时期（也许直到退休）。"

若说教育是件寂寞的事，还体现在：若要"术业有专攻"，须"耐得住寂寞"。对于自身而言，我该提醒自己不要过于浮躁，要勇于沉潜。张翼健教授指出"目前语文教育的主要问题是语文教师自己不读书。"而顾黄初教授也叹息："语文教师成了要别人读书而自己不读书的人。"我不禁赧然，工作至今，自己静下心来好好读过几本像样的书？朱永新教授说："一个理想的教师，一个要成为大家的教师，一个想成为教育家的教师，必须从最基础的做起，扎扎实实多读一些书。你不读《论语》，不读陶行知，不读杜威，不读苏霍姆林斯基，恐怕很难成为教育家。"我想，多读书是成为教育家的必经之路，也是成为一名合格教师的必经之路！

以往同学、同事出色的成就不是我所该艳羡的，而评比晋升之类更不是目前我所应该关注的。优秀的教师应该是一盏不灭的灯，而那"开关"就在他自己的手里。这或许可以从不同的角度去理解，并有不同的阐释。"他的'亮度'在于他个人的修炼；如果他有'电源'，或是不断充电，他就能一直发光，一直在照耀着学生前面的路；教师的进德修业应当一直到教育生命的终止。"吴非先生的话语给我敲响了警钟：浮躁之风不仅会影响自己在专业上的精进，更加不利的是，会通过我们的言行影响自己的学生。

龙应台因对孩子透彻的了解和深沉的爱而写了《孩子，你慢慢来》一书，由此推知，教育学生也当慢。反思自己教学上的寂寞之感，其中一部分不就是因为教学上急于求成吗？教育的前提是了解，若忽视了学生所处的时代背景，一味强求学生与我达到情感上的共鸣，不是一位教师不成熟的表现吗？纷繁的世界让学生眼花缭乱，物欲纵横消磨了他们对外界的敏感度。"浅阅读"时代的到来，阅读的"快餐化"无法让他们细细咀嚼曹雪芹一个家族冗长的兴衰史；他们生活在钢筋水泥之中，确实难以感受周涛笔下巩乃斯草原的苍莽和万马奔腾时生命的张扬……

每个孩子的心中都有一根弦，等着教师去拨动，总有一首曲子让他有所触动。而教师要有"慢慢教，让孩子慢慢学"的耐心和信念，心中须有对教育的爱。就如朱永新教授在《我的教育理想》中所说："教育是一首诗，诗的名字叫热爱，在每一个孩子的瞳孔里，有一颗母亲的心；教育是一首诗，诗的名

字叫未来，在传承文明的长河里，有一条破浪的船。"当然，教育仅靠尽职、一腔热血是不够的，还需要智慧。专业水平的提升是一种智慧，而从容淡定的心态也是一种智慧，只有拥有了教育的智慧，才能够带领学生在知识的海洋中乘风破浪！

若真正做到了从容淡定，那原本寂寞的教学之路，或许将不寂寞。

心情焦躁之时，此书便是兜头一盆冷水，让你找回心灵的平静；孤独无助之时，此书便是一个睿智的长者，告诉你前行的方向；漫漫长夜之时，此书更不失为一个亲密伴侣，精彩案例启人心智。《致青年教师》是吴非老师告别讲台，回顾一生教学经历之作，八十余篇随笔将他30年的教育教学经验和盘托出。从本书看到的不是什么空洞无物、晦涩难懂的理论，而是最家常、最质朴的话语，是一位教师对教育最真挚深沉的热爱。

参考文献：

朱永新. 我的教育理想（增补本）[M]. 桂林：漓江出版社，2009.

可怕又强有力的习惯

蔡　萍

在学校工作中，最可怕、最常见的现象是：一个愚蠢的教师在辛勤地工作。

——吴非

这是我在吴非老师的《致青年教师》一书中看到的一个观点。这里暂且不去评价教师的聪明或愚蠢，我们且说一个教师在辛勤地工作。放眼中国的教育事业，这样的教师无处不在。为了让学生获得更多的知识，为了让学生的能力得到更好的锻炼，他们兢兢业业地工作，甚至绞尽脑汁，培养学生对学科的兴趣，可是这样的付出能否取得良好的效果，我们不得而知。

吴非老师的话让我无法平静，我的确是那愚蠢的教师。刚站上讲台的我，企图竭尽全力去教好每一个学生。为了让更多的学生喜欢我的课堂，我想出了很多不同的教学方式，有时候几分钟的新课导入也会费尽心思地构思，一个词语会在脑海中盘旋许久以寻找其意义或典故的由来，希望在引发学生兴趣的同时能够拓展学生的知识，并且引导学生在课堂上跟随自己的教学思路。

语文科目的学习是知识积累的过程，犹如捡麦穗般一点一点地积累，让原本有兴趣的同学对语文科目的兴趣大打折扣，于是又回到了只写作业不积累、课堂上默不作声只做笔记的学习状态。为了解决这些问题，我在课堂上进行了多种尝试。

首先，对于基础知识的积累，我不敢懈怠。关于生字词，一般我都会通过辨析多音字、形近字来让学生区别并且记住。文言文中遇到的实词，我会尽量找出相关的成语让学生更好地理解与积累。比如，在讲"堪"这个实词的时候，我列举了三个成语：不堪驱使、不堪一击、不堪设想。这三个成语中的"堪"字代表了三种不同的含义：胜任、忍受、可以。通过这三个成语，学生就能记住"堪"字的三种意义。我一直坚信这种方式对于学生知识的积累是非常有用的。但是经过一段时间之后，我发现了一个问题：越来越多的学生拿着生字词或练习卷上不懂的成语来问我，他们习惯性地等待我的解释，我感到自己好像就是那本厚厚的汉语字典。这才意识到，我的学生过于依赖我，他们

没有养成自己查阅字典的习惯，而这一现象的始作俑者便是我。在生字词的讲解上，我充当了主角，我在我的舞台上展示着博大精深的汉字文化，而我的学生，只是在看一出戏，散场了，观众便离席了。而实际上是我抢走了他们的戏，让原本是主角的他们成了事不关己的观众。于是，我改变了教学策略。在讲解生字词之前，我会请学生来帮我辨析字形和字音，这就要求他们在课前查阅相关字典做好准备，然后在课堂上按照他们自己的记忆方式为同学们讲解。通过自己查阅字典，在加深印象的同时，他们学会了利用自己的方式去辨析词义，而在为同学讲解的过程中，他们对词语固有的印象也加深了。形成这样一个习惯后，我的学生不再拿着字词来问我了。相反，我常常看见学生自己捧着厚厚的字典在认真地查阅，原本的依赖性学习变成了自主的学习。

其次，在课堂教学上，一种自主回答问题的意识正在慢慢地消退，取而代之的是迅速记笔记的身手。在新课的教授中，我希望学生能够对文本有所思考，这对学生思维能力的提高，对文本的理解无疑是有很大的作用的。但有时候，不恰当的引导或赶进度的教学会导致学生没有足够的时间静下心来思考一些问题。当他们意识到文本似乎越来越难懂的时候，他们就放弃了对文本的探究，从而形成了一种只会记笔记的习惯，而这一可怕的习惯，让学生的理解能力渐渐地丧失了。面对学生不愿意思考、不愿意回答的困境，我改变了我的课堂教学，采用鼓励性的语言，鼓励学生课堂上主动回答问题。一开始学生畏惧这样的方式，我便从读课文、解释字词这些较简单的环节入手，鼓励学生在课堂上积极发言，再循序渐进地鼓励他们把对课文的理解用自己的语言表述出来。在基础知识的回答中学生的自信心得到了提高，渐渐地他们思考、回答问题的主动性也得到了提高。另一个影响学生思考的因素就是我对课堂时间的把握，有时候为了赶教学进度，学生回答不出来的时候，我就自己直接讲出了答案。反思之后我对教材进行了大胆的取舍。对于课堂的重点、难点，尽量给学生足够的思考时间，并要求学生静下心来思考问题，更多的思考时间让学生不至于手足无措，也能对课文进行更深入的挖掘。形成了这样一种习惯，我相信学生在思维能力方面会有一些提高。

没有积累知识的过程，面对繁多的学习科目，学生很容易就会忘记教师输送的知识，也就出现了很多这样的现象：读音、词义靠教师，文学名著靠简介。他们追求的是短时间内获得较多的信息，而忽略了瞬间获得的信息并不能持久地停留在记忆里的事实；也忽略了在微乎其微的课堂思考中，其实他们的能力正在发生质的变化。有时候，教师适当地"偷懒"，适当地转变教学方式，会让学生逐渐地养成自主学习的习惯。而这一习惯，能够强有力地支撑他们应对各个科目的学习，甚至影响他们未来的工作和生活。

教育是慢的艺术

王曼珊

　　吴非老师的《致青年教师》是对他自己的教育教学生涯的经验和体会的整体展现，对青年教师有很好的指导作用。读了他的著作，让我对教育教学和自身的成长有了一个更加清醒的认识，对教育教学工作有了更多的体会和关注，对于我们青年教师来说，这是一本值得细细研读的书。

　　作为青年教师，我们在教育教学过程中总会碰到许多难题，也时常会有困惑。在教育教学过程中，我们有时也在犯揠苗助长的错误。在教育教学中有理想与现实的矛盾，有不同教学观点的碰撞，我渐渐明白教育是一种慢的艺术。

　　教育是一种艺术。教育的施者和受者都是有思想、有情感的人。教育需要智慧、灵感、创新和激情。在教育中发挥主观能动性，能够让人在其中如沐春风，能够让心灵和思想碰撞，能够让人学会反思和成长。但是，这一切都需要时间，需要过程。吴非老师说："教育的一个重要的特征就是慢，教育教学是'慢'的艺术。"教育不似商品经济中的流水线作业，它不是生产，而是一种"慢"的艺术。它的价值总是需要时间的洗涤方能显现。然而，在浮躁而功利的社会风气下，教育"慢"的特征却容易被人忽视。在欲望的驱使下，在急功近利的冲击下，我们不容易看清教育的本质。

　　作为教师，我们每天工作的对象是一群学生，是一群朝气蓬勃的孩子，是一群不断成长的孩子。每每想起，我就会感受到教育的重要性和无形的压力。想想我们的所为可能会影响到孩子的成长，不禁对教育有了更多的敬畏。教育的特殊意义正是教育"慢"的一个体现。所以，作为教师首先要明确教育应是对生命负责的教育。

　　教育是对生命负责的行为，是影响学生生命成长的活动。教育活动需要时间的检验。教育，作为一种慢的艺术，注定我们的许多工作可能都无法达到立竿见影的效果。比如我们不断地向学生强调"劳动"的意义，但是随着生活条件的逐步提高，学生参与劳动的机会少了许多。教师哪怕再怎么分析，甚至身先士卒，很多学生还是难以理解，甚至还会说："学校这么大，为什么不请清洁工帮忙？""老师是成年人，学生是孩子，应该让老师先去劳动。"但是，

当他体会到劳动后教室焕然一新的感觉，看到农民干完农活回家时的笑脸，明白社会因劳动而变得丰富多彩时，他就懂得了劳动的意义。作为青年教师，我们时常认为，我们所说的、所做的，只要学生知道了、理解了，他就能够吸收、内化，然后，行动就会有所改变。所以，我们总是不断地强调，不断地教育，甚至找个别同学谈话。反复几次的教育之后，我们在失落中得出结论，我们的教育是失败的，学生是冥顽不灵的，我们的工作没有什么意义。于是，我们容易在灰心丧气中变得麻木与冷漠。其实，我们错了。因为，"教师的工作，很大意义也是留给未来的。至于我们的劳动价值，可能也得让后人去评说。为了明天的'不后悔'，今天就不要急"。

作为一名政治教师，偶尔也会感受到所进行的教育空洞而乏味。当我对学生进行国家荣誉感、社会责任感教育时，看到的是学生在书里拼命作记号和对感人材料的漠然，我何尝不担忧和心酸。但后来我才渐渐明白，奢求学生从一节课中明白各种意义是多么幼稚，我的教学期望是多么的理想化。在应试教育的作用下，教育教学中我们重视知识的分析、技能的掌握和运用，重视立竿见影的效果，却极容易忽视对学生价值观的熏陶和培养。人文学科对学生的成长所发挥的作用是不可忽视的。人文学科的教学所产生的心灵感悟，与一般的技能相比，对于生命来说，不是更为重要吗？但是，我们却由于各种各样的原因，忽视甚至是放弃了这一方面的教育。所以，很多时候，我们总是在拼命赶路，急于求成，却一无所成。我的教学是否也过于急功近利了呢？社会大环境下的浮躁，是不是使我们淡化了对学生价值观的教育了呢？我想青年教师对教育应保持一份敬畏，我们很年轻，我们的阅历尚浅，我们对教育的感悟还不够深刻，我们容易过于理想化。如果没有对教育的敬畏，任性妄为，伤害的则是一群成长中的生命。

"无论是学校、教师，还是家庭，都不要揠苗助长，急于求成。"无论是在知识的掌握、能力的培养，还是品德的形成上，都不要急，也不能急。懂得了教育是"慢"的艺术，我们有了更多的耐心，更加宽广的胸怀，不会急于作出判断。我们会发现平时表现最乖的孩子当他的自尊心受到伤害的时候，他也会辱骂同学甚至是师长。平时屡屡违规的孩子，也有助人为乐、勇敢承担的一面。

"教育的'慢'是客观规律，必须遵守，不能绕过去。"教育是对生命负责的教育，所以，为了明天的不后悔，今天就不要急。正如吴非老师所说："尊重客观规律，尊重教育教学'慢'的特征，才能使我们所从事的事业更加有意义。"作为青年教师，我们需要认清教育的这一特征。在教育教学中，保持耐心，保持一颗平常心，就像等待花开一样去期待和呵护学生的成长，去重视教育细节的意义。

吴非谈教师的素养

教师有什么样的教养，他的学生就会是什么样，学校也就是什么"档次"的。

教师的人文素养比业务更重要——为什么人文素养更显得重要？教师在和学生的接触中，必然会把自身的价值观传达给学生；如果为人处世违背做人的基本常识，对生活中美好的人情熟视无睹，怎么当教师？

作为教师，一旦有粗俗的行为，他在学生面前就很难有威信。……他的粗俗，一定会以各种形式传给学生。学生时代学到的一切，都会渗入他们成人之后的生活中。教师今天这样粗野地对待他，在未来的年月，他也有可能这样对待别人。

不能疏忽的教育细节——成功的教师在工作中未必刻意关注教育细节，只是他的学养决定他在每个细节上都能体现出对人的尊重。

说到对学校的感情，可能也只有把生命燃烧在课堂里的教师们最清楚，当一种职业成了你的生命，当你在从事这项工作时有宗教情结，你就不会容忍任何玷污它、亵渎它的行为，你会用生命去保护它的纯洁。

——摘自《致青年教师》

推荐书籍

《卡尔·威特的教育》
作　　者：[德] 卡尔·威特
译　　者：刘恒新
出 版 社：京华出版社
出版时间：2004 年

推荐理由

　　《卡尔·威特的教育》是一本全球非常著名、影响深远的家教案例书籍，也是一本受欢迎度极高的家庭教育经典，就连哈佛大学图书馆也对其孤本进行了全新翻译。

　　倘若孩子们从一出生起接受的教育是一样的，那么其命运就只能由禀赋操纵了。但是如今的大多数孩子由于接受了不太全面的教育，甚至有些是错误的教育，因而其禀赋便只有一部分派上了用场，剩下的逐渐丧失掉了。

　　请相信，你的孩子是独一无二的，你的孩子是有成功的可能的，所以请重视早期教育，特别是抓住关键期对孩子进行教育。在本书中，你一定能找到你需要的教育方法。

推荐人：陈启佳

卡尔·威特的教育启迪

陈启佳

带着一份好奇拜读了《卡尔·威特的教育》这本书。该书开篇有一句很有意思的话："把一个低智儿培养成了闻名全德意志的奇才，这是证明《卡尔·威特的教育》一书神奇和伟大的最好例子。"

想要当合格的父母，就需要不断地学习和反思。世上没有天然的好父母，好父母都是经过学习和反思而来的，他们懂得什么对孩子是真爱，什么对孩子是愚爱。正如卡尔·威特所说："我相信世上大多数人都是疼爱孩子的，然而，懂得疼爱孩子的人并不多。对孩子独立能力的培养，是对孩子的一种真爱，那种对孩子的娇宠和过分的呵护只会让孩子在将来的生活中吃尽苦头，那可怕的结果只能是一种罪过。"

在教育的过程中，我们可能会把手段误认为是目的，这样得出来的效果就与原有目的相差甚远，因此需要区分清楚：什么是手段，什么是目的。我们有很多"想当然"的认识，但往往实际结果却未能如愿。这样就需要父母不断审视他们自身的行为："为什么要这么做，想达到什么样的效果，是否达到想要的效果？"这是一个不断反思学习的大循环过程：反思—修正—再反思—再修正……一般孩子身上出现的问题、毛病，都与他们的父母不会反思他们的行为密切相关。卡尔·威特在书中也说道："孩子的犯错，都可以从父母身上找到原因。"

孩子的犯错与父母关系密切，因为父母不仅是孩子的第一任教师，而且还是孩子的榜样。常言道，有什么样的父母，就会有什么样的孩子。所以父母对自身的言行需要更加谨慎。在家庭中，说话容易毫无顾忌，但是不能因为在自己家里没有约束就想说什么就说什么，想干什么就干什么，因为父母的言谈举止直接影响着孩子。卡尔·威特指出："孩子总会向他的父亲学习，父亲不仅是儿子最初的教师，还是他可以学习的榜样。对孩子要求严格，首先是自己对自己也要求严格……孩子的教育也包括父母的教育，做父母的，在管教孩子之前，必须首先学会管好自己。父母要让孩子成为有教养的人，那么自己首先就应该懂得内省自约，否则，任何'高明'的教育都无济于事。"

　　在家庭沟通交流上，父母是决策者，孩子是接受者，父母的这种权利缺乏监管和平衡。父母容易对子女缺乏尊重而伤害到他们的自尊，也容易变得自以为是而丧失反省机会。只要父母能够仔细地观察孩子，尽量站在孩子的立场看问题，那么一切问题都可迎刃而解。但是，站在孩子的立场意味着父母要主动放弃天然等级关系所拥有的权利。而事实上，绝大多数的父母用行动证明他们都不愿意放弃这种特权。其实，父母的行为都是靠父母的自觉。当父母在教育子女时，没有人要求父母应该怎样做，也没有人监督父母的教育行为，并且父母的教育行为也不会有立竿见影的效果，只会在许多年以后才显现出作用。可以这么说：父母的教育行为是可做的，也是可不做的，全靠当父母的自觉和长远眼光。一本记录孩子成长的育儿日记，许多父母都知道其重要性和价值，但又有多少父母做得到？

　　父母不愿花太多的时间和精力在子女身上，而是把他托付给了爷爷奶奶，其结果表现在孩子长大之后，竞争力、表现力不如其他同龄人。但是，无知的父母总把结果当成原因，因为竞争力、表现力不如同龄人而责备自家孩子愚笨，却从未检讨过他们自己身上的因素，从未在他们自身寻找原因。其实，他们的孩子早就输在起跑线上了，只不过他们不知道而已。

　　适当地夸奖子女有助于孩子的成长，但如何做才算适当呢？卡尔·威特也有他的一套做法。卡尔·威特对儿子既有毫无吝啬的鼓励夸奖，又不过多表扬，对别人表扬小卡尔更是在意，而且是不允许！作者在这本书中，专门对这个问题进行了详尽的分析讨论：过多的表扬会使表扬本身失去价值，而且还会产生严重的副作用，过多的表扬会使人变得骄傲自满、狂妄自大。接下来自然会产生这几个问题：究竟哪些该表扬，哪些不该表扬？应该如何表扬？

　　正如《卡尔·威特的教育》所说，对孩子的夸奖，应针对的是孩子的行为而不是他的情感。孩子虽然无法控制自己内心的情绪，但是可以控制自己不打人，因此，父母虽然难以控制孩子的情感，但是可以对孩子的行为施加极大的影响。父母应该注意到孩子的行为是指具体的行为而不是抽象或分析出来的行为。在孩子表现出良好行为时给予夸奖，并且告诉他因为什么事而得到夸奖。

　　对比卡尔·威特与其他人对小卡尔的表扬，就可以看出表扬内容的细微差异：别人表扬的标准建立在比较之上：夸人很聪明，言外之意，是夸这个人比其他大多数人聪明，夸与众不同，甚至高人一等！而卡尔·威特夸小卡尔，主要是夸小卡尔的优秀品质和善行，如小卡尔用坚强的毅力读完了一本书，或者做了感人的事，卡尔·威特才会夸他："好，真好，上帝一定会为你高兴的！"卡尔·威特这样做，是希望小卡尔明白：善行本身给行善之人带来的喜悦就是最好的报答，这种喜悦是上帝对行善之人的嘉奖。卡尔·威特绝不会夸小卡尔的聪明或者学识比别人深之类，卡尔·威特的夸奖不是比较出来的。这样，小卡尔不会有与众不同或高人一等的感觉。

小卡尔的成长，很好地按照卡尔·威特设想的方向发展，非常优秀，并且心态平和，言行有度。但我不认为仅靠卡尔·威特不让小卡尔听到考官和同伴的赞美，就可以让小卡尔保持平和心态。仅仅靠这样是远远不够的，肯定有更为关键的原因。我认为更为关键的因素在卡尔·威特夫妇身上：从小到大，卡尔·威特都把小卡尔当成一个完整的人看待，从不把他当成私有财产，更没有把他当成炫耀的资本或者摇钱树，而且别人对小卡尔的夸奖赞美，尽管是事实，但卡尔·威特夫妇从没有沾沾自喜或得意忘形，而是非常审慎地面对夸奖，有时甚至如临大敌，从而将这种面对夸奖的态度言传身教地复制到小卡尔身上。这才是小卡尔能够一直保持平和心态的关键和保证。

尽管卡尔·威特的各种教育都很准确到位，我也认为他的教育方式、内容和效果是无可挑剔的，但小卡尔身上依旧出现了各种各样的问题和毛病，需要卡尔·威特再花大工夫去纠正。这与卡尔·威特认为小孩都是自私自利的观点相一致。从另一方面也可以看出，社会环境非常不利于孩子的成长，如果没有父母有效的教育干预，任由孩子放纵发展，那么这个孩子多半会出问题，出大问题。

推荐书籍

《教育新理念》

作　　者：袁振国

出　版　社：教育科学出版社

出版时间：2012 年

推荐理由

　　为了适应时代的要求，为了使自己的知识与观念不断地自我更新，成为一名成功的教育工作者，利用假期的时间，我认真研读了袁振国先生所著的《教育新理念》这本书。初看这个书名，本以为是一本很抽象、很枯燥乏味的教育理论书籍，可是当我翻开之后，却一下子就被深深地吸引住了。

　　这本书以教师工作中经常遇到的问题为出发点，用通俗易懂的语言及许多鲜活的、耳熟能详的教育教学实例对现代教育新理念进行了较全面的阐述，对我们开展日常教育教学活动，进行教育教学改革，具有直接的指导意义。这本书还对教育工作进行了深刻的剖析，就具体的事例进行分析，挖掘背后隐含的教育观念，提出了一系列新的思考，是一本具有全面性、启示性、解惑性和可操作性的教育著作。

推荐人：林硕婉

让学生"提问"教师

林硕婉

　　利用假期时间，我阅读了袁振国先生所著的《教育新理念》一书，这本书没有高深的理论，而是以教师工作中经常遇到的问题为出发点，用较通俗的语言及许多鲜活的、耳熟能详的教育教学实例对现代教育新理念进行了较全面的阐述，对教育工作进行了深刻的剖析，给我带来了深深的思考。

　　作为教师究竟应该树立哪些新的教育理论，转换哪些旧观念？在教育模式、学习方式正在发生根本性变革的今天，我们在转换教育思想、更新教育观念方面应如何去做？

　　首先，我体会到作为教师必须要"活到老学到老"。在知识与经济同步发展的今天，我们要不断学习新的理念，充实自己的头脑，使自己的思想不断地更新，与时代同步，将学习贯穿于一生。其次，作为教师，最重要的是教育思想、教育理念的创新。教师必须树立正确的教育观念，学习和了解先进的教育理念，把那些教育理念内化为自己的思想。有了理念的更新，才能创造出新的教育方法，将其应用到具体的教学中去；由实践来检验教育理念的可行性，并在实践中提炼出真正适合教学的教育理念。

　　这本书让我印象最深的是袁先生所提出的"以问题为纽带的教学"。"创造始于问题。要保护和发展学生的创造性，首先要保护和发展学生的问题意识，进行问题性教学。""美国学生带着问题走进课堂，带着更多的问题走出教室……""教师并不是以知识的传授为目的，而是以激发学生的问题意识、加深问题深度、探求解决问题的方法，特别是形成自己对解决问题的独立见解为目的。问题能力在于学生，能不能以问题贯穿教学在于教师。"

　　课堂提问是教学中必不可少的一种教学手段，它贯穿于课堂教学的全过程。它是激发学生积极思考、独立探究和培养学生学习能力的重要手段，也是教师输出信息并获得反馈信息的重要途径，以及沟通师生思想认识的主要渠道。所以一直以来，在我所从事的生物教学课堂中，通过设计问题引导学生思考是我备课必备的内容，而如何更好地设问也成为我所研究思考的内容。但自从读了这本书后，我觉得教师除了"会问"外，更应该努力培养学生的创新

能力及提问题意识，鼓励学生"敢问""会问""善问"，转变学生的学习方式，以学生发展为本，让学生带着问题积极主动地参与到学习活动中，提倡自主学习、合作学习、探究学习。

如何让学生学会向教师提问呢？我认为应该从以下几个方面做起：

一、构建平等、民主、合作的教学氛围，为学生提问提供前提

现代心理学研究表明：学生在轻松、和谐的教学环境中会产生一种强大的内驱力，这种环境会使学生进入一种最佳的学习状态。学生的学习主动性不可能在压抑的环境中产生。有关资料证明，人在轻松愉快的情况下思维活跃，会自在地展示自己的才能，会增强探索欲，易迸发出想象和创造性的火花。因此，要树立创新的观念，首先，教师要改变传统的"传道、授业、解惑"的教师功能观。课堂上，教师与学生的关系是平等的，教师在课堂教学中要让学生心中有一种"说错了老师也不会批评"的安全感。这样可使学生在平等、自主的氛围中尽情发挥各自特长，产生情感共鸣，在这样的基础上，鼓励学生多讲、多提问，对错则是另外一回事。因为学生能提出问题，就恰恰说明学生不仅在认真听，还在认真思考。学生大胆而真实地表达自己对问题的看法，正是教师掌握实情、调整教学行为的最佳时机。其次，教师要把握好教学中的"严"和"宽"。俗话说"严师出高徒"，教学中的"严"应更多地留给教师，教师要严格要求自己，精心设计教学过程，把握教学的各个环节，从了解学生入手，增强教学的责任感。教学中的"宽"应更多地留给学生，教师与其给学生十个问题，不如让学生自己去发现、去产生"一个问题"。这个"宽"可以理解为学生思维的扩展，也可以理解为课堂上学生对教师的信任和期望，促使学生情不自禁地要求自己以课堂上高质量的问和答来回报教师，从而引发其主动学习的兴趣。

二、保护好学生的好奇心，激发学生的兴趣，为学生提问做准备

苏联教育家苏霍姆林斯基说："如果教师不想方设法使学生产生情绪高昂和智力振奋的内心状态，就急于传授知识，那么这种知识只能使人产生冷漠的态度，而不动情感的脑力劳动，就会带来疲倦。没有欢欣鼓舞的心情，学习就会成为学生的沉重的负担。"兴趣是最好的老师。心理学研究表明，学生的好奇心、自信心与创造性是相关的。好奇心是科学发明的巨大动力，瓦特从开水冲得壶盖乱跳，改良了蒸汽机；牛顿从苹果落地，发现了万有引力……学生好奇心强，求知欲也旺盛。对于感兴趣的事物总想问个"为什么""是什么""怎么办"。实践证明：能提出问题，就其意义来讲确实不亚于解决问题，它是创造性学习的一种表现。另外，学生提出疑问本身就是培养学生创新意识与

能力的很好素材。

三、培养学生良好的学习习惯，树立起自信心，为学生提问打下基础

挑战是学生自信的表现，学生"提问"教师，说明学生敢于挑战权威、挑战自我，既不自满，更不自卑，而是不断地以一个攀登者的姿态投身于课堂。我们要让学生既相信书本，又不迷信书本，既要依赖教师的帮助又不盲从于教师，学生可以有自己独到的见解，学生可以利用自己的感悟向知识、向教师质疑。此时，教师可以组织学生自己去思考、辩论，这样既深化了知识，又引导学生多方面、多角度地思考解决问题的方法，在问题中求取知识的真谛。此外，学生既要敢于挑战，又要有扎实的基础知识。所以，培养学生良好的学习习惯非常重要。教师要教会学生学习、思考，学生要善于带着预习中的问题思考，善于随着教师提出的问题思考，以逐步培养积极思考、主动思考的习惯。

四、创设一定的问题情境，为学生提问提供舞台

用贴近学生生活实际的事例去创设问题情境，很容易激发学生的求知欲，激活学生已有的知识与经验，使其自主探索新知，解决问题。在教学中，教师要想方设法，创设巧妙的问题情境，激发学生的学习动机，促使学生产生弄清未知问题的迫切需要。苏联教育家苏霍姆林斯基说过："当一个人不是作为冷漠的旁观者，而是作为劳动者，发现了许许多多个'为什么'，并且通过思考、观察和动手而找到了这些问题的答案时，在他身上就会像由火花燃成火焰一样，产生独立的思考。"教师要有意识地、巧妙地在学生心理上造成一种悬念，发问是开启思维的钥匙，也是人的思维创造发明的最好的加速器。

学生"提问"教师，对教师来说既是一种促进，又是一种挑战。学生的积极发言对教师的知识素养、应变能力、课堂调控，都提出了新的要求。只有不断学习、不断充实自己、与时俱进的教师，才能培养出一流的人才。"书山有路勤为径，学海无涯苦作舟"，让学生在"提问"教师的过程中主动完善自己的个体优势，从而奠定自信的基础，在自信中求知，在自信中发展。

在以后的工作中，我将不断进行自我挑战，以严格的标准来激励自己、要求自己，促使自己走到学生中去，和他们一起徜徉于知识的海洋，一起采撷智慧的火花，让学生真正地喜欢上生物课。

推荐书籍

《爱的教育》
作　　者：［意］亚米契斯
译　　者：王清晨
出 版 社：哈尔滨出版社
出版时间：2010 年

推荐理由

　　现代教育工作的重心不仅仅是教给学生固有知识，而且要帮助学生学会感恩生活，塑造健全人格。《爱的教育》一书，吸引我的并不是其文学价值有多高，而是那平凡而细腻的笔触中体现出来的近乎完美的亲子之爱、师生之情、朋友之谊……这本洋溢着爱的小说所散发出的浓郁情感真的很伟大。

　　《爱的教育》一书以孩子的口吻、孩子的文笔、孩子的眼光来记录孩子的生活和思想，更贴近孩子的内心世界。书中的孩子虽然出身、性格各有迥异，但他们身上却都有着一种共同的东西——对自己祖国的深沉的爱，对亲友真挚的感情。作者用爱的钥匙，打开了人们的心扉。可以说，这是一本为人父母、为人师长、为人子女者必读的经典教育书籍。

推荐人：黄晓红、陈海波

感恩的心

黄晓红

我国古代教育家说过："人者，德为先。未学文而先学文德，未学武而先重武德。"学好文武，不光是光宗耀祖，最主要的是报效国民。一个人的品德好坏往往决定着他行事结果的正与负，一个邪恶的天才所造成的灾难，总要好几代人才能扭转过来。世上本无十全十美的人和事，我们也就不必苛求人人都全面发展。但在现实教育中，当今的孩子在优越的生活环境下，并没有实现长辈所期待的快乐学习、德艺兼备，更多的是厌学，甚至非常叛逆，完全违背了我们的教育初衷。

在长达7年的教学实践中，我不断探索如何让学生明白长辈之爱，收获一颗感恩之心。在暑假，我无意中拜读了意大利著名儿童文学作家亚米契斯创作的《爱的教育》。这本书以日记的方式，讲述了一个叫安利柯的小男孩的成长故事，记录了他一年之内在学校、家庭、社会的所见所闻，字里行间洋溢着对祖国、父母、师长、朋友的真挚的爱，有着感人肺腑的力量。书中孩子们所表现出来的诸多闪光的美德，那平凡而细腻的笔触中体现出来的近乎完美的亲子之爱、师生之情、朋友之谊……涤荡着人们的心灵。"爱"，一个多么闪亮、多么令人钟爱的字眼。人们追求爱，也希望能拥有爱，爱能使人与人之间变得更加美好。这部处处洋溢着爱的小说所蕴涵并散发出的那种深厚、浓郁的情感力量，真的很伟大。在漫长的岁月里，它曾陪伴着一代又一代的孩子成长。可以说，这是一本永远不会过时的书。它用爱塑造人，引导我们永远保持一颗勇于进取而善良真诚的心。

《爱的教育》诉说的崇高纯真的人性之爱，就是一种最为真诚的教育，而教育使爱升华。虽然每个人的人生阅历不同，但从这本书中，我体会到了曾经经历过的那些类似的情感。它让我感动的同时也引发了我对于爱的一些思索，其中六月"每月故事"《船难》里马里奥的微笑给我留下了深刻的印象。

《船难》记述了一个十二三岁的意大利少年马里奥的故事。马里奥乘船前去马耳他岛，在船上，他结识了一个小女孩，她跟马里奥年龄差不多，只不过个子比马里奥高了一点儿。经过聊天，马里奥知道，原来这个女孩子叫克莉

泰，跟他一样都失去了父母，是去投奔亲人的。深夜，可怕的风暴来了，甲板上的东西都被卷走了，船底也经受不住风暴破了，水汹涌地灌了进来。眼看船就要沉了，乘客们都惊慌失措，跑到甲板上号啕大哭起来。一半的乘客都跳入了事先准备的小艇里，可只有一艘小艇，小艇上已经坐满了人，只够再容纳一个小孩子，而克莉泰和马里奥都十分想下去。在这千钧一发的时刻，眼看小艇离船越来越远，马里奥把机会让给了女孩，女孩跳入小艇，得救了。大船即将沉没，但马里奥面对死亡反而显得从容镇定。

这个故事让我明白，人活在这个世上，不能光想着自己，也要想着别人；更让我懂得了乐于助人是一种高尚的品德，它比任何一样东西更让人值得去拥有。开学伊始，我就把这个故事作为开学贺礼，与我的学生们共享。

正如文中所言："爱因为在心中，平凡而不平庸。"我认为《爱的教育》虽然讲的是情感教育，却洋溢着对生活、对大自然的热爱，充满乐观向上的精神。在阅读时，它把我带入了广阔的社会中去，让我懂得了许多教科书中学不到的东西。每个故事都将激励着一代又一代的青少年。"爱是什么，不会有明确的答案，但我已经完成了对于爱的思考——爱是博大的、无穷的、伟大的力量。"

我想把这本书与我的学生们共享，希望他们能有所感悟。

《爱的教育》读书札记

陈海波

　　时间过得飞快，很快一个学期就结束了。寒假时读了学校推荐的一些书，《爱的教育》就是其中的一本。当我刚读完开头的几篇时，不以为意，甚至为记住书中的人名而感到有些烦躁，没觉得有什么感人或者吸引人之处。但"名著"的头衔驱使着我一路读下去，这一读就不可收拾，整天都沉浸在这爱的世界里。

　　这本书是由意大利著名儿童文学作家亚米契斯创作的。书里的每一篇文章都使我受益匪浅，给我印象最深的是《少年爱国者》这个故事。故事内容是这样的：一个贫穷的意大利青年，从小就被卖到戏班子，受尽了虐待。一次，戏班子到西班牙，他趁机逃了出来。在意大利领事的帮助下，他登上了开往意大利的船只，与一群来自世界各国的达官贵人同坐在二等舱中。船上的乘客们了解了他的遭遇后十分同情他，纷纷给了他一点钱。正当他庆幸有了这些钱就可以吃一顿饱饭时，他听到了那些给他钱的乘客在侮辱他的祖国意大利，于是他就毅然地把这些钱愤怒地扔了出来，并高吼道："我不要说我们国家坏话的人的东西！"读到这里，我不禁为这个小男孩宁可挨饿，也要维护自己祖国尊严的行为而拍手叫好。我由此想到了不少这样的爱国者。南宋名将岳飞，他少年时就立志"精忠报国"，为了祖国、为了人民，他忍辱负重，含冤而死；边防战士，为了领土的完整，不怕流血、牺牲，赶走了入侵我国边境的侵略者；体育运动健儿，为了让五星红旗高高飘扬在赛场的上空，忍着伤痛，奋力拼搏……他们的爱国热情激励着无数国人奋发向上。

　　尽管爱的表现有很多，但真正能使其成为灵魂精髓的那部分却不能强意授予，只有一种力量能有效，那就是——感染。一旦疏忽了这点，爱便失去了成为品格的动力，而沦于虚假和下流。届时，这不仅将成为施教者和受教者的悲哀，更将是家国之悲哀，同类之不幸。记得周国平的散文中曾提到过爱的反义词是冷漠，而非其他，对此我感受颇深。对于他人的冷暖、甘苦，乃至生命的冷漠，可谓一种令人恐怖的恶疾，而更让人害怕的是它的传播范围是以人类社会为基础的。免疫力稍差，即被感染，而我们的孩子恰恰是最易感的人群。这

样的病菌一旦侵害了他们的灵魂，再要根除，绝非易事。曾有过这样一个报道，大意是说一位小学教师在班里做调查：如果你发现路边躺着一只受伤的小狗，会怎么办？大部分孩子竟回答用车轧死它，把它踩死……令人不寒而栗！

转眼间，我们离《爱的教育》所记载的那个年代已经很久了，但是"爱"这种教育的方式却永远不应远离我们，特别是我们这些教育战线上的工作者。我们要全身心地去爱我们的每一个学生，关心他们的成长，为他们的每一点进步而欣慰，用爱的泉水去滋润他们幼小的心灵，让他们沐浴在爱的阳光中，自由、健康地成长！

思之，警之，省之！教育之艰，任务之重，不言而喻。作为教育者，拒绝冷漠，传播爱心，不仅仅是我们出于自己的一份责任，更是我们对受教育者、对社会的一份责任。就让我们怀揣朴素的关爱，把心中的这口水井带给沙漠中行走的孩子，带去安全和保障，更带去灵魂的浸润和生命的水源。

期待着爱的教育，会真正走进孩子们的心灵！

推荐书籍

《在与众不同的教室里——8位美国当代名师的精神档案》

作　　者：李茂

出 版 社：华东师范大学出版社

出版时间：2007年

推荐理由

　　学生的未来是否丰富多彩，人生是否出色、成功跟培养他们的教师有很大的关系。作为一名教师，我时刻想着如何培养学生成长，时刻在向身边的前辈取经。对于大洋彼岸的名师，我只能借助书籍和媒体的介绍来学习。这方面给我很大裨益的要数《在与众不同的教室里——8位美国当代名师的精神档案》这本教育专著了。在这本书中，8位美国名师的先进理念和卓越成就令我回味无穷。这些被视为国家英雄的教师，虽有各自的理想和追求，却是为了达到同一个目的——为了学生的终身发展。身为教育者，我们不能不学习名师，不能不反思自身，不能不追求进步，所以，我们选择一读再读。

推荐人：黄舜嫒、张维康

激情　勤奋　责任

黄舜媛

2012 年暑假，我拜读了教育档案丛书《在与众不同的教室里——8 位美国当代名师的精神档案》。读后如醍醐灌顶，受益良多。

该书不仅使我了解了美国的教育制度，更使我领略了 8 位教育大家敢为人先的独到思想和矢志不渝的奉献精神。其中，艾斯奎斯老师的授课清单和与学生的一天，足以体现一个教育工作者对工作的无限激情和坚定的信念；克拉克老师的 55 条班规则体现了治班者的良苦用心，给所有班主任的工作指明了方向；比格勒老师的历史模拟课堂是值得所有文科教师学习和借鉴的"有效教学"；凯德老师的"蟋蟀课堂"则是所有科学课"探究教学"的典范；罗杰斯老师的高瞻远瞩和亲力亲为是所有教育者的楷模；而卡姆拉斯老师的教学改革则是实实在在地执行素质教育，捍卫教育的公平；德雷珀老师边教边学，用她的作品感染学生，用她的实际行动为我们树立了"终身学习"的榜样；而德高望重的梅耶尔老师倡导和开创的小规模办学运动，则无疑给我们传播了教育的人本、民主思想。

作为一名只有几年工作经验的教师，我感谢这本书，更珍惜这次与当代名师的思想交流。其中，最能引起我共鸣的是以下三句名师名言。

第一，当被问到"在课堂管理方面，你有什么诀窍"时，卡姆拉斯老师是这样回答的："最佳的课堂管理技巧是把课上得真正吸引人。"

近乎完美的回答，道出了优秀教师的人格魅力和对课堂的驾驭能力。众所周知，一个班级的听课纪律，离不开严格的校纪班规的约束，更离不开任课教师的调控和驾驭。可以想象，一个闹哄哄的课堂是如何产生的？是学生不守纪律，还是授课教师的课堂不够精彩？

一直以来，当我路过一间教室，仅根据从窗外就能感受到的浓烈的求学氛围，我就能判断，该教室里的授课教师非常出色，他绝对有某方面值得我学习。所以，这些年来我也一直在追求：我的课堂是靠上得精彩来吸引学生，而非靠大声呵斥来"镇压"他们。

亲爱的教师，假如你的课堂管理还有漏洞，请反思你的课上得是否吸引学生。谁想看到教师在讲台上卖力地讲课，而下面有近三分之一的学生在打瞌睡的不协调现象？这不仅是学生的悲哀，更是教师的悲哀。

第二，成功的教师作家，或作家教师——莎伦·德雷珀跟学生一起孜孜不倦地学习和创作。她说："我边教边学，因为我感到，一个勤学者是最好的教师。"

自古以来，中华文化对师范的定义是"学高为师，身正为范。"我想问：何为"学高"？是否拥有一张师范院校的毕业文凭就能称为"学高"？就能成为学生的"师"？德雷珀老师的例子给了我们最好的回答：不是。我们需要边教边学，我们需要终身学习，以此来为"师"。

还记得现代教育界对教师专业水平的诠释："假如想给学生一杯水，教师必须是一眼活水。"这句话的精髓在于"活"字，也就是要求教师要与时俱进，不断充实、更新自己的知识，以此来满足学生对知识的渴求。

自查一下，我的"活水"不多，很多都是临时抱佛脚学来的。当我在学生面前滔滔不绝讲某个新的名词或解释新的意义时，其实我很惭愧，我自叹我没有紧跟时代步伐，没有定时充电，因此也就没能底气十足地讲授教材中具有时代感的内容。

因此，我想呼吁主管教育的上级部门，要定期安排教师进行有实际意义的培训，不断提高教师的理论水平和业务水平，使教师都能补充"活水"。我更想呼吁我亲爱的同事们，挤掉炒股的时间，远离"摘菜"的电脑屏幕，关掉充斥着商业广告的电视机，专心致志地边教边学吧！只要肯挤，学习的时间总会有的，或浏览报纸关注国内外时政要闻；或细读本专业的论著，聆听专家的教诲；或研读其他方面的文章，接受各方面的知识和信息，以此来丰富自己的大脑。

请不要让各种文凭或证书成为你进步的羁绊，请及时补充"活水"。只有这样，才能符合老祖宗对我们的要求——学高为师，身正为范。

第三，"学生最终为自己的学习负起责来。"历史教师比格勒如是说。

在人们的潜意识里，历史就是过去的故事，是"死"的。讲课的教师只需在课堂中口授给学生就行，顶多是到历史室看看图片或模型，让学生有视觉的感受。可名师就是不同，比格勒的历史课能使学生记住是因为他采用互动性历史模拟的形式。在不同的课堂上，他的学生可以扮成希腊城邦的公民，还可以以议员的身份讨论政府的财政预算问题。为了能更真实地掌握"二战"的资料，他的学生对老兵进行采访。为了学习伊斯兰历史，他们甚至实现了到麦加的朝圣之旅。结果，学生不仅热爱历史，更点燃了心中的求知渴望；而且，通过让学生亲自动手、亲身体验，学生最终为自己的学习负起责来。

你千万别认为这样的课堂华而不实，恰恰相反，在他的历史课堂上，学习是实实在在的。学生能够自觉地热爱学习，这种热爱是伴随他们一生的。你也千万别小瞧比格勒老师看似随意的课堂，其实他是做了大量的课前准备的，并大胆地付诸行动。

在这里我并不是要贬低我们的历史教师，而是要回归到比格勒的名言上——学生最终为自己的学习负起责来。这不正是我们孜孜以求的吗？

很多时候，我们会为学生上课开小差、课后抄袭作业、考试作弊等问题所困扰。我们时常苦口婆心地开导他们："学习是你自己的，学好了对你自己有利。"可教育的效果往往不佳，学生依然我行我素，对学习应付了之。也只有等到临近高考，他们才会认真一点。

如何使学生对自己的学习负起责来？这确实是摆在我们所有教师面前的一道难题。通过研读比格勒老师的事迹，我终于明白了一些道理：教师以讲课的激情点燃学生学习的激情，以对教学的由衷热爱带动学生对学习的由衷热爱，以对工作的高度负责感染学生对自己学习的负责。

书中的名师名言很多，且都有一定的道理，想讲的还不止上面这三句。千言万语汇成一句心里话：这是一本好书，读后为之折服、为之振奋，更为之深深感慨。

用力做只会合格，专心做才会优秀

张维康

最近，在学校的号召下，我校师生开展了轰轰烈烈的读书活动。很久没有静下心来好好读一本书了，在"压力"的作用下，我读了《在与众不同的教室里——8位美国当代名师的精神档案》这本书。读完这本书，我感谢、感动、感慨。感谢许校长给我们推荐了这么一本好书，感动8位美国教师的精神，感慨自己和他们的距离。

书中的8位名师用自己的执着与智慧创造出了与众不同的教室，带我们走进了与众不同的教育。罗恩·克拉克让我认识到"好教师必须要有创造力，因为你不能日复一日地做同样的事情"；而罗杰斯认为"教师的职责是为每一个儿童找到学习的最好方法和资料，同时帮助他们完成社会性发展与情感发展，为了学习的发生，教师必须以关爱、积极的态度接纳学生的全部，并认识到每个孩子的学习进度都不相同"；在凯德身上我体会到了一位优秀教师的人文情怀，即"让学生学会观察，是做研究的第一步"，希望学生"无论将来从事什么职业，在面对一个新的问题时，都能头脑敏锐，创造性地把问题解决掉"。她还希望学生能够把在课堂上获得的自尊和自信运用到他们的生活中，以积极、主动的心态处理生活中的各种事情，以负责任的态度去影响和帮助他人。

作为一名21世纪的教师，尤其是刚走上工作岗位不久的年轻教师，想上好每一节课并不是一件容易的事，如何激发学生的学习热情，感受学习的魅力，是我面临的一个难题。我想，仅仅靠单纯的专业知识是不够的，作为教师，必须要有创新精神和创造力，才能使自己的课堂永远充满活力，充满吸引力。就像克拉克说的，"当教师拥有标新立异的创造力和自由时，奇迹就会发生"。创造力是教师形成教学艺术，赢得学生尊重，成就终身事业，实现人生价值，完善美好人生的首要条件。一个没有创造力的教师，始终生活在应试教育的阴影之下，成天神经紧绷地讲课、搜题、改作业、逼迫学生，简单地从事着一种低层次的、痛苦的机械劳动。这样教师人到中年就会感到知识老化、身心疲倦、精神委顿、生命迟暮；工作中找不到成功感、荣誉感、幸福感；教学

失去了快乐，生命失去了激情，生活失去了热情，人生的天空没有了色彩和云朵。这样的教师时刻感到有一种力量在压迫着自己，身心都被沉重的枷锁桎梏着；没有了自由和希望，受尽煎熬的灵魂等待着每一节课、每一天的结束。这不仅仅是对教师的伤害，也是对孩子们的伤害。

我一直在思考如何让学生更喜欢自己，读完《在与众不同的教室里——8位美国当代名师的精神档案》后，我豁然开朗：不能简单机械地重复，要用自己的智慧创造出学生最喜欢的方式，并告诉他们最需要的东西是最关键的。那么如何才能让自己更有创造力呢？

首先，我们要转变观念，挣脱传统教育的枷锁。长期以来，传统的教师职责深深镌刻在我们心里。人们普遍认为，教师的职责就是传道、授业、解惑，告诉学生他们尚不知道的知识并让他们铭记在心是教师必须要做的事情，于是"填鸭式"教学法应运而生并长期流传。对于学生而言，学习成了一项枯燥乏味的任务，学生成了教师刻意加工的产品。这种现状必须改变。正如克拉克谈及对美国标准化考试的看法时所说的："我感到我们走错了路，教师正在失去创造力，因为他们必须为应试而教，我们正在把学校变成加工厂。"

其次，要打破常规，大胆尝试。艾斯奎斯用游戏来管理班级，学生们有工作，有报酬，必须花钱"租"自己的座位，还要纳税，领取奖金，购置财产。这套制度不仅让孩子们学到了数学和经济学，还创造了一个氛围，让他们知道如果遵守规则、勤奋努力，自己也有成功的机会。这样大大提高了学生努力的积极性和主动性，这一大胆的尝试创造出了与众不同的效果。同时，他给孩子们留很少的作业，带孩子们出游，到剧院看演出，通过言传身教和周围的环境教育孩子们，这些打破常规的做法取得了良好的效果，也为我们提供了良好的模式。

再次，要对自己所做的事情充满激情，热爱自己的工作。对于工作，不同的人有不同的看法。有人认为它是自己谋生的手段；有人认为它是养家糊口的必需，这种想法让很多人痛苦不堪，整日疲于应付工作上的各种事务，从而生活得很累。这是不会激发出人的创造力的。比格勒说：做一名优秀教师最重要的品质是对自己所做的事情充满激情，信任自己的学生，热爱自己的工作。的确，只有热爱才能全身心投入，才能调动我们的每一个细胞，教师的激情与学习欲望会通过教师的表现传递给学生，我们必须始终相信：工作是我们生活的一部分，是我们幸福的源泉，我们应该善待它、珍惜它。

最后，要有创造性人格。一个人有了自由的身心，许多美妙的创意、美好的设想就会如泉奔涌。自由的身心，是一种精神境界，这种境界是由时间、空间和心灵的自由组成的。一个没有自由精神的人，其内心受到压抑，完全屈服于外界事物，思维堵塞，智慧萎缩，创造的火花失去了产生的条件。教师要想获得充分的自由和强大的创造力，第一，要看轻物质的诱惑，无欲则刚，物质上的生活达到中乘即当满足。如果成天精打细算，汲汲于小利，则必然身心疲惫，痛苦不堪。第二，要多读书，领略他人的智慧，一个人的书读得多了，其精神境界自然会提升到一个新的高度。一个优秀的教师需要博览群书，不断学习。

"用力做只会合格，专心做才会优秀。"假如我们每一个教师都能够像艾斯奎斯那样无私地为教育事业奉献，相信我们也会和他一样打造出一间属于我们自己的与众不同的教室来。

推荐书籍

《那些让孩子感到幸福的事儿》

作　　者：［德］安东·布赫尔

译　　者：宁宵宵、李莉

出 版 社：中国青年出版社

出版时间：2010 年

推荐理由

　　幸福是什么？从何时开始，孩子会使用"幸福"这个词来表达自己的感受？你知道如何让孩子生活得幸福吗？教育真的可以使人幸福吗？除了知识，学生更需要的是什么？……这些问题的答案，你都能在《那些让孩子感到幸福的事儿》这本教育专著中得到启示。本书通过故事和调查，记录了大量孩子们天真又充满哲理的话语，他们告诉大人"什么是幸福"。从他们的回答中，我们还可以去思考什么才是良好的教育方式。

推荐人：蔡晓环

在学习中寻找幸福感

蔡晓环

随着教育改革的深入，传统教学追求的"教师能成功地落实好每一个教学环节，学生能够考出好成绩"不再是教育的最终目的。似乎，从提出要建设幸福城市和幸福学校的那一刻起，"幸福"就成了我们衡量教育成果的一个指标。

曾听一名学生说起他对幸福的理解，他说高中三年与同学的相处，让他明白幸福就是：相互信任、彼此关爱、勇担责任、超越自我、分享快乐、分担痛苦。这些小快乐平时一点一滴潜移默化地渗透，最终成了幸福的由来。学习，对于当今的学生来说应该是一件不幸福的事，因为他们面对着父母寄予的厚望、学校给予的压力和自己加载的心理负担。学生带着厚重的壳，如何能快乐地行走？"教育要为男孩与女孩们提供一种全方位发展的环境，而不是一味追求成绩，而忽略情感因素。如果一个孩子能学会正确面对悲伤，谁能说这种教育是失败的呢？"在教与学的过程中，怎样才能让学生真正地体验到幸福呢？"幸福并非100%写在我们的基因里，其中35%是可以培养和改变的。"显然，作为知识的传授者，教师在幸福教育的过程中扮演着重要的角色。

有人说教师有三种境界，一种是传授知识，一种是启迪智慧，最后一种是点化生命。在第三种教师眼里，知识、能力、方法都能成为学生发展中必不可少的营养，他能够不断地让学生保持对知识的浓厚兴趣；他能够不断地激发学生的自信心和对事物的探索欲望；他能够温柔而又耐心地等待着孩子的成长；他能够在学生遇到障碍或失去动力时，用爱心和智慧唤起学生对希望的追求。然而，在实际的教学过程中，很少有人能做到这一点。课堂上，我们还是不自觉地想将更多的知识教给学生，不是为了赶进度，就是为了争成绩，很容易就陷入了满堂灌的误区。面对学生的各种问题，我们总觉得知识点明明讲过了，怎么学生还是听不懂、学不透呢？因而带着种"恨铁不成钢"的情绪，忽略了教学的艺术。当"教育"窄化为"学习"，"学习"窄化为"知识"，"知识"窄化为"书本知识"，"书本知识"窄化为"考试科目的书本知识"时，机械操练的知识显然只会让学生感到厌烦，何来"学习很快乐，学习很幸福"

可言？

近几年，在北大、清华、复旦、交大等名校的自主招生考试中，时常出现看似与课本知识无关的题目。"一只普通的一次性塑料杯子，如何卖出 500 元的价钱""用一种植物形容中国的国民性""请设计一个验证当地降水概率的方案"……教育是什么？正如一位教育家说的，是接受的相当一部分知识被遗忘后所剩下的。人格态度、思维方式、行为习惯、解决问题的能力，才是影响一个人终身发展的重要素质。教学的进程，是教师和学生分享人类精神财富的过程，学生在聆听中分享教师的情感，教师在聆听中感受学生的快乐。对学生而言，学习意味着主体的凸显、个性的张扬、创造力的展现。对教师而言，上课不仅意味着传授知识，还意味着分享和理解。

优秀的教师，不会只关心和满足于教会了学生什么，而是不断地为学生创设一种"海阔凭鱼跃，天高任鸟飞"的广阔发展空间。假设同样的一个问题，一位教师说："这个问题上节课我已经讲过了，你没认真听课吗？"另一位教师说："仔细思考一下，试着自己分析，你能找出答案的。"两种不同的态度，带给学生的心灵感受是截然不同的。生活中，人们常说"不要吝啬你的赞美之言"；教育中，我想对教师说的是："不要吝啬你的鼓励之词"，一句简单的"你能做到"，也许在教师看来是无足轻重的话，却能调节学生的学习情绪，减轻学生的紧张和压力。教师，有责任有义务经营幸福教学，使自己成为师生情感交流的主持人、师生智慧的催生婆；让师生在传授知识的时候，能充分享受教学本身的幸福，而不是一想到学习就是"头悬梁，锥刺股"，一想到教师就是春蚕、蜡烛。如果教师看不见教育工作的蓬勃生命力，感觉不到自己是教育的创造者，那么，怠惰、消极、漠不关心的现象就会蔓延开来，教师也会在教学工作中因循守旧，消极应付，甚至会仅凭良心满足于做一个传经布道的"经师"，那么，教师这个职业所带来的欣喜、满足、幸福之感也会随着教学技巧的熟练而逐渐淡化。"幸福教育是一种全方位的教育，它所关注的不仅是在多种多样的活动中开发孩子的能力，还包括赞扬、微笑、集体对孩子的影响……"教师要努力为孩子创设良好的成长环境，使他们感觉到自己是被重视的，是集体中不可缺少的一部分，从而增加学生的满足感；我们要在传授知识的过程中启迪学生的智慧，让学生在丰富多样的学习过程中不断体会学习的快乐、成长的幸福。

推荐书籍

《第 56 号教室的故事：雷夫老师中国讲演录》

作　　者：陈勇

出 版 社：教育科学出版社

出版时间：2012 年

推荐理由

　　《第 56 号教室的故事：雷夫老师中国讲演录》给人以震撼与惊叹。雷夫老师在同一所学校的同一间教室，年复一年地教同一个年龄段的学生长达二十多年。在他的 56 号教室里，雷夫老师告诉世人，一个人完全能够在最小的空间里创造出最大的奇迹，他深信：着力孩子的品格培养，激发孩子自身的高要求才是成就孩子一生的根本。在新课改之际，雷夫老师令人耳目一新的教学观念，给予我深刻的启发。

推荐人：林苗芳

做一位有思想、有智慧、有内涵的师者

林苗芳

书有它自己的气质：寂寞、恬静、智慧……它在等待着心灵的契合者，在适合的时间、适合的地点，用适合的心境来阅读。我想，"索道于当世者，莫良于典"，在假期之余，找本经典来阅读，与智者对话，掩卷休憩，让自己的心得到安宁。总相信，幸福是一种感觉。让自己灵魂沉淀下来的过程，是一种体验幸福的过程。

在品读经典时，发现教育真没有国界，《第56号教室的故事：雷夫老师中国讲演录》让人爱不释手。放下书本，脑海中浮现这么一句话："教育者必须是思想者。"帕斯卡尔说过："人是思想的苇草。"这句话初听起来有点儿悲凉，但细细咀嚼，却深深地为之震撼，因为他用如此方式来强调思想和智慧对于人的重要性。作为一名教师，我原以为教育只要运用相关知识就行了，然而不是这样，我们得用思想、智慧。面对一个问题学生，我们不应该问怎么样才能管好他，而应该问：打开他心扉的钥匙在哪？应该问：我是否有耐心、有爱心去面对他？第56号教室之所以特别，并不是因为它配备了高新的教学设施、优秀的教育者，而是因为这里拥有信任、平等、尊重。

首先，拥有信任。雷夫老师在开学的第一天就让学生玩"信任"游戏（一个学生往后仰，其他的学生在后面接着）。在我们的概念里，如此简单的游戏，应该是幼儿园小朋友玩的，但正是这样简单的游戏对我有很大的触动：只要有一次放手，别人就会不信任你。在班级管理中，我第一年当班主任，没什么教育经验，本来比较健忘又被这样或那样的事烦着，往往早上对学生的口头承诺下午就忘得一干二净，等到学生跟我说时才想起来。现在想想就有点后怕，这样怎么让学生信任？建立信任感不是一朝一夕的事情，就像雷夫老师所说的："我们不需要对孩子长篇大论地谈我们多么负责任，而是要他们把信任放在我们肩上。""孩子们以你为榜样。你要他们做到的事情，自己要先做到。我要我的学生和气待人、认真勤勉，那么我最好就是他们所认识的人之中最和气待人、最认真勤勉的一个。"这提醒我们"身教重于言教"，这些道理我们都懂，却没有真正做到。我们班有这样一位学生，开学初，在各位教师印象中各方面表现都很好，但慢慢地他出现了各种问题——上课没精神、迟到、夜自修随意走动等，面对这类学生，很多教师都认为，他已经"原形毕露"了，挽救不了了。可能是第一年当班主任吧，我还是想试试，看能不能改变这种情况。首先，我找了个工作让他负责（这类学生由于容易犯错，不爱学习，通常会受到班里同学的孤立），让他把精力投入到工作中，也让他有更多的机会与班里的同学交流，让他心里明白无论是同学，还是教师，都是信任他的，从而慢慢地收敛自己的行为。后来这位学生写了一封信给我："老师，你不必惭愧，问题并不是因为你，我本身有问题，到后来我很厌倦学习，有时甚至想放弃，我承认我自暴自弃，我也很明白这次期末考试我的成绩必定会一落千丈，因为现在我就算补也太晚了……我想改，但是我真的是三分热度，我妈妈跟我说，从哪里跌倒，就从哪里爬起来，而且不能再在那个地方跌倒了，而我的心就像死了一样，有时确实会有感触，但过后就无动于衷。……老师，并不是你不负责任，你也不必自责，我以后慢慢改。"学生的信任来之不易，父母、教师都要勇于负责，不要总是开一些口头支票去愚弄学生，他们很聪明，一定会识破。

其次，拥有平等。每个人的内心深处，都希望对方能够理解自己，能够平等地对待自己。雷夫老师曾对孩子们忠告说："你永远无法真正了解一个人，除非你能从对方的角度来看待事物……除非你能进入他的身体，用他的身体行走。"这何尝不是对我们的忠告呢？当我们理直气壮地批评学生，数落他们的不是时，有站在他们的角度思考过吗？当我们在责怪学生对那些讲了又讲的题目还不会做时，有没有想过学生是不是没有听懂？当我们在为后进生的成绩给自己班拖后腿而抱怨时，有没有想过他跟他自己比是不是有进步？事实上，对于学生自己的未来来说，现在考得不好，并不代表他以后就没出路了，就算这次考得不好，明天的太阳还是照样升起。毕竟只要他真的尽力而为了，考试结果如何，其实并不是那么重要。教师必须要认识到学生考得不好只代表一件事：他还没有弄懂题目，教师应该再为他讲解一次，如此而已。

最后，拥有尊重。心理学家马斯洛把人的需求从低到高分成生理需求、安全需求、归属与爱的需求、尊重需求和自我实现需求五类。每个人都潜藏着这五种不同层次的需要，但在不同的时期表现出来的各种需要的迫切程度是不同的。人的最迫切的需要才是激励人行动的主要原因和动力。我们常常明白自己的需求需要得到满足，却忘了学生也是有需求的，他们也需要得到满足。现代社会经济的快速发展，使学生的生理、安全需求基本上都得到了满足，而归属与爱，有些学生能得到满足，有些则不能，而这些不能的学生，会希望从同学、教师身上获得。在高一的校园生活中，班级活动比较多，为的是锻炼学生

的团体精神，在一次校园三人篮球赛中，报名的"居然"是班里"不大受欢迎"的几个男生，我的担心来了："这是班级活动，这几人参加会不会没人去加油啊？这下该怎么凝聚班里的同学？"出乎我意料的是，等我到达赛场时，班里的同学们都在为他们加油，比赛的学生因此也更加卖力。借此契机，在班会课时，我代表班里鞠躬表扬了他们和其他同学，让学生感受到了师生之间的尊重与爱，更好地凝聚了全班。

记得在上高中时曾读过韩愈的《师说》，其中有这样一句话："师者，所以传道授业解惑也。"当时不解其意，只陶醉于抑扬顿挫的朗读文章的情境中。现在成了一名教师后，才稍稍明白这句话的内涵，先哲的教诲始终不敢忘怀，工作中我就把这句话作为自己的目标。看完了《第56号教室的故事：雷夫老师中国讲演录》，我重新审视自己，重新审视了教育的规律和真谛。师者，即有思想、有智慧、有内涵的教育者，虽然思想、智慧、内涵不是天生的，但只要以此来要求自己做好每一个行为，那么你一定会收获一个有思想、有智慧、有内涵的人生。

推荐书籍

《不跪着教书》
作　　者：吴非
出　版　社：华东师范大学出版社
出版时间：2004 年

推荐理由

　　接触《不跪着教书》是偶然的机会促成的，我是先听到了"不跪着教书"这一句话，后来才去拜读吴非老师的《不跪着教书》这本书的。他在书里面记录的一个个小故事是那么的真实和触人心扉，特别是他的语言是那么的直白，又那么的掷地有声。虽说每年总听到高考喜讯，可是在教育教学过程中所发生的故事，有时是多么让作为教师的我们寒心。这些吴非老师都在这本书中涉及了，比如教师素养、教师与家长的关系、阅读教学、品德教育、教育制度问题等，洋溢着浓郁的责任意识和人文气息，非常值得作为教师的我们细细品味。

推荐人：周素芸

让学生成为站得直的人

周素芸

对于《不跪着教书》这本书，我是在工作两三年之后，同事跟我提及如何做一名教师的时候才知道的。我已经不记得当时是因为什么，却记住了同事说过的一句话"不跪着教书"。一直想着要找机会好好看看，直到寒假才有时间认真去拜读这本书。

吴非老师这本书通过分析教育和教学中遇到的一些问题，揭露了中国教育的尴尬现状及原因。也许，在中国很多人，如学生、家长，特别是教师，都能深刻地感受到中国现今教育的问题是多么的严重。我曾多次地听到某某教师在感叹中国教育的失败；也曾经听到学生家长对中国教育破口大骂；甚至我还从自己的学生那里了解到他们对中国教育的失望。只是又有谁能像吴非老师这样直接地抨击、分析原因呢？也许很少，也许没有。因为，在中国这样有勇气的教师不多，这样为中国教育着想的教师也不多。当我们读过吴非老师的《不跪着教书》之后，我想许多人都会有这样的感悟：确实只有站着的人，才有可能写出这样一部站着的书。

"想要学生成为站直了的人，教师就不能跪着教书。如果教师没有独立思考的精神，他的学生会是什么样的人呢？"封面上的这两句话，我想它已经触动了许多教师那颗沉寂的心灵。作为一名教师，同时也作为一名被领导管着、被家长挑剔着的教师，怎样才能做到"不跪着教书"？怎样才能做到"让自己的学生成为站得直的人"？

一、别让你的学生看不起你，而是敬畏你

吴非老师说："不管以后课堂模式如何，教师还是要在课堂上与孩子们说话的；无论如何，别让孩子们看不起你。"我觉得在教育教学中，别让学生看不起自己确实是非常重要的，因为那将成为我们的教育魅力。我依然能清楚地记得2007年开学的第一天，我任教生涯的第一节课，由于自己太紧张和准备不够充分，快速地讲完了一节完全没感觉的历史课，然后剩下的二十分钟我茫然无措地站着。那是我最糟糕的一节课，别说学生看不起我，连我都看不起自

己。当时我想学生如果学得不好，我是有一定的责任的。所以在后来的教学中我有时会因负疚、自卑而无法摆正自己的位置。那一年有同事不断地开导我，让我很感动，记得他说过："第一节课是最重要的。"我记住了，之后我特别注意与学生见面的第一节课，不仅不能让学生看不起我，更要让学生敬畏我。我相信好教师会影响学生一辈子，所以我努力让自己变得更好。

我觉得吴非老师对青年教师的期许是很好的，吴非老师说："能注意知识的积累，向新高度攀登；倘若条件有限，那也要有点自我提高意识，哪怕读点闲书也是好的，哪怕知道一些典故也是好的，即使自己读书不多，听听别人说读书也行。"其实吴非老师是想让更多的教师提高自身的修养，只有更加自信，才能站得更直，才能理直气壮地不跪着教书。

作为一名教师，我总觉得自己还有很多不足，读的书太少，思考缺乏深度。但是，自己却常常以忙为借口而没有多读书。尤其是书中讲到现在的很多教师缺乏思考，只知道"埋头苦干"，却不知道"及时反思"，对教学中和班级管理中出现的问题往往视而不见，没有深度的思考。想想自己也一样，有时虽然意识到了问题的存在，却没有及时去反思，时间久了就忘了。现在我告诉自己要把思考变成一种习惯，长期缺乏思考的教师会成为仅仅为了"教课本而教书的教师"，所以从现在开始我必须时刻提醒自己多思考。

二、别让你的学生家长折服你，而是尊敬你

作为一名教师，不管是年长的、年轻的，都要做到像吴非老师所说的那样："得站直了教书，得有铁骨！"在教书的第三个年头，我接了一个新班级。记得当时因为一个学生引发了与家长的一场争论。学生家长认为作为班主任或者教师应该以中小学生那种奖励方式教育他的孩子，比如如果学生进步了，我该给学生买个汉堡当奖励。我觉得爱的教育或者奖励式的教育是可以的，但不是溺爱也不是宠爱，更不是盲目的爱。因为自己的教育观念和方法与家长不同，最后争执得很激烈。但是那位家长却倚老卖老地欺压我，甚至威胁我说要去找校长要说法。仔细想想从头到尾那位学生家长其实只是把年轻的我当成一个小孩，并不是一名教师。我只记得当时我并没有因为他是家长或者长辈而屈服，因为我有自己的教育原则。遗憾的是，那个学生最后从我的班级转到了其他班。之后，我也慢慢理解了一些学生或者家长的做法，因为这一切都跟中国的基础教育、家庭教育有直接的关系。从那件事情之后，我有一段时间一直在琢磨着如何处理与家长的关系。总结之后，我觉得除了我们要教育好学生之外，我们还得站直了教书。面对家长或者领导时，得做到不卑不亢，做到让家长尊敬我们，这也许就是吴非老师说的铁骨吧。

可以说，《不跪着教书》中所讲述的一个又一个的小故事都能触动我心中某个柔软的地方。特别是吴非老师对目前教育中存在的一些问题所表达出的那种愤怒，其实挺让我佩服他的勇气的。因为我也相信什么样的教师会对学生产生什么样的影响。那么我们应该如何做好自己，培养出优秀的学生呢？

三、让中国的学生成为站直的、独立的人

在《我美丽，因为我在思想》这篇文章中，吴非老师讲到："终身学习的立学之本是什么，是独立思考精神……学生缺乏批判能力，在于教师缺乏批判意识和怀疑精神。""不敢想，是因为不准说、不能说、不敢说……就有了能不能说真话的问题……只要专制主义存在一天，说真话就得需要勇气。""……面对一本教参，他不敢说不；面对外行领导的错误指责，他会立刻匍匐在地。教师丧失了独立思考的精神乃至丧失尊严，能立人吗？"这些话直白真实地揭露了教育的尴尬现状。

这些话，总会让我想起某些情境：面对学生的挑剔，有些教师认为那是学生对自己的挑衅，久而久之学生再也不敢说真话了；面对考试，创新的答案与所谓的标准答案不一样，教师的声音更多的是"不可以、不行"，因此中国的学生放弃了思考的能力；甚至有些教师为了讨好某些权威人物，忘记了自己其实是个教师，面对的只是一个家长……其实有些教师的行为总让我们为中国的教育感到心寒，他们的思想、人格、尊严到底去哪里了？有多少人是真的为了学生的前途而教书呢？我想很少。所以，中国的教育才会出现大量的高分低能的情况，出现学生看到自己的老师视而不见甚至鄙视的情况。就像吴非老师说的："如果教师是跪着的，他的学生只能趴在地上了。"

因此我认为作为教师，师德是首要的。首先应该有自己的思想，有独立思考的精神。如果教师没有独立思考的精神，那么他的学生也就很难有独立思考的意识。其次，要有人格和尊严。特别是在平常与家长或者领导接触时，应该不卑不亢。让我们站着教书，也让中国的学生成为站直的人、独立的人！

推荐书籍

《学生第一》

作　　者：李希贵

出　版　社：教育科学出版社

出版时间：2011 年

推荐理由

　　《学生第一》展示的是北京十一学校的教育工作者的基本价值取向。他们创造了一个真正属于孩子的学校，在这里，每个生命都像野花一样自由地生长，一种清新的气息扑面而来。漫步其间，我们能够深切领略生命成长的动人景象，分享到十一学校学生洋溢出来的令人羡慕的幸福。

　　兴趣是最好的老师，每个人都会说，可怎么培养呢？书中 66 个小故事给了我们答案。每一个小故事都充满着创新精神和智慧的结晶，凝结着十一中所有教师的心血与汗水，这一个个小故事精彩地诠释着李希贵校长的办学思想——学生第一。学校教育中没有太大的事情，各个学校所开展的活动也都大同小异，但很多涉及学生学习和生活的小事却都可以做得很精致，让学生乐于参与，让学生从中受益。《学生第一》用生动形象的事实告诉我们，学校可以为学生的全面发展提供多种可能性。

推荐人：潘瑞琪

以人为本 + 帮助成长 = 教育

潘瑞琪

如果你看到几个学生，在离早读只剩一分钟的时间才从宿舍里跑出来，你会对他们说什么？

如果你的课上有学生埋头睡觉，正讲得眉飞色舞的你，会如何对待他？

如果你在夜自修值班时，看到学生在读课外书而作业没做完时，你会怎么做？

我猜，对于第一个问题，大概80%的教师会说："跑快点，迟到了！"对于第二个问题，60%的教师会气急败坏地点名，把学生叫醒。对于第三个问题，如果是班主任，大概90%都会让学生收起课外书，做作业才是正事！坦白说，我也是上列教师中的一员。

其实面对这些每天都会碰到的事情，我们并非没有过挣扎："以人为本"还是"以纪律、学业为本"？但最后很多教师都选择了后者。

如果你读过吴非老师的《不跪着教书》，你会发现，遇到这三种情况，他会说三句话："慢慢走吧！""睡就睡会儿吧！""爱看课外书是好事啊！"乍看这三句话是对学生的放纵，事实上，的确也有个别学生利用吴非老师的宽容，为自己的错误辩解。但这三句话有一个共同的出发点：以人为本。第一种情况，因为学生已经迟到了，所以没必要为了赶时间而让他不小心受伤。第二种情况，除非你的课的确很枯燥，连自己都无法忍受，不然学生大都会愿意听，如果一两个学生趴下，而他并非打瞌睡专业户，那么他也许真的是精神不振，而非意志力薄弱，那就让他睡一会儿吧。第三种情况，课外书中的名著是精神食粮，在这个处于蜕变阶段的高中时期读些名著，有利于学生形成自己正确的人生观和价值观，从长远来看，这比记一两个公式和做一两道题重要多了，凭什么不让他读？但即使身为高级教师，他的人本理念也常招来同行的质疑。

现在几乎所有的学校，都在标榜"以人为本"的教育理念。但究竟有多少学校，会将学生看作一个自由和独立思考的人呢？北京十一学校李希贵校长的改革，让世人似乎看到了中国教育的曙光。在李希贵校长的《学生第一》这本书中，我们可以看到，北京十一中有四千多名学生，就有四千多张不一样的课程表，学生可以根据自己的爱好需求，去走读。在这个学校里，会举行泼水节和狂欢节，校长会扮成圣诞老人跟学生一起狂欢。在这个学校里，学生有感情问题能直接请教校长，男女生在演戏剧《雷雨》时可以大方地手牵手。在这个学校里，学生可以在学校"创业"，找校长借钱。在这个学校里，校长被要求在毕业典礼上的讲话时间不得超过三分钟……李希贵说："教育更多的是一种帮助，帮助一个人成长，帮助一个人找到自我，实现自我！现在所做的是为了40岁时候的幸福！"他特别欣赏一位叫马克思的教育家的一句话："教育就是一个迷恋他人成长的学问。"他要将学校变成一个孩子们向往的新学校。

关于帮助学生成长，帮助学生幸福，让我回想起刚当班主任的时候，由于经验不足，业绩自然是乏善可陈。但有一件事我觉得做得真的不错，因为我帮助了一个学生的成长。《女王教室》中有一句话：一个班上可以没有教师，但绝对少不了一个被孤立的人。对我来说，他就是那样的一个人。他是一个个子瘦小、性格腼腆的男生，名叫毅鹏（化名）。也许是缘分，我当了他两年的班主任。他不合群，经常独来独往，一回家就玩游戏，也不跟家人交流。通过了解，我发现他不是那种性格古怪孤僻的学生，他只是有一些人际交往的障碍，渴望跟人交流，却拙于言辞。从他的眼神中，我看出了他对人际交往的渴望，以及对自己孤独现状的一种焦灼。从他的身上，我看到了学生时代的自己：内向的性格、交往的障碍曾经使我身心俱疲。那时非常渴望有人能帮助自己走出困境，但每次从心理辅导室走过，却没有勇气迈进去，结果就让孤独的焦虑折磨了许多年，折耗了学习的热情和精力，成绩屡屡下降。所以当我看到他那种渴望的眼神时，我的心不禁为之一颤：我必须帮助他！那是一种推己及人的心态，一种恻隐之心，现在想来，那也许应该是教育者从事教育的一个出发点。于是第二年在文科班男生数量稀少的情况下，我鼓励他当班里的体育委员，他爽快答应了。渐渐地，他身体明显健硕了不少，成绩也有所提高，身边也开始聚集了一些男生，连女生也开始对他刮目相看。他后来考上了专科大学，大学第一个寒假，他和一群读本科的同学来看我，兴高采烈地谈论起他作为一名广州亚运会志愿者的经历，同来的读本科的同学也露出羡慕的眼光。那一刻我真的觉得十分欣慰：成绩不代表一切，他现在的自信和活力才是一生的财富，而他的现在有我曾经的付出。突然，我想起小时候志愿当教师的初衷，只不过是因为羡慕爷爷被一群已经事业有成的学生包围的感觉，觉得那样很有桃李满天下的成就感。现在想来，那时的想法非常肤浅，那表象背后的本质是：爷爷，曾经帮助了他们，所以他们一辈子都会铭记、感恩！

其实，但凡是有思想的教育者，都会把学生当成一个有独立人格和自由思想的人去尊重和帮助，无论是备受尊重的爷爷，还是奋斗在教育一线的吴非老

师，抑或是矢志于改革教育的李希贵校长都是这样。他们不像独裁者，搞一刀切，让学生遵命。他们知道教育是慢的教育，慢慢地等待和帮助学生成长、开花结果。成长需要时间，而且这个时间是个未知数。而现实中应试教育、高考指挥棒却要求快，一切都要向高考看齐，成绩好、升学率高就行了。因此，可以不做的就不做，可以不关心的就不关心：不能看课外书，不能听歌，男女交往不能过密……有些学校，为了使学生不分心，甚至还给内宿生配备了洗衣机和保姆，使他们变成了一群衣来伸手、饭来张口，只知学习的"机器人"。可想而知，这样只会是养成一群冷漠无情的学生，唯分数是图，不知道感恩。自认为用心良苦的领导和教师在学生毕业后只会感叹：学生怎么一出校门就忘本了？其实也不怨学生，没有生命的教育，哪来有生命的回报？

《说文解字》中说："教，上所施，下所效；育，养子使作善也。"上所施，下所效，就是告诉我们最好的教育是身教。育，养子使作善也，就是帮助孩子做善良的事，做为己为人谋幸福的好事。学校要真正以人为本，就要真正为学生一生的幸福去考虑，去帮助他们开启通往新世界的大门，而不是其他。教育之路漫漫，探索不止，希望越变越好。

推荐书籍

《窗边的小豆豆》

作　　者：［日］黑柳彻子
译　　者：赵玉皎
出 版 社：南海出版公司
出版时间：2003 年

推荐理由

　　《窗边的小豆豆》讲述了作者黑柳彻子上小学时的一段真实故事：主人公小豆豆是个特别淘气的女孩子，因为古怪的表现被原来的学校劝退后，来到了巴学园。这是一个充满快乐的学校：把电车当作教室，没有固定的座位，没有固定的课程表，也没有考试，却又能学到很多知识，连吃饭也变得很有意思，大家一起体会海的味道、山的味道……在巴学园里，在真正热爱孩子、信赖孩子、充满热情的小林校长的爱护和引导下，这个一般人眼里"怪怪"的小豆豆逐渐成了一个大家都能接受的孩子。这本书通过发生在巴学园里一个个生动而温暖的小故事，让我们相信：每一个孩子都是好孩子，更让我们明白：尊重是教育的真谛。只有尊重每一个孩子的天性和人格，用心关爱、理解、包容每一个孩子，才能把孩子培养成一个"完整的人"。

推荐人：陈梓盼、朱会君

培养富有个性的"完整的人"

陈梓盼

这是我第二次阅读《窗边的小豆豆》，读完后依然被"巴学园"这个教育环境深深地吸引，同时也感到心惊。今年是我步入教师这一行业的第二年，看到小豆豆的经历，我忍不住回想过去一年里自己的所作所为，会不会也成了书里面那些给小豆豆打上"坏学生"标签的教师？如何成为一个理想的教师，如何让学生更好地成人成才，是我进入教师这一行业以来不断思考的问题。而这本书或许能够给我一些启示。

对于书中的主人公小豆豆——一个因种种怪异行为，一年级就被学校劝退的孩子，学校该提供一个什么样的教育环境？教师该如何教育和引导她，帮助她更好地成长？这或许是许多教师都会遇到的问题。书中巴学园所提供的教学环境以及校长小林宗作先生的教育观让我获益匪浅。

一

巴学园有着非常独特的上课方式。在这里，没有固定的座位，学生可以每天换一个自己喜欢坐的地方；也没有固定的课程表，学生们可以按照自己的爱好想做什么就做什么：喜欢作文的学生写作文，喜欢物理的学生做自己喜爱的实验。除了每天规定的学习课程，学校还会组织各种形式的户外活动。

教与学不应该局限于课堂，更不应该只有教师讲授、学生接受这一种方式。这种看似杂乱没有章法的上课方法恰恰是巴学园吸引人的地方：它创设了一个更有利于学生主动学习的环境。首先，从学习的动机来看，学生不再是被动地接受知识，而是出于好奇、出于需要、出于兴趣主动寻求问题的答案，获得知识。其次，获取知识的途径也是丰富多样的，学生不再单单从教材、习题当中掌握知识，还从实践活动中获取知识。最后，对于教师而言，根据学生的选择，教师能够清楚掌握每个学生不同的学习特点，并在了解学生的基础上因材施教，采取更有针对性、更为有效的教学方式。正如苏霍姆林斯基所说："学校里的学习不是毫无表情地把知识从一个头脑里装进另一个头脑，而是师生之间每时每刻地进行心灵的接触。"只有尊重学生的天性，充分了解学生的学习特点，才能在学习上做到师生之间"心灵的接触"。这种教学模式，也体现了新课改标准中所强调的"以学生为主体"的教学理念。

<h1 style="text-align:center">二</h1>

一个好的学校，一种好的教育，不仅仅是知识的传授，更为重要的是学生人格与个性的和谐发展，尤其是生活习惯、心理健康、社会情理等方面的塑造。如何使学生养成良好的习惯，形成健全的人格，在于教师对学生的尊重。

巴学园校长小林宗作先生对待学生，处处体现了"尊重"二字。尊重学生，要做到善于发现每一个孩子的闪光点，相信每一个孩子，欣赏每一个孩子。

小林宗作先生说："无论哪个孩子，当他出世的时候，都具有优良的品质。在他成长的过程中，会受到很多影响，有来自周围的环境的，也有来自成年人的，这些优良的品质可能会受到损害。所以，我们要早早地发现这些'优良的品质'，并让它们得以发扬光大，把孩子们培养成富有个性的人。"每一个孩子都有其自身的闪光点，而教师的作用就在于发现这些闪光点并将其发扬光大。

对于这个被一般人视为"怪怪"的"窗边"的小豆豆，校长小林宗作先生总是能发现她美好的一面。有一次，小豆豆被一个大哥哥哄骗买了一块据说咬一口就能检查身体有没有得病的树皮，并让周围所有人都咬一口以检查身体是否健康。校长不仅不揭穿事情的真相，也不批评小豆豆的胡闹，反而为小豆豆关心他人健康的善良感到高兴。又有一次，小豆豆心爱的钱包掉到厕所里去了。为了找出钱包，她逃课，并且想要用洒水用的勺子把大粪全部淘出来。校长先生既没有批评小豆豆的逃课行为，也没有阻止她淘粪的荒唐举动，而只淡淡地说："干完了要把这些东西送回原处去哟！"虽然小豆豆没有找到钱包，她却觉得心满意足。因为在小豆豆眼里，校长"对自己充满了信任，完全把自己当作一个有正常人格的人来对待"。对于调皮捣蛋的小豆豆，小林宗作先生总是说"你真是一个好孩子"。对于身材矮小的高桥君，他说，"你绝对能做到"。他以最大的尊重去相信、鼓励每一个孩子。

尊重学生，还在于平等地对待每一位学生，用最大的耐心去理解学生，并且找到让孩子们更容易接受和愿意接受的方式去引导他们。

对于被勒令退学的小豆豆，校长小林宗作先生没有戴着有色眼镜去看待她，而是以平等的、理解的心态对待她。当小豆豆第一次转学到巴学园的时候，校长小林宗作先生自始至终都保持着微笑的面孔，并表现出极大的兴趣，非常认真地听小豆豆讲了整整四个小时的话。"小豆豆长这么大还从来没有人

用这么长的时间来听自己讲话。而且在这么长时间里连一个呵欠也没打，丝毫没有厌倦的表示。"因为这一次见面，小豆豆就把校长小林宗作先生视为自己真正可亲的人，内心感到非常踏实、非常温暖，觉得学校非常有趣。作为教师，应当把学生当作一个有独立人格的个体。教师不应当居高临下地看学生，而应当以平等的姿态对待学生。只有尊重学生，才能走近学生，才能更好地与学生建立密切的"心灵的接触"，更好地教育与引导学生。

在学校中，我们总会遇到许许多多的"小豆豆"，那么如何帮助这些"小豆豆"更好地成长呢？小林宗作先生已经告诉了我们答案——尊重。尊重孩子的天性，遵循孩子的学习规律与学习心理，采取灵活多变、个性化的教学方式。另外还要尊重孩子的人格，把孩子当作独立的个体，以平等的、朋友的身份走到孩子中去，用心去了解他们，用情去感动他们，发现每一个孩子的优良品质，并让它们得以发扬光大，把他们培养成富有个性的"完整的人"。

巴学园故事的启迪

朱会君

《窗边的小豆豆》讲述了作者上小学的一段真实故事：小豆豆因淘气被原学校劝退后，来到了巴学园。在小林校长的爱护和引导下，一般人眼里"怪怪"的小豆豆逐渐变成了一个大家都能接受的孩子。巴学园亲切、随和的教学方式使这里的孩子们度过了人生最美好的时光。这本书不仅带给全世界几千万读者无数的笑声和感动，而且为现代教育的发展注入了新的活力，成为20世纪全球最有影响力的作品之一。

虽然这本书讲的是小学的教育故事，但让我深有感触。一个人的成长离不开家庭的教育和学校的培养，一个人的家庭教育会对这个人日后的发展产生极大的影响。经过几年的教学，我发现很多问题学生是由于其家庭教育存在着很大的弊端。而学校或者说整个教育体制不但没有使该类学生得到很好的引导教育，反而加剧了问题的严重性。因此，一个国家或社会的学校教育，除了要教学生知识外，更需要在心理、道德、礼仪、为人处世方面给予学生教育和指导。而这要靠各个阶段的教育的配合，尤其是小学和初中阶段。这两个阶段是学生人生观、世界观形成的重要阶段。

在工作过程中，接触了很多比较特殊的案例，在对学生进行教育的同时，也引发了我对他们曾经所接受的教育的思考。

我们班的小洁同学，给人的第一印象非常好，长相漂亮、为人热心、乐于帮助他人、学习态度端正、成绩优异。所有教师都对其非常喜爱，在很多教师心目中，她成了"完美"的代名词，但随着接触越来越多，我却发现了越来越多的问题。例如，同学们反映她对她的母亲态度极其恶劣。这让所有人都非常吃惊。因为她是独生女，母亲在中年才生下她，很小的时候又失去了父亲，母亲没有工作，很艰难地供她读书。在这种环境下，她最该善待的就是她的母亲。可是我在几次走访后了解到，她平时在家时丝毫没有在学校的"好品质"，常常闹脾气、任性、挑食等。原来她在学校的"完美"，都是其因自卑而进行的伪装。虽然这与她母亲的错误的教育方式有关，但我想，如果她在小学时就被发现存在这样的问题，并且教师能够以正确的方式对其进行引导教育

的话，恐怕也不会严重到今天这个地步。

小洁同学虽然是个例，但我觉得这种问题的出现，除了与家庭教育和学校教育有关，也与现行的教育制度存在着一定的关系。高考成了大多数人的唯一出路。随着社会压力越来越大，很多家长为了不让小孩输在"起跑线"上，从小就对孩子的各个科目进行培养，刚会说话就要学英语，上了幼儿园又有美术班、钢琴班、奥数班等各类"兴趣班"，结果就是一个幼儿园的孩子过得比高三的学生还要忙。很多家长还经常拿自己的小孩与别人的小孩进行比较，常说的话就是："你看某某家的某某多厉害，你要好好向他学习。"这造成很多孩子从小就形成叛逆心理，甚至反感大人的所有教育，在这种情况下，结果是出现了许多问题学生。

《窗边的小豆豆》里的小林校长善于发现学生的优点，给予其极大的鼓励与支持，并且能够对其进行正面的引导。小林校长的教育方式使得孩子们认为，学校不是枯燥乏味的地方，而是使人快乐的圣地。每个巴学园的学生每天起床后最想做的事情就是去上学，这与我国的教育形成了极大的反差。所以作为一名普通的教育工作者，我们每个人都应该向小林校长学习，要善于发现学生的优点，对每个学生都要有爱心和耐心；家长们多关注孩子的身心发展，这样就不会出现诸多的问题学生了。

推荐书籍

《讲台上下的启蒙》
作　　者：朱煜
出 版 社：华东师范大学出版社
出版时间：2011 年

推荐理由

作者朱煜是中学高级教师，华东师范大学硕士研究生兼职导师，执教于上海福山外国语小学。教师这一职业最忌心浮气躁。虚火旺盛的时候，要吃一点夏枯草之类的清热解毒、散瘀消肿的苦药。因此，他努力学着写点带些苦味的文章，上几堂有点苦味的课，以时时警醒自己。《讲台上下的启蒙》共分为四辑——"放在心上""教书与读书""当下，我们怎样做教师""红了樱桃，绿了芭蕉"，既有作者从事语文教学的点滴体会，又有对小学教育的看法，还有读书笔记和关于亲友的杂记。体裁上有随笔、日记、书信、散文等。文字清新，举例生动，好看耐读，发人深省。走上讲台扎扎实实做点启蒙工作，走下讲台认认真真读书思考——朱煜用行动践行教师的责任。他的这些经历与作为既有独特性，又有普遍性，能为教师成长提供有益借鉴。

推荐人：黄思奇

物理课堂中的激励性教育

黄思奇

读完《讲台上下的启蒙》，使我感触最深的是里面提到的关于教学的建议，尤其是第三条建议：以鼓励夸奖为主。对于成绩不好的学生或淘气的学生，要尽力找出他们的一些优点，加以夸奖。这不仅是一种教育方法，更是一种教育思想。

高一每个班的课堂氛围都各不相同，有的班级很活跃，课堂参与程度高；有的班级对物理学习兴趣不高，回答问题也不够积极主动。课堂教学是由教师的"教"与学生的"学"组成的教学活动，若是仅仅只是教师在教，学生不学或互动程度不高的话，教学效果就会降低。激励性教育给了我一个启示，虽然我不能改变学生安静的性格，但是可以改变他们学习的能动性。因此，我结合学生的实际与物理课堂的特点，提出以下几点看法。

一、课堂对问题的设计要合理

"合理"两个字表现在，问题设计要难度适中，问题设计要循序渐进。对于程度较差的学生，若是直接把难度高的问题抛出来，学生回答不上来，肯定会影响学生的学习兴趣。可以将问题分为几个小问题，循序渐进，引导学生求解。刚接触新题型时可以多设计几个问题，举个例子：一个质量为 m 的物体，从粗糙斜面的顶端由静止匀加速下滑，斜面与水平面间的夹角为 θ，动摩擦因素为 u。若直接抛出问题"求物体从斜面下滑过程中的加速度"，学生会感到无从下手，那么如何改进题目的设计呢？本题是从物体受力的情况来求运动的情况的，肯定要对物体进行受力分析，并且求出它的合力，进而求解加速度。所以可以把目标问题放到最后，在前面加上两个问题，一是求解物体受到的摩擦力，二是求解物体受到的合力。学习难度降低了，可大大地提高学生学习的兴趣。问题设计得合理还表现在合理引导学生得出结论。所以，我在听课的过程中，特别注意其他教师如何用问题来引入，用问题来过渡，用问题来总结。

二、善于将物理与生活联系在一起

物理具有与生活联系紧密的特点，教师可以抓住这一特点设计课堂教学，如在学习"自由落体运动"时，可以首先介绍伟大的科学家亚里士多德提出的重的物体比轻的物体下落得快的观点，让学生根据日常生活经验设计小实验来反驳亚里士多德的说法。此举可以激发学生的不服输精神。也可以结合神舟号飞船上天的有关知识讲解万有引力定律，让学生感到物理就在身边，和他们的生活息息相关，这样才能激发学生的学习动机和探索科学的强烈愿望。

三、善用激励性语言

对于顽皮的、成绩差的学生，要尽力找出他们的优点不是一件简单的事情。所以教师在课堂上要多关注这些孩子，可以设计一些他们力所能及的问题让他们单独回答，回答正确的给予表扬，回答错误的给予引导。表扬是激励性教育里面常用的方法。但是表扬要注意对事不对人，若是仅用"你很好""很棒"之类的词语，学生会认为你表扬得很表面，所以，在表扬学生时，先要说明学生做了什么事值得表扬。

推荐书籍

《没有任何借口》
作　　者：［美］瑞芬博瑞
译　　者：任月园
出　版　社：中国青年出版社
出版时间：2009 年

推荐理由

"没有任何借口"是美国西点军校奉行的最重要的行为准则，是西点军校传授给每一位新生的第一个理念。它强化了每一位学员想尽办法去完成任何一项任务的责任感，而不是为没有完成任务寻找借口。它体现的一种敬业、负责的精神，一种服从、诚实的态度，是一种完美的执行力。这一理念是提升企业凝聚力、建设企业文化的最重要的准则。教育工作者在出现职业倦怠时，不妨看一看这本《没有任何借口》。

推荐人：蔡晓虹

读《没有任何借口》有感

蔡晓虹

这个暑假，我们似乎盼了很久。在工作的第二个年头，同学聚会时我们的话题已经不是初入社会时对工作的新鲜、适应，而是转为一个关键词：职业倦怠。我们各有各的抱怨，都有满腹苦水需要倒。有一次在朋友的书架上无意间看到了这本《没有任何借口》，阅读之后似乎给我的大脑注入了一剂兴奋剂，之前心中的苦闷好像变成了无病呻吟，年轻的心不该过早地沧桑，我们是不是为自己的退缩找了太多的借口？

美国西点军校里有一个广为传诵的传统，就是遇到军官问话，只有四种回答："报告长官，是！""报告长官，不是！""报告长官，不知道！""报告长官，没有任何借口！"除此之外，不能多说一个字。据美国商业年鉴统计，"二战"后，在世界500强企业中，西点军校培养出来的董事长有一千多名，副董事长有两千多名，总经理、董事一级的有五千多名。任何商学院都没有培养出这么多优秀的经营管理人才。"没有任何借口"是西点军校奉行的最重要的行为准则，是西点军校传授给每一位新生的第一个理念。"没有任何借口"，乍一看，有一种刻薄冷漠的感觉，似乎是告诉我们对上级的要求要无条件服从，不能寻找任何理由。可读完这本书，才发现它是在强化我们要想尽办法去完成每一项任务的责任感，而不是为没有完成的任务去寻找借口，哪怕看似合理的借口。它告诫我们在完成各项工作时，不能仅限于尽心尽力，而是要全力以赴。它体现的是一种负责、敬业的精神，一种服从、诚实的态度，一种完美的执行能力。而这些优秀品质，正是很多年轻人包括我所缺少的。

遇到问题先找借口似乎已经成了我们的习惯，这种思想在不经意间慢慢地蚕食掉我们的诚实和自信、热情和积极性、责任感和危机意识。在生活和工作中，我们有太多这样或那样的借口。上班迟到了，会有路上堵车、手表停了、今天家里事太多等借口；业务拓展不开、工作无业绩，会有制度不行、政策不好或我已经尽力了等借口；事情做砸了，有借口；事情没有做，有借口。很多人现在都变成了借口专家，目的是推卸自己的责任，为自己的过失开脱。借口成了一面挡箭牌，长此以往有害而无益。因为有各种各样的借口可找，我们就

会怠于努力，不再想方设法去争取成功。我们"应从单位化向社会化转变"，这种转变是社会发展的必然趋势，我们必须适应这种发展，提高自身的能力来应对这种转变，并不断培养强烈的责任心、荣誉感和纪律意识。我们为什么不能去做我们决心要去做的事情呢？我们为什么不能把工作做得更完美呢？为什么有时候我们甚至连最基本的一些工作都完成不了呢？

每一天，我们仿佛都在焦躁地等待。等待我们被委以重任，来施展我们的抱负、尽显我们的才华，而不甘于庸庸碌碌、平平凡凡了此余生。诚然，这也无可厚非。但是，当每一天我们所做的依然是些微不足道的小事时，我们会开始自怨自艾、怨天尤人。对待平凡琐碎的工作，缺少热情，敷衍了事。然而，殊不知机会就在这些无谓的嗟叹中悄悄地溜走了。"每个人所作的工作，都是由一件一件的小事构成的……所有的成功者，他们与我们都做着同样简单的小事，唯一的区别就是，他们从不认为他们所做的事是简单的事。"这是《没有任何借口》中的一段话，听来朴实无华却意味深长。

借口只能让人逃避一时，却不能让人如意一世。无论接到什么样的工作任务，遇到怎样的困难，我们都要想尽办法去完成，而不是遇到难题就退缩和推诿，我们不但要迎难而上，而且为了完成任务还要具有开拓创新的精神、坚强的毅力和必胜的信念。遇到困难我们需要思考的是如何去适应压力，并把压力变成动力，而不是为完不成任务寻找借口。

世界上最远又最近的距离就是人的思想；改变你的思想，就等于改变你的人生。《没有任何借口》给予我的就是一种思想、一种观念、一种习惯，这也是每一个优秀教师和追求成功的人所应具备的基本素质与思想。日常教学中，有的教师博学多才、思维活跃、胸怀开阔，对学生晓之以理、动之以情。学生喜欢上他（她）的课，盼着上他（她）的课。有的教师上课死气沉沉、毫无激情。学生都不喜欢上他（她）的课。其实，不优秀，有时是不是自己懈怠了？自己给自己找了太多不优秀的借口了？一旦选择了找借口，我们其实就无可救药地陷入了泥潭。

让我们不再找借口，让我们干自己想干的事情吧！

推荐书籍

《苹果与粉笔灰：献给老师的心灵咖啡》
作　　者：〔美〕卡鲁阿纳
译　　者：陈芸
出 版 社：中国人民大学出版社
出版时间：2010 年

推荐理由

一支粉笔，写尽半生沧桑，道尽他人故事。

《苹果与粉笔灰：献给老师的心灵咖啡》，一本献给千千万万勤勉奉献的老师们的"宝典"。

老师，你是否因为教书工作而身体疲倦，内心挫折？

老师，现实是否将你的"初心"磨灭了呢？

老师，你是否困惑着何去何从呢？

老师，你是否想做些改变，却无从下手呢？

这里有一个个充满温情、智慧和富有启发意义的小故事，探讨了教师这一职业的崇高内涵，述说了教师所面临的方方面面的问题，并就如何处理这些问题提供了真诚而有效的建议，以积极健康的心态和科学有效的方法倡导了一种卓有成效的教育理念。尽管本书记述的是异国他乡的事，我们有着太多的不同，但教育是一种特殊的无与伦比的高尚事业，全世界都是共通的，让我们在这里寻找共鸣点，收获属于你的"苹果"吧！

推荐人：林美群

《苹果与粉笔灰：献给老师的心灵咖啡》读后感

林美群

　　"苹果与粉笔灰"，多么生动形象的比喻啊，我们教师用粉笔在黑板上耕耘，扬起细小的粉笔灰，在学生心中播撒智慧的种子，收获一个个硕大可口的"苹果"。

　　闲时一杯茶、一首歌、一本书，就是绝好的享受。如获珍宝似的，我一页一页翻开，在前言部分我就被吸引住了，吸引我的是这么一句话："除了与你一样勤勉奉献的教师，没有人更懂你，因为多数人不曾切身体验过这种不平凡的生命，包括你的配偶、挚友，甚至你的母亲。"出乎我意料的是，书里面并没有讲大段的教育理论，而是向我们讲述了一个个生动的小故事。一则则故事，娓娓道来，如倾听友人诉说那样亲切自然。一个个道理，细细体会，如品尝一杯清茶那样沁人心脾。

　　每篇文章开头都先向我们展示一句名言，然后再讲一个短小精悍的故事，故事后还有心灵贴士，为我们提出建议。书里内容丰富多彩："不合时宜的行为"讲教师要注意自己的言行；"朋友"教我真正帮助他人需要行动，不要张口多说；"巴比·鲁思"讲7岁的少年犯鲁思在男校被马修斯用爱和鼓励引向正道，改变了一生的故事……书中那一个个或动人或令人感慨的小故事，让人倍感亲切，它们是那样的自然，仿佛是我们自己刚刚走过的路；它们是那样的生动，仿佛是一幅幅电影画面在我们眼前展现；它们是那样的发人深省，引发着人们对自己事业的思考和认同。

　　其中有一个小故事，让我感触颇深，至今仍记忆犹新。故事中讲到，麦琪和她四岁的儿子走在大街上，一辆货车停了下来，一位年轻人兴奋地走下来和她打招呼，原来这位年轻人是麦琪以前的学生——杰伊，望着眼前这张年轻的面孔，麦琪想起了多年前那个十二岁的"小斗士"，当时的他对教育制度总是忿忿然。如今，他已经是一位建筑师。是什么力量使这个年轻人看见小时候的教师激动不已，是什么力量使曾经的"小斗士"成为现在的建筑师？文中有这么一段话——杰伊尊敬地说："我从未忘记过您，詹森夫人，唯有您常给予我机会。"

是啊，记得给每一个学生机会，这对他们来说非常重要，对教师来说也非常重要。教师的一个眼神、一次抚摸、一次拥抱，甚至一次玩笑，都足以让他们感受到教师的关爱，他们会因为教师的喜爱而爱上学习、爱上学校。反思自己，我有没有像麦琪那样，真诚地去帮助那些经常犯错的学生呢？我有没有常常去肯定学生的优点呢？在学生的心目中，我是一位怎样的教师呢？是令人讨厌的，还是受欢迎的？

想起央视《越战越勇》中的一位嘉宾，由于受继父虐待，他的童年是灰暗的，但有了教师的支持与爱护，他度过了人生最黑暗的时期，如今成了一名优秀的网络主编。试想，如果没有当年那位教师的爱护，他的人生将何去何从？恐怕无人知晓。

做什么样的教师才是成功的？教师是一个影响生命的职业，这种影响可能来自教师不经意的某个细节，正如书中所言：每天你都把握着改变孩子命运的机会，孩子们正观察着你的每个细微言行。无论你认为他们有没有真的留意，每天都应该为他们奉上一场精彩的表演。

轻轻合上书，再一次抚摸，绿色的封面让我联想到了希望与活力，教师只有用心去灌溉那片沃土，才能收获希望的种子。教育的真正目的是去栽培和养育学生心中那神奇的种子，尽可能地发展学生的每一种潜能，让他们在我们的关爱和呵护下健康成长！

关于人生的课题，今天我将为他们上演哪场？

从思绪中回来，我把这本书，放在了书架最显眼的地方……

专业发展

我们承认教师不是完人，承认教师在许多方面不如我们的学生，这并不是降低了教育者对自己的人格要求，恰恰相反，只有教师随时意识到自己的不足，这才真正有利于教师的自我完善。同样，我们承认学生在许多方面——首先在道德方面在我们教师之上，这并不意味着教师就放弃了对学生的教育责任。学生童心的保持，个性的发展，思想的成熟，能力的培养……都离不开教育。但这种教育不应该是教师的居高临下与学生的俯首帖耳，而应该是教师与学生的共同成长。再明确一点说就是民主的教育，就是教师在向学生学习的过程中教育学生。

——摘录自《做最好的教师——著名教育家李镇西25年教育教学精华》

教师到底最需要什么？是金钱？是名利？是学生的好成绩？还是家长的尊敬、社会的推崇……其实，教师最需要的是一种快乐！是认识自我、发现自我、发展自我、创造自我、成就自我的快乐，这种快乐会净化你的心境，使你越来越感受到活得有价值、有意义，越来越能体悟到人生的真谛。

——摘录自赵国忠《教师最需要什么——中外教育家给教师最有价值的建议》

推荐书籍

《教师的幸福人生与专业成长》
作　　者：肖川
出　版　社：新华出版社
出版时间：2008 年

推荐理由

作者肖川因为关注教育实际，深入课堂，并且在很多所学校开展了教学改革实验而闻名。他在教学改革实验的过程中与中小学教师有广泛深入的交往，为学术根底夯实了基础，也开阔了视野，所以他对教育的理解是比较全面、系统、深刻与细致的。本书就是肖川先生在深入教育教学实践的基础上创作出来的，非常适合一线教师阅读。书中的文章条理清晰，语言精致，极具感染力。同时，文字优美而又耐人寻味，能让读者深受启发。

推荐人：蔡淑惠

持阳光的心态，做幸福的教师

蔡淑惠

　　教师，是一个崇高的职业，是一个需要用爱用心投入的职业，同时也是一个工作非常琐碎、务必细心耕耘的职业，更是一个年复一年自己停留在原地却送走学生的职业。所以，教师跟其他很多职业一样，也有使人疲劳甚至厌倦的时候。

　　作为一名教师，如何使自己在工作中保持热情，如何提高自己的职业幸福感？肖川主编的《教师的幸福人生与专业成长》，或许能够给我们答案——让教师过上幸福生活的法宝，最主要的是教师自己的阳光心态！

　　能够增强幸福感的心态应该是阳光的，阳光普照大地，温暖每一个角落，是平常的，也是平等的。教师的心态也要像阳光一样，感恩的、平常的、宽容的。只有拥有这样的阳光心态，才能做一个幸福的教师。

　　书的开篇是一首广为流传的诗——《我感恩》："有每夜与我抢被子的伴侣，因为那表示他（她）不是和别人在一起/有只会看电视而不洗碗的青少年，因为那表示他（她）乖乖在家而不是流离在外/我缴税，因为那表示我有工作/衣服越来越紧，那表示我们吃得很好/有阴影陪我劳动，那表示我在明亮的阳光下/有待修理的草地、待修理的窗户和待修理的排水沟，那表示我有个家……最后，感恩过量的电子邮件，因为那表示有很多朋友在惦记和想着我。"读了这首诗，我们会发现，生活中的不如意，其实都有积极的一面。生活中，值得我们敬重与感激的人或物很多，感恩是一种达观的人生态度，是知足常乐的心态。

　　作为一名教师，如果能怀着感恩之心去看待学生，会被学生渴望和追求进步的上进心所鼓舞；会因为学生对你的认可和尊重而倍感自己劳动的价值所在……你会发现自己因为有一群充满青春气息的学生朋友而变得更有活力，自己的生活因为有了学生而变得更加美好，自然而然也就能够从职业中获得快乐与幸福。

　　反之，则容易因为学生出现的一些差错而埋怨、指责、不满，对待学生的态度也会变得非常糟糕，可想而知，与学生之间的关系就会进入恶性循环，工作慢慢就演变成了负担。当我们对工作丧失热情的时候，如何能从工作中寻找幸福感？

所以，常怀一颗感恩的心的教师，一定是时常面带笑容，带给学生们力量与信心的教师。也只有幸福快乐的教师，才会有一群幸福快乐的学生。

除了感恩之心，平常心则是一种冷静、客观、理智的心态。如果教师缺少平常心，就会对学生提出过高过严的要求，就可能失去耐心、细心、冷静和理智。很多教师总是以高标准严要求来对待自己的学生，总希望自己的学生能够优秀一些再优秀一些，最好每次考试都能够比其他教师的学生有更好的成绩，看不得学生在学习生活中出现一丁点儿的差错。当越来越多的脱离实际的过高期望和过严要求，遭遇到越来越个性张扬的新时代学生的时候，矛盾便一触即发。很多教师都有过这样的埋怨："我本将心向明月，奈何明月照沟渠；我对学生如初恋，学生伤我千万遍。"于是开始对学生感到失望甚至失去耐心。与此同时，学生也越来越不理解教师，有的学生也会开始不尊重教师，甚至与教师对着干。

面对客观存在的问题，我们不能一味地沮丧和抱怨，而是应该接受现实——每一个学生都是一个独立的个体，每一个学生都有自己的家庭背景和生活经历，每一个学生的思维能力都是不同的。教师如果能够拥有一颗平常心，不急不躁，在面对诸如课堂气氛沉闷、课后不积极复习、考试得不到理想成绩等情况时，就会冷静客观地对待学生，站在学生的角度理智地分析问题出现的原因并作出恰当的决策。

在教育的过程中，宽容也是灵丹。金无足赤，人无完人。作者在书中这样讲："教育的过程就是一个不完美的人引领着另一个不完美的人追求完美的过程。"我们这些为人师者，年岁长于学生，知识多于学生，阅历丰于学生，涵养胜于学生，即使这样，我们也不是完美的，那为什么一定要强求学生完美呢？学生之所以是学生，就是因为他们比我们容易犯错误。正因为学生会犯错误，所以才需要教师的存在。记得刚工作的时候我并没有认识到这一点，总是难以容忍学生的错误，课堂上的讲话声、作业中的错误、考试成绩的不理想都会让我心情沮丧，对犯错误的学生进行不留情面的严厉批评，如此一来，原本沮丧的心情变得更加沮丧、压抑。

其实，每个学生都有自己的优点，如果教师能够怀着一颗宽容之心多发现他们身上的一些闪光点，而不是一味盯着他们所犯的错误不放，会少些烦恼多些快乐，少些狭隘多些豁达，幸福的生活本来不就是这样吗？

书中这样一段话让我感动不已："有心的地方就会有发现，有发现的地方就会有欣赏，有欣赏的地方就会有爱，有爱的地方就会有美，有美的地方就会

有自由，有自由的地方就会有快乐。"作为教师，我们是不是可以这样认为：我们不能选择我们的学生，但是我们可以改变自己的心态。只要拥有阳光的心态，用感恩的、平常的、宽容的心去对待自己的学生，对待工作中出现的一系列问题，就会少些烦恼多些快乐。乐此不疲虽苦犹甜，也就能够拥抱幸福！

拥有阳光般的心态，我们每天看到的不仅是学生的闪光点，还有自己豁然的好心情。幸福感，从现在开始，会一直持续到以后！

肖川教育名言精选

什么是良好的教育呢？也许我们很难给予它一个周全的描述，但我们可以非常肯定地说：如果一个人从来没有感受过人性光辉的沐浴，从来没有走进过一个丰富而美好的精神世界；从来没有读到过一本令他激动不已、百读不厌的读物，从来没有苦苦地思索过某一个问题；从来没有一个令他乐此不疲、废寝忘食的活动领域，从来没有过一次刻骨铭心的经历和体验；从来没有对自然界的多样与和谐产生过深深的敬畏，从来没有对人类创造的灿烂文化发出过由衷的赞叹……那么，他就没有受到过真正的、良好的教育。

——《什么是良好的教育》

完美的教学一定能使学生感受到人性之美、人伦之美、人道之美，感受到理性之美、科学之美、智慧之美，感受到人类心灵的博大与深邃，感受到人类所创造文化的灿烂与辉煌，能够唤起学生对于生活的热爱与柔情，唤起学生对未来生活的热烈憧憬和乐观、光明、正直的期待，能够使学生以新的眼光审视生活、洞察人生。

柏拉图的"洞喻"表明：亮光在你的背后，生命期待着我们的"蓦然回首"。当我们以古典的心情对待学习时，春日的鲜花、夏日的小溪、秋天的明月、冬天的残阳，都将以更为美好的风姿走进我们日臻完满的生活。

——《教育的理想与信念》

教育的过程就是一个不完美的人引领着另一个不完美的人追求完美的过程。

有心的地方就会有发现，有发现的地方就会有欣赏，有欣赏的地方就会有爱，有爱的地方就会有美，有美的地方就会有自由，有自由的地方就会有快乐。

——《教师的幸福人生与专业成长》

教师教学艺术创生的能力，取决于教学经验的丰富程度，取决于对教学模式驾驭的娴熟程度，更取决于教师的资质和精神修养，这就是人们常说的运用之妙，在乎一心——假如你是一个内心世界非常丰富的人，一个富有爱心和教养的人，一个富有想象力和创造性的人，一个能够唤起人们对生活的热爱与柔情的人，一个能够"学而不厌，诲人不倦"的人，那么，你不仅可以成为一个优秀的教师，你也一定能胜任许多其他的工作。相反，假如你是一个内心世界苍白和贫乏的人，一个麻木和粗俗不堪的人，一个平庸和委琐的人，一个不学无术的人，那么，你不仅不会是一个合格的教师，而且你所能胜任的工作恐怕是少之又少。

——《从教学模式到教学艺术》

将"教育就是服务"的观念落实到日常的课堂教学之中便是，尽可能地为学生的发展提供机会；让学生更多地体验到被人关注、被人爱护的温暖与幸福，更多地体验到自由探索与成功的快乐与自豪，更多地感受到人性的光明与和煦，感受到仁慈、宽容与敬业的力量。真正良好的教育一定是最具服务精神的教育。

——《教育就是服务》

推荐书籍

《教师专业成长——刘良华教育讲演录》
作　　者：刘良华
出 版 社：华东师范大学出版社
出版时间：2008 年

推荐理由

　　教师的人格，是最重要的教育资源之一。教师的人格丰盛而精彩，能够更好地带领学生去领略知识海洋的宽广、精神世界的丰盈。我认为，一个好的教师，应该让班里面的每一个孩子都有活力，让学生都能够奔腾。那么，怎么才能成为一名好教师呢？在此推荐刘良华老师的教育讲演录，让我们一起来听听这位风格独特、个性卓然的教育专家是怎么讲的吧。

推荐人：张冬燕

对课堂教学的所思所想

张冬燕

我在华师学习的时候曾见过刘良华教授，得知他上课好，还专门跑去旁听。只是时间一久，也忘了当日先生所讲的内容，只有先生的气质和风度尚萦绕于心。今日读到《教师专业成长——刘良华教育讲演录》一书，心里颇多感触。

这是一本很特殊的书，基本上保留了讲演稿的风貌，而且每页的上角都有一个作者的头像，中间还插有一些讲座时的照片，让人有聆听讲座之感。此书的基本结构分为三部分，由导言——"最受学生欢迎的十种老师"引出书中探讨的两大主题：一是一个好的教师应该具备什么样的素质，包括课程智慧、教学智慧、管理智慧和人格魅力；二是如何成为一个受学生欢迎的教师，主要的途径有教师学习、教师行动和教师发表。书中运用了许多鲜活的案例，又从电影、文学、课堂上选取了丰富且富有启迪意义的教育资源，使得本书内容充实而活泼，深入浅出，让读者获益良多，值得教育工作者一读。

在阅读过程中，我也不断反思自己的教育教学过程。结合本人浅薄的授课经验，我想谈谈我对书中第二讲——"教师应具备哪些教学智慧"的一些看法和感悟。

在这里，刘良华教授简单地区分了"课程智慧"和"教学智慧"。"课程智慧"主要体现为教师的备课行为，而"教学智慧"则体现为教师的授课行为。我认为一个优秀的教师，除了要备好课，有"课程智慧"之外，更为重要的是要将所准备的知识内容很好地贯彻到课堂上去，这就需要教师具备"教学智慧"。

刘教授将"教学智慧"概括为三点：第一是传道；第二是授业；第三是解惑。那么如何做到并且做好"传道、授业、解惑"呢？书中列举的相关案例，给我带来了很深的感悟和启示。结合刘教授书中的观点和我个人的教学经验，我认为我们要做到"传道、授业、解惑"，要上好一堂课，可以从以下几方面来努力。

一、教师要有整体思维，要掌握好学科知识结构

书中提到的"致广大而精微""画眼睛""认地图"，无不说明我们在认识事物、掌握事物特点时要先从总体上入手，再从细节处着眼，最后认识事物的全部。其实学习过程也是如此，所以教师是否具有整体思维、是否已经掌握了知识结构对授课的效果影响深远。

例如柳永的《雨霖铃》。这首词中有许多经典的意象，也有千古传唱的名句。那授课时可不可以挑出这些意象或是句子来做重点的理解和赏析呢？答案是不言而喻的。这个步骤是授课过程中必定要实施的，因为《雨霖铃》的经典之处就在此处，授课的重难点也在此处。但是好的句子也不能脱离了全词，所以整体感知以及诵读这两个环节也是必需的。另外在赏析意象、名句之时，切不可脱离了全局而独立出来，而要瞻前顾后，与前后串联起来，保证学生能从整体上来领悟意象和语言。

二、教师要言传身教，使自己富有感染力

刘良华教授认为，"真正有教学智慧的人，他首先要能够'传道'。可是'道'是很难传递的，只能感染"。而一节好课也应是一节能够感染学生、带动学生的课。在教学设计中，三维目标之一的"情感目标"实际上很难通过传授某种知识或能力来得以实现。如何完成情感目标，如何感染学生、带动课堂，恐怕要依靠教师个人的感染力了。

例如，我们讲古典诗词时，如果教师自己能沉浸到诗境中去，带着欣赏的心情在诗歌的世界中自由地徜徉，那么学生势必能够体味到教师这种浓厚的喜爱之情，自然而然地会跟着教师的脚步来欣赏、品味。那么"培养对古典诗词的热爱之情"这一情感目标也就可以自然而然地实现了。在新课标中，教师更多时候是课堂的引导者，而引导者的情绪、心情、喜好也很大程度上影响着学生对文本的态度和情感。所以，使自己成为一名有感染力的教师显得尤为必要。

三、教师要注重思想的交流互动和反馈

书中列举的"打游戏"例子，让我深思良久。很多人都喜欢游戏，并且游戏一旦开始就会引导游戏者不断去尝试，不断去探索。我想，若我们的课堂也能设计成游戏，学生一旦进入便不断地寻求过关、寻求晋级，没有收获便誓不罢休，那么学习就是一个自动的、快乐的、不需要教师苦口婆心督促的过程了。刘良华教授列举了例子之后也点出了，游戏之所以有如此魅力，是因为游

戏总能够及时反馈。游戏者根据反馈回来的信息不断地进行下一环节，从而达到了一个自觉自动的效果。

这提示我们，课堂上要及时对学生的反应作出反馈。传授了某个知识点，及时让学生运用，教师对运用情况及时给予评价，学生在此基础上检测自己是否过关，并及时作出改进改善，这样对知识点的把握也就深刻牢靠得多。当然，这只是理想的情况。一节课的时间有限，而授课任务固定，学生人数又较多，教师一人根本无法一一反馈信息。但是我们仍然要采取一些措施来补救，比如及时批改作业、及时讲评。虽然课堂上无法一一回复反馈，但是我们可以分散地对个别同学进行反馈。

以上就是我在阅读刘良华教授《教师专业成长——刘良华教育讲演录》一书时的所思所想。书中的很多观点都具有很强的建设性，值得我们教师在教育教学的过程中去实践、去检验，相信也只有在践行中我们才能收获更多。

推荐书籍

《优秀教师的九堂必修课》

作　　者：高万祥

出 版 社：华东师范大学出版社

出版时间：2009 年

推荐理由

　　《优秀教师的九堂必修课》是著名特级教师高万祥在近三十年教育思考与教育经验的基础上，对中小学教师提出的九个方面的积极建议，包括读书修身、自我反思、教育科研、大爱厚生、积极写作、锻炼口才、注重细节、家校合作、追寻快乐等。他针对当前教师专业修养的典型问题，提出了具体的对策或策略。这本书既是教师专业成长的有效指导，也是教师教育生活的幸福参考。

推荐人：杜永明

享受教育的快乐

杜永明

利用假期我认真阅读了《优秀教师的九堂必修课》，这本书由全国优秀教师、苏州市首届名校长高万祥所作。本书结合作者近三十年的从教经验，从古今中外许多优秀教师的事例中，总结提炼了优秀教师在专业修炼、职业提升和事业追求过程中，应高度重视并积极践行的九件事。

第一堂课，读书修身，读书致远。第二堂课，仰望星空，自我反思。第三堂课，教育科研，拯救自己。第四堂课，大爱圣心，大德厚生。第五堂课，一流口才，莲花巧舌。第六堂课，我写我心，我思我在。第七堂课，生活教育，注重细节。第八堂课，家校沟通，必有我师。第九堂课，调整心态，享受快乐。在这九堂课中令我感触最深的是第一堂课、第五堂课和第九堂课。

九堂课中，首先是读书修身，读书致远。教书人应该是一个真正的读书人。优秀教师应该是生活在书籍中的人，应该是渊博如一座图书馆的人。读书能够滋养教师的精神世界。苏霍姆林斯基非常关注教师是否在读书，在读些什么书，书在他的精神生活中占据何种地位，以及他是否关注着科学和文化方面的最新成就。这也是他评价一个教师的重要指标。他认为，教师要成为学生知识的源泉，就要永远处在一种丰富的、有意义的、多方面的精神生活中，而这种精神生活在很大程度上与阅读有关。

在当今物欲横流的时代，读书完全取决于自己的心态。你可以抱怨没有时间读书，埋怨工作压力过重，但这些都不能成为理由——这个时代需要你静心读书，教师的身份需要你静心读书。我一直把读书看作给自己补钙，补过钙的双腿走路更加坚实。从古至今，许多文人墨客都对如何读书有过论断，他们可以成为我们效仿的对象，但我认为最重要的还是根据自己的实际情况读书。把书籍当作你心目中的那一位，你就会爱上他，与其厮守终身，这样读书无疑应成为教师的生活习惯。"读一本好书，就是和一个高明的人说话。"读《优秀教师的九堂必修课》这本书，也有这种感觉。它启迪了我的思维，它是我人生旅途中的"贵人"，是我成长历程中的"导师"。

第五堂课，一流口才，莲花巧舌。口才是教师的第一能力，谈吐是人的第

二外貌。现在的时代是个性张扬的时代，能说会道，能言善辩，有一定的人际沟通能力应该是现代人文明素养的重要表现，也是一个国家文明进步和繁荣昌盛的标志。有人说，美国人人是"侃爷"，这和美国人特别推崇言论自由有关，在美国各个小学、中学、大学都设有演讲大厅或演讲练习室，把演讲和交往作为必修课开设。早在"二战"后，美国人就把"口才、金钱和原子弹"看作在世界竞争中赖以生存的三大手段，由此可见口才的重要性。著名的节目主持人杨澜在美国留学时也有过这方面的经历，教师对学生的评价不只是看各科的考试成绩，还要看学生在课堂上是否向教师多次提出问题，多次发表自己的见解。杨澜主持的《人物》栏目非常好，语言亲切、幽默，即使不好切入的话题也使人感觉非常轻松、自然，这和她在美国留学期间的锻炼有直接关系。我国的应试教育缺少的恰恰就是对学生口才的培养、考查。口才的背后是学识、教养、自信和自我实现。古人说："言，心声也。"语言美源于心灵美。锻炼口才的同时，教师的心灵也会得到美的滋养。

口才对于教师这个职业特别重要，而且教师的语言应该是热情的、理性的和智慧的。当然，口才的最高境界是讲真话。做一个诚实的人，最起码和最重要的是不说假话，我们应经常提醒学生，说谎的孩子长不大，即使长大了也永远是精神和人格上的侏儒。我们也应提醒自己，做优秀教师，从说真话做真事开始。一个民族的强大一定是从说真话开始的，一个社会的进步一定是以说真话为标志的。孙中山先生说过，所有的鞋匠都恨不穿鞋的人，所有的理发师都恨秃子，所有的皇帝都恨童言无忌的孩子。真正的知识分子应该有这种童心和赤子情怀。校园应该是说真话的地方，优秀的教师应该是一个敢说真话的人，一个敢于坚持真理的人，一个甘愿为真理和正义而献出一切的人。

第九堂课，调整心态，享受快乐。人都有一定的性格特征，有的人内敛，有的人外向；有的人豁达，有的人狭隘；有的人生性乐观，有的人多愁善感；有的人热情张扬，有的人谨小慎微……我们不能强求统一，但从职业素养的角度看，教师应该外向、热情一些，教师的人生应该是激情燃烧、乐观憧憬的人生，应该是一个能够享受教育幸福的人生。而这其中关键是心态。心态可以是快乐的天使，也可以是痛苦的恶魔。心态是你真正的主人。快乐是一种感受，快乐可以寻找，可以发现，可以制造。貌美如梦露的人不一定快乐，有好运中六合彩的人不一定快乐。真正的快乐一定属于拥有良好心态的人。

中国的教师从古至今都缺乏自我意识。肯定自己作为大写的"人"的快乐和幸福，很重要的一点是要有职业的认同感和归属感。只有认同自己的职业和社会角色，才能拥有工作激情和人生快乐。许多教师"身"在校园，"心"不在校园；"身"在讲坛，"心"不在讲坛。看到有的同事调出本系统，出去当官了，又风光又体面；有的同事下海干得不错，有车有别墅了；有的同事业余炒股赚大钱了，于是自己的"心"便也离开自己的"身"向外跑了。没有自我认同，没有精神追求，没有明确的目标方向，迷茫和痛苦便在所难免。

爱默生说过："有史以来，任何一项伟大的事业都是因为热忱而成功的。"一个人能不能做成一点事情，能不能有一点人生的成功，不完全是由能力决定的，甚至也不是由机会决定的，而是由热情决定的。这里的热情是一种深层次的生命活力和事业精神。当今世界最有影响力的潜能大师安东尼·罗宾认为，在成功者的各种特质中，"热情"是第一位的。教师工作平凡、琐碎、辛苦，只有拥有热情的教师才能享受教育工作独有的快乐。欣赏孩子是快乐之源，欣赏自己的工作也是获得快乐的最好秘诀。从孩子的诞生、哺育、教养，到长大成人、成家立业，那付出了无数心血的父母是世界上最快乐的人。同样，几年如一日地关注、关心学生，看着学生长大成熟的教师，也是世界上最快乐的人。

"太阳底下最光辉的职业"应该是最快乐的职业。然而，现在的中小学教师，生活的幸福指数普遍偏低。原因何在？除了客观因素，便是自己的心态。能不能享受幸福的教育人生，全在拥有的是魔鬼抑或天使的心态。让我们调整好心态，享受教育的快乐吧！

多读书、读好书；要有好的口才；要调整好心态，享受教育的快乐。这便是我读《优秀教师的九堂必修课》最大的心得体会。

推荐书籍

《教师角色与教师发展新探》
作　　者：叶澜等
出 版 社：教育科学出版社
出版时间：2001 年

推荐理由

　　读一本好书，能让人心情变好；读一本好书，能丰富人的知识面；读一本好书，能给人以启示。本人为大家推荐一本好书，书名叫《教师角色与教师发展新探》，是叶澜老师的佳作。本书共分为五个部分，依次阐述叶澜老师对新世纪如何成为一名合格教师的探索。本书的意义在于从新的角度和视野描述了新世纪教师学习工作的方方面面，与传统观念中的教师有所差异。比如：教师发展由强调外部动力转向重视内部动机，教师工作由关注结果转向关注过程等。本书可以给广大教师朋友以启示并对之后的学习生活有所帮助。

推荐人：陈咏达

如何给自己的角色定位

陈咏达

利用寒假闲余时间，我阅读了叶澜等著的《教师角色与教师发展新探》一书。该书共分为五个部分。第一部分是"导论"，主要是对教师职业内在价值的认识和新世纪专业形象的总体概述；第二部分是"教师德性论"；第三部分是"教师审美论"；第四部分是"教师发展论"；第五部分"结语"则对教师如何实现发展进行了深入的阐述。其中令我印象深刻的是作者提出的教师发展研究中的一个转向。

一、对于教师工作由关注结果转向关注过程

现如今不管是学校还是社会，对一个好教师的评价往往首先是其带的学生获得了哪一项骄人的成绩，其次就是该教师获得了怎样的殊荣。而本书作者却认为，教师的工作是充满创造的过程，教育过程中对知识的活化，对学生心理变化的敏锐感受，对教育时机的及时把握，对教育矛盾和冲突的巧妙化解，都是教师的创造力的表现，教师也可在这个过程中体会到职业内在的尊严和欢乐。因此，在作者看来，教师在工作过程中的体悟重于他们对工作结果的关注。

在教育教学中，我们往往会遇到这样的问题：作为教师，我们根据自己学生的特点精心地去设计每一堂课，课堂上我们根据学生的反应去调整、去改变，课后我们尽心地去辅导学生。我们看着自己的学生一天天地进步，心里也体会到了内在的尊严和快乐，但在学校举办的校级比赛中我们的班级却不一定会得奖，不一定会获得殊荣，难道这样我们就不是一个好的教师吗？其实不然，在整个过程中我们体现了自身的价值，也通过自己的努力使学生学有所获、学有所得，结果不一定完美，但过程足够美好，也值得所有人尊重。

二、对于教师发展由强调外部动力转向重视内部动机

自古以来，教师一直背负着强大的社会使命，比如教师是辛勤的园丁；教师是蜡烛，燃烧自己照亮他人。似乎是社会和舆论要求教师不断地去提升自

己，而不是自身的动力。作者认为，教师自身的发展要由外部动力转变为内部动机，教师的发展不只是教师的义务，更是教师的权利。

在教育教学中，我们会遇到这样的问题，就是作为教师我们要怎样怎样，好像是社会规定了我们教师要成为哪一类特定的人，而不是我们自身想要成为怎样的人。所以我们要摒除社会舆论的压力，不是社会要求我们要成为怎样的教师，而是作为一个独立的个体，我们要发挥自己的主观能动性，每一位教师都要具有自我发展的能力，自我专业发展意识是教师发展的最主要动力。

读了叶澜等著的《教师角色与教师发展新探》，令我获益匪浅。它让我明确了教师的角色，了解了教师发展的方向。它向我展示了什么是教师的价值、什么是教师的师德、什么是教师的审美观和发展论。作为一名新教师，这无疑对我起到了至关重要的指导作用，为我之后的教育教学工作奠定了一定的基础。与书本为友，走进优秀文著，可以让我们收获累累硕果，可以让我们尽快成为人民满意的教师，可以让我们为祖国的教育事业贡献一份力量。

推荐书籍

《教师最需要什么——中外教育家给教师最有价值的建议》
作　　者：赵国忠
出 版 社：江苏人民出版社
出版时间：2008 年

推荐理由

　　教师到底最需要什么？是金钱？是名利？是学生好的成绩？还是家长的尊敬、校长的赞许……这个问题一直困扰着许多教师。也许可以从赵国忠主编的《教师最需要什么——中外教育家给教师最有价值的建议》一书中找到答案。本书从教师人生最需要什么、教师职业最需要什么、教师教学最需要什么、教师教育最需要什么四个方面，用生动的案例阐释了教师最需要的六十九条建议，汇集了中外教育家的经典经验和思想精华，充分阐述了教师如何从认识自我、发现自我、发展自我、创造自我、成就自我中获得幸福和快乐。读了这本书，我们发现，其实，教师最需要的是一种快乐！是认识自我、发现自我、发展自我、创造自我、成就自我的快乐，这种快乐会净化我们的心灵，使我们越来越感受到从事教育工作多么有价值、有意义，越来越能体悟到人生的真谛。

推荐人：朱锐纯、张丹妹

教育的核心在于培养真正的人

朱锐纯

科学大师钱学森留下一句振聋发聩的疑问："为什么我们的学校总是培养不出杰出人才?"这一追问,足以让中国整个教育界深刻反思:我们的教育怎么了? 我们是如何培养人才的? 又培养了什么样的人才?

长期以来,由于国家缺乏对人才培养的长远规划,从而导致人才考核、评价和选拔机制扭曲。当前,高考依然是绝大多数学生上大学的唯一途径,于是升学率成为衡量教育成败的最简单、最重要的标尺。在教育功利性思想的影响下,自上而下,狠抓升学率。于是,课堂教学目标仅仅着眼于知识传授和应试能力的培养,背诵和做题成为政治课堂最主要的模式,这种模式对于学生取得高分数更为直接和有效,对于教师而言,也能得到较高的评价。于是许多教师放弃了曾经追求的教育理想,放弃了为师者应有的"传道""解惑"的责任,唯余"授业"而已,使得教育与其本真渐行渐远。

一些有良知的教师虽为此纠结,却无法抵御各种压力,最后选择了向功利妥协。于是,他们兢兢业业地复制了一批又一批的缺乏创新思想和创新能力的普通"产品",而这些"产品"又如何担当起实现中国梦的责任?

近期读了赵国忠先生主编的《教师最需要什么——中外教育家给教师最有价值的建议》,觉得有所感悟。书中写道:教育在于育人,教育的核心就在于要培养真正的人。那么,什么是真正的人?

教育家苏霍姆林斯基说:"做一个真正的人,意味着奉献你的全部精神力量,以便使你周围的人们变得更美好,精神上更丰富;以便使你生活中所接触的每一个人,都能从你身上,从你的精神劳动中得到某些美好的东西。"真正的人是智慧和人格魅力的集中。学生不仅在智力上得到充分发展,更是在心灵和人格上得到成长。

我们在平时的教学中,应树立正确的价值取向,要培养学生正确的世界观、人生观、成才观。我们不能把学科价值仅仅停留在高考上,要从以人为本、为了学生终身发展的理念出发,不仅关注知识的传授,还要教育学生要常怀感恩之心。感恩是一种美好的情感,是积极向上的思考和谦卑的态度,学会了感恩就学会了做人。还要培养学生的辩证思维能力，开阔学生的视野，健全学生的人格、品格，从而使学生拥有获得全面发展的能力，拥有获得幸福的能力。人的幸福是教育的终极目的。

首先，教师要充分尊重和信任学生，帮助学生建立起自信型人格。教师要以爱心和人格魅力感染学生。按照马斯洛人类动机理论，每位学生都有被教师和同学关注的希望。教师要尊重、热爱和信任学生。掬水月在手，弄花香满衣，为教师者，要履行以高尚的人格感染学生，以文明的仪表影响学生，以和谐的态度对待学生，以丰富的学识引导学生，以博大的胸怀爱护学生的崇高职责。教师要以一颗热爱学生之心，走进学生，关爱学生。教育家夏丏尊认为，教师没有爱，就像池塘里没有水。师爱是无私的、公正的，是面向全体学生的，无论学生的成绩优劣、素质高低，教师都应一视同仁，坚持平等的原则。思想政治课有着强烈的德育教育功能，在教学的过程中，教师应和风细雨，把爱心、微笑带进课堂，只有尊重关爱学生，学生才会向你敞开心扉，才能提高学生的思想品德和综合素质。要赏识学生的特长，尊重学生的个性，放大学生的优点，容纳学生的争论。例如，思想政治课经常有讨论这一教学环节，教师要以平等的身份参与到课堂讨论之中，展开师生互动，引导学生结合自己的所见所闻来发言，无论思考和发言，教师都要留给学生足够的时间，有时学生因着急而表达不清时，教师应主动提醒："不着急，慢慢说。"语气要亲切、温暖，让学生体会到教师的耐心是一种爱和尊重。课堂是学生的课堂，理解是学生的行为，要学会等待，悉心呵护。通过师生的深入思考和讨论，那些深奥的理论，会变得更加容易理解；那些琐碎的生活故事，会变得意味深长。教师应尊重学生在学习实践中的多元感受，呵护学生在学习中闪现的智慧火花，同时对学生回答的问题作出画龙点睛式的点评或给予激励性的评价。

其次，实施启发式教育，引导学生积极主动学习，帮助学生建立起独立型人格。在课堂教学中，教师可以通过创设问题情境，提出探究性的问题，让学生在对问题的探究中展开想象的翅膀。例如，在教学"进口出口、汇率汇价"时，我们提出"出口越多越好，进口越少越好，外汇储备越多越好""人民币升值对出口不利，对进口有利"这样的问题让学生思考，引导学生在对问题的分析比较中说出自己的新观点和新想法，这样有利于开发学生的智力，培养学生的创新思维能力。

再次，实施批判式教育，教会学生逆向思维和辩证思维，帮助学生建立起批判型人格。批判式教育要求学生对待现成事物既不能简单地肯定一切，也不能简单地否定一切，而是既肯定又否定，既克服又保留，即"扬弃"。在课堂教学中，我们要帮助学生突破思维定式，教会学生辩证思维，逐步养成从正

向、逆向或多向观察问题的多元思维模式，形成批判型人格。要培养学生的质疑精神，包括对教材的质疑，对教师的质疑，对权威的质疑等。要培养学生的自我否定精神，包括对自己过去存在的死记硬背的学习方法的否定，对自己过去存在的单一思维方式的否定，对自己过去存在的以自我为中心的小圈子交往方式的否定。在课堂教学中，我们要帮助学生用联系的、发展的和全面的观点看待事物和思考问题，要坚持用动态思维的方法看问题，教育学生学会发散思维、聚合思维和逆向思维。

　　以上是我在阅读《教师最需要什么——中外教育家给教师最有价值的建议》一书时的点滴体会。书中还有不少富有建设性的意见和观点，很值得我们去细细品味和研习。

教师最需要的是快乐

张丹妹

教师，最需要的是什么？是金钱？名利？尊重？《教师最需要什么——中外教育家给教师最有价值的建议》一书的开篇就以"最需要一种快乐"简洁地回答了这个问题。所谓快乐是那种认识自我、发现自我、发展自我、创造自我、成就自我的快乐。这是一种崇高的精神境界，也是成为受人尊敬的"好教师"的思想根基。初看似乎这样的"快乐"太过高尚，是常人不可触摸抵达的。可当翻阅整本书，细细品味时才会发觉，这样的快乐是平凡的，是作为一名教师应该具有的。

浏览目录就会发现全书从"教师人生、教师职业、教师教学、教师教育"几点出发，用生动的案例阐释了教师最需要的六十九条建议。读这本书的时候，我略读了自己平时能做到的一些建议，重点细读了自己平时做得还不够的一些建议，深刻地反省了一下自己，感触颇深。

一、教师要规划自己

教师要规划自己，先要学会"研究"自己，也就是更好地认识自己，认识自己的优势，并不断地强化它，使它成为自己富有个性色彩的教育教学风格的组成内容。认识自己的缺点，解剖自己的缺点和不足，并在教育实践中不断地改变它。学会规划自己的教育人生，努力达成自己的理想和追求，培养合理的工作方式、生活方式和行为方式。对自己的人生进行阶段性的规划，在每一阶段都要有明确的目标。努力实现阶段目标，也就离自己的人生境界又近了一步，这种实现会更加激励自我。所以，有没有人生规划和阶段目标，对一位教师的人生会产生重大的影响。此外，还要规划教学管理，要有科学性和预见性，做事之前就要胸有成竹，一个阶段有一个阶段的任务，一堂课有一堂课的容量，都要事先做好规划。

二、教师要注重细节

书中提到"要想比别人更优秀，只有在每一件小事上比功夫。小事成就

大事，细节成就完美。"这就告诉我们：别人不愿意做的，你多做，别人不愿意付出的，你多付出，那么你成功的机会肯定会多一些。小事正可于细微处见精神。我们教师的工作就是平凡中显示伟大，普通中展示特殊。我们可以在学生写得好的作业本上画一个笑脸；上课前，和学生一起说说话，帮助学生整理穿戴；看到地上有纸屑时弯腰捡起来；发现讲桌、黑板没擦干净，默默重新擦一遍；发现卫生工具摆放不整齐，就不动声色地让其各就其位……

三、教师应经常反思

教师要善于反思。叶澜曾说过："一个教师写一辈子教案不一定成为名师，如果一个教师写三年教学反思，则有可能成为名师。"美国心理学家波斯纳提出教师：成长的公式为成长＝经验＋反思。

有一段时间我为了提高教学水平经常向别人请教，但又发现别人的方法在自己的教学实践中并不完全适用，最终并没有很大提高，而自我反思在这时为我提供了思考的空间。我时常反思自己的言论和行为，把备课当作一个反思与实践的好平台。反思学生怎样才能更好地接受教师教的知识，什么才是适合学生学习的教学方法，怎样才能巩固学生所学的知识，把教学做到切实有效。备课的过程给了我很大的思考空间，让我从整体上把握了课堂教学的内涵及教学技巧，从而使教学能力真正有所提高。在反思中我也一步一步成长为教学技能扎实、教学游刃有余的教师。

以上是我读《教师最需要什么——中外教育家给教师最有价值的建议》一书时最深的感受。当然这本书的一些建议我还没来得及仔细品味，以后我还会继续读，唯有"品"才能知其"味"，才能真正感受到做教师的快乐。

推荐书籍

《教学不孤独》
作　　者：［美］兰迪·斯通、普吕·库柏
译　　者：陈峥、何倩
出 版 社：华东师范大学出版社
出版时间：2009 年

推荐理由

　　《教学不孤独》是一本"真人秀"著作，它精选美国各地教师的教学故事，以平实普通的语言为我们讲述了领袖教师们的困惑与思考、合作与领导、突破与成长。里边所讲述的故事，没有哗众取宠的语言，没有剧本导演的情节，只有普通教师工作中经历的点点滴滴。然而，当我们掩卷沉思其中的深意时，便会觉得意味深长。教学，你孤独吗？合上书本，不由轻轻问自己。站在讲台上，当我们滔滔不绝地为学生灌输知识时，有多少时间真正站在孩子的角度去思考教育、教学？当学校、家长、学生的问责，使得自己一筹莫展、陷入困境时，谁能帮助教师摆脱教学的困境呢？答案只有一个：靠教师们自己。阅读本书，感悟教师们的平常与精彩、挫折与奋起、困惑与超越，学会通过教师队伍的协作参与，不断提升自身的专业素养。

推荐人：蔡晓环

讲 台 · 舞 台

蔡晓环

　　若说讲台是教师演绎教学和展示自己教学功底的舞台，那么，师生皆是这一出出折子戏中重要的一员。教学可以是一个很孤独的职业：离开了学生参与的课堂，正如舞台上乏味的"独角戏"，此时的教师只是孤独的表演者，或高谈阔论，或侃侃而谈，却从未引起台下学生的共鸣，只好一个人把戏唱完。

　　近日读《教学不孤独》，开篇第一句"与人合作，共同领导"便能引起人的深思。正如歌词中所唱的"是谁导演这场戏，在这孤单角色里，对白总是自言自语……"教师与其做课堂的导演，以高高在上的领导者身份去指挥学生该如何做，不如放手让学生成为领袖。教师不仅要传授给学生知识，培养他们良好的习惯，告诉他们是非对错，更要让学生成为自己的主人，后者不正是教育的最终目的吗？

　　课堂是舞台，学生无疑才是课堂的主人。从"以教师为中心"转变到"以学生为中心"，教师是教育改革中真正发挥实践作用的人，"教师需从'讲坛上的圣人'转变为与学生共同学习的协同促进者，指导他们实现我们为其设置的目标"①。

一、导学案走进课堂

　　情景一：课前几个比较积极的学生围到讲台前来，七嘴八舌地问："老师，这节课上什么内容呢？"

　　情景二：学生来到电脑室，第一件事是戴上耳机，打开播放器听音乐；第二件事是玩游戏。

　　这是信息技术课前见到的普遍现象。没有指定的任务，学生自由分配这课前的十分钟。而往往是因为这短短的十分钟，教师需要多用课堂上的十分钟来稳定学生的情绪，让他们由游戏、音乐转入学习状态。

　　借鉴其他科目中普遍应用到的"导学案"教学模式，在课前提供与本节

---

　　① 良好的教学策略是实现这一愿望的第一步。

课内容相关的知识、操作方法等，同时设置若干的问题加以引导，无疑是信息技术课创新和发展的重要方向。至此，学生一进入电脑室，首先是打开导学方案，了解当堂的学习任务；部分基础较好的学生在课前就能自行进行探索学习了。

导学案作为提高课堂教学效率的一种新型载体，使学生由被动变为主动，由内到外真正将知识学懂学透。从前的信息技术课堂，大多只是教师在讲台上、在电脑后不停地讲和操作。俗话说得好，听到的容易忘，看到的不易记，只有动手做才能学得会、记得牢，一切真知都来源于实践。作为一门实践性较强的课程，将导学案引入信息技术课堂中，使学生在课前就能知道教师这节课会讲些什么内容，需要事先预习些什么内容，因此，课堂上只要教师稍加点拨，学生就能很主动地学习，充分地展示自己。如此，讲台不再只是教师自己表演的舞台，师生互动交流增加了，学生才能更多地参与到课堂学习中来，才能促进学生的发展。

二、热爱我的学生

合理的教学设计和教学实施模式，能够给予学生更多的知识；而和谐的师生关系，则是促进学生学习的动力。

人们常笑话教师的职业是给家长当保姆，企望教师能够帮忙把那些调皮捣蛋不懂事的孩子教育成才。然而，重复的工作、喧闹的环境、考试的压力、琐碎的说教等，都让教师感到疲惫。有时会不经意地把课外不愉快的情绪带进课堂，有时甚至会不想去管理学生，只是机械地为完成教学任务，而任由他们胡闹。这样往往让学生望而生畏，使得学生有问题但不敢或不愿提出来，课堂直接成为教师个人的表演。

美国心理学家罗杰斯认为："成功的教学依赖于一种真诚的尊重和信任的师生关系，依赖于一种和谐安全的课堂气氛。"若是不懂得怎么做，看看塔米的主题研究"甜蜜的家——芝加哥"吧，她会告诉你：用心教学，奇迹就会出现。玛丽亚把课堂当作舞台，自己则像演员一样又唱又跳又叫，令学生瞠目结舌，她用自己的行动告诉我们：教师的激情会使学生对学习产生激情；而黛安善于营造轻松温情的班级氛围，为课堂注入活力；伍德福德老师凭着坚定的信念让一位患有选择性缄默症的女孩开了金口。每个教师都以自己的方式来保持对教学的激情，热爱自己的学生。只有教师努力地为学生创设宽松和谐的课堂气氛，改变一言堂、满堂灌的弊病，形成以学生为中心的生动活泼的学习局面，学生才会探索创新，产生积极的学习态度。

教育改革的最终目的，是让课堂教学从"以教为中心"转变到"以学为

中心"。课堂不应是教师唱独角戏的舞台，也不是学生等待灌注知识的回收站，而是一个给予学生充分发展的广阔舞台。随着新课程改革的不断深入，不但我们的角色在发生转变，我们的教学观念也应彻底改变。新时期下的教师要努力做到"三还"：一是还自主、民主的课堂于学生；二是还独立思考的自由于学生；三是还交流对话的机会于学生；认真贯彻"两爱"：一是热爱教育事业，二是热爱学生。教师站得住讲台，才能使其成为热闹非凡的舞台。

做学生与家长的好朋友

每年九月，约 20 个新鲜、稚嫩的面孔会走进我的教室。他们不只跨过了那扇门，他们（和他们的家庭）也走进了我的心。我教书的学校社区并不富裕，那里的家庭终日劳碌只为糊口。我希望我的学生及其家长把我当成他们的朋友，有困难时可以向我求助。我很感谢我的先生，他是个很慷慨的人。在我们结婚以来的 28 年中，他从未抱怨我在学生和家长身上花的钱太多。我知道我不能解除他们忍受的痛苦，但我可以尽绵薄之力。我记得有一家人的长女在我班上，而他们小一点的孩子出生的时候就有生理和神经障碍，经济极其拮据。正巧我的一个朋友问我有没有谁想要一些童装，差不多都是九成新。我把衣服带到了学校，当我问那个孩子是否需要这些衣服时，她的眼中满含热泪。你看，这并不需要我花很多钱。而且就在那个学期末，我收到了我最珍惜的一封感谢信，信中感谢我关心他们的家人。

为自己保留一些美好事物

几年前，我听过一节课。我不记得那节课是讲什么的，但是讲师谈到了个性类别。她让我们做了一个测试，然后我们自己打分来确定自己的个性类别。她告诉我们大约 7% 的美国人有很强的帮助他人的责任感，而 70% 的美国教师属于这一个性类别。我们关爱儿童并乐于助人，但我们也必须关爱自己。休息日就要休息。挤出时间出去散步，坐下来欣赏美丽的落日，驻足轻嗅一朵玫瑰。

差不多在教学生涯的前十年，我对全世界的每个孩子都忧心忡忡。我担心那些没上学的儿童，觉得自己有责任让他们都接受足够的教育。我觉得任重道远。有一天，我读到一个故事：有一个小男孩站在海边，把被冲上岸的海星扔回大海。一个人从旁边经过，说："为什么扔回这些海星？这么多，你改变不了什么！"男孩看着他，举起手中的海星，扔进大海，说："我改变了这一个！"

每年我们都有一个班的海星。我管不了地球上所有的儿童，但我能管好我班上这些。确保你所有的海星都回到大海。你会改变他们每一个人的生命！

推荐书籍

《做最好的老师》
作　　者：李镇西
出 版 社：文化艺术出版社
出版时间：2011 年

推荐理由

　　《做最好的老师》记录了李镇西老师从教 25 年的经验与收获，集萃了他 25 年的教育思想和智慧。书中从李镇西老师步入岗位初期写起，从青涩到有一定的经验，再到经验丰富，满腹经纶。他将自己的成长与成熟一步步介绍给我们，帮助我们走出教育误区；也有班主任工作、班级管理经验之谈等。从某种意义上说，这本书就是李镇西老师"自己和自己比"的真实记录。他对教育思想和智慧、教育观、学生观、班级管理、学生思想工作、学生心理健康、教学的理念和实践，都有独到的见解。

推荐人：曾颖嘉

让教育充满爱

曾颖嘉

　　一次偶然的机会，我在一本教育杂志上看到了关于著名教育家李镇西的《做最好的老师》一书的介绍。这本书的书名激发了我强烈的好奇心，怎样才能"做一个最好的老师，学生最欢迎的老师"？于是在网上进行了一番搜索，终于找到了这本书，看完真是受益匪浅。

　　《做最好的老师》这本书记载的是李镇西老师从教 25 年的经验与收获，汇集了他 25 年的教育思想和智慧。书里面有他关于教育的方方面面，如育人之道、走出教育误区、班主任工作、班级管理等。书中从李镇西老师步入岗位初期写起，从青涩到有一定的经验，再到经验丰富，满腹经纶，他将自己的成长与成熟一步步介绍给了我们。李镇西老师对教育思想、教育观、学生观、班级管理、学生思想工作、学生心理健康、教学的理念和实践，都有独到的见解。

　　书中有一点让我感触最深，那就是李镇西老师关于"爱心是好教师的基本条件"的阐述。在书中他写道："常常有人问我：'当一个好教师最基本的条件是什么？'我总是不假思索地这样回答：'拥有一颗爱学生的心！'"多么精辟的一句话！是的，必须拥有一颗爱学生的心，教师才能赢得学生的心，教育才能达到最佳效果。之前，我曾那么自信地认为自己是"爱"学生的，对待学生，我很宽容，极少生气。我也很爱班里的每一位学生，即便是成绩、纪律很差的学生，我也总能看到他们的优点。但当看完李老师的这本书后我才发现，比起李老师，我对学生的爱真是微不足道。李老师对爱的那份执着、那份坚持着实让人感动。他把教育事业当成自己的事业，把带给学生一生的幸福当成一生的追求。他对学生付出的是满腔的爱心。他不仅是学生的老师，更是学生的朋友，而且是知心的朋友。正因为他懂得学生们的心，所以他赢得了教育引导的主动权，同时也赢得了学生对他的尊重。在他和学生之间，我们看不见任何"代沟"。李老师让我真正明白了，什么才是"对学生的爱"。

　　爱学生，不仅是只对自己所教的这一年或几年负责，还要对学生的成长以至未来一生负责。

爱学生，不单是欣赏优秀的学生，还要"怀着一种责任把欣赏与期待投向每一个学生"。因为"每一朵花都有开放的权利"。

爱学生，就不能对学生的错误过度追究，而应先用"博大的胸襟"宽容学生，然后再加以正确引导。

爱学生是"一份纯真，一份庄严，一份责任感"，是民主，是平等，是为学生的"美丽人生"奠定美好的开始。

书中还阐述了很多李老师的事例，特别是在对待"后进生"的问题上，他更是付出了真诚的爱。他既注重对后进生感情上的倾斜，想方设法唤起他们向上的信心，又讲究有效的方法，引导集体的舆论。我想，在班级管理工作中，面对那些在各方面总是"拖后腿"的后进生，我们教师是否也应该像李老师那样，让每一个学生都能充分地享受该有的权利，让每一朵花都能灿烂地绽放呢？在我九年多的教育经历中，我担任了六年的班主任工作，教过的学生很多很多，但奇怪的是，留给我印象最深的并不是无可挑剔的模范生，而是那些个性鲜明的后进生。"后进生"一直是教育工作的"老大难"。在班主任工作实践中，我觉得对于后进生的教育，一定要拥有一颗爱学生的心。许多教师总是采取严格批评的方法对后进生进行教育，并认为他们常常撒谎，不信任他们。后进生也因此对教师产生了抵触心理，从而给教育后进生带来了更大的困难。所以我认为，要教育后进生，应先学会去爱他们，用爱心去感化他们，这样效果会更好。下面的一个例子就是最好的说明。小蔡是我带过的纪律性较差的一位学生，高一时就因多次违规受到学校的处分。他学习态度不端正，成绩较差，又因为脾气不好，爱面子，集体观念不强，和班里同学的关系一直不好。为此，我总想寻找机会对他进行集体主义教育。机会终于来了，那是校运会的前一天，同学们都在为开幕式忙上忙下，有的编彩带，有的装扮吉祥物，有的制作班徽班旗，个个忙得不亦乐乎，而小蔡对此却漠不关心。这时，有同学提议到操场进行开幕式入场排练，而入场队列中又刚好有一位男生请假缺席。"怎么办？让其他同学补上吗？"突然间，我又想："这不正是对小蔡进行集体教育的一个很好的机会吗？"于是，我对他说："一位同学请假来不了了，同学们都推荐你补上。"他一听是同学们推荐的，显然有点高兴，但这仍无法打动他那颗冷漠的心。他反应颇为强烈："不会吧！不要啊！你是知道的，我从来没有参加过这种集体活动。"我知道说服他并不容易，于是又耐心地说："就是因为你没参加过，我才更要你上。你不觉得，试着去做从没做过的事情，才是最有意义的吗？"他开始动心了："可不可以不要啊？上去走很不好意思的！""别人都敢上，你怎么就不敢！"我故意激他。最后，他终于很不情愿地说："那好吧，我现在下去代替他。但如果明天他来了，就还是他上。"

我同意了。排练时，同学们都很投入，小蔡也很配合。结束后，负责准备吉祥物的几位同学也刚好带着吉祥物和小车到跑道上试开。于是，很多同学也都跟着帮起了忙。瞬间，可爱的吉祥物和小汽车就把全体同学的心凝聚在了一起！也许就是这种集体的爱，融化了小蔡那颗冷漠的心，回教室前，他突然跑过来跟我说："老师，我现在觉得，参加集体活动就像学习一样，参加前很讨厌，但一旦亲自体会后，其实还是挺有趣的！要不，明天还是让我参加吧？"我很高兴，表扬了他，并特地安排他和其他三人一起拿班旗，他特别高兴。第二天，小蔡很早就起床了，出色地完成了入场任务。而且在接下来的两天里，他还坚持准时到场为参赛同学加油和拍照留念，并积极地承担了班里的摄影任务。他的改变，也让班里其他同学感到很意外，同学们开始接受他，从而也较好地改善了他和同学们的关系。一学期过去了，小蔡虽然偶尔还会犯些小错，但还是进步了很多。我相信：只要我坚持用爱心去感化他，他就一定会不断进步！毕业后，他对我说："老师，你对我太好啦，这让我都不好意思去犯错，否则就太对不起你了！"一句话，足以温暖我的心，顷刻间，让我备感欣慰：做班主任真的很累，但累得值！同时，也让我深刻体会到"爱"在教育中的力量！

李镇西老师说："'做最好的老师！'是一种平和的心态，也是一种激情的行动；是对某种欲望的放弃，也是对某种理想的追求；是平凡的细节，也是辉煌的人生。"是的，浮躁的心、生硬的态度，永远也不可能换来心与心真诚的沟通，我们应该学会多试着从学生的角度考虑问题，用"学生的眼光"看待，用"学生的情感"体验，像李老师那样，用真心、爱心、诚心、耐心，赢得学生们的尊敬和爱戴。我们不仅要做一个负责的教师，也要做一个有耐心的教师，更重要的是要做一个有爱心的教师。我想，如果我们每位教师都能拥有一颗爱学生的心，让教育充满爱，那么，我们的教育必会成功！

李镇西教育名言

写作让我的事业插上了翅膀。

带着一个思考的大脑，重复每天平凡的工作。

先生之最大的成功，是创造出值得自己崇拜的学生。

人不可能永远生活在童年，但我们可以让童心伴随我们终生。

做最好的班主任。什么是最好？通俗地讲，就是你和学生之间难舍难分。

教育人应该有一颗童心，童心比爱心更重要，爱心需要培养，而童心只需要保持。

永远记住：尊重学生，并不能取代教育本身；但剥夺了学生的尊严，就谈不上任何教育！

我认为，只要注意环境、场合，只要把握准学生的情感，教师的任何"过分"的亲切、幽默、嬉戏都不会是多余的，这只会让学生感到："这教师真有趣！他真是我们的好朋友！"

我有一颗童心。这颗童心，是我深深地爱着我的每一届学生、每一位学生；这颗童心，不止一次使我和学生一起欢笑，一起流泪；这颗童心，使我自然而然地走进了学生的情感世界，也让我的学生常常不知不觉地拨动了我的情弦……

推荐书籍

《今天怎样做教科研：写给中小学教师》（第二版）

作　　者：冯卫东

出　版　社：教育科学出版社

出版时间：2012 年

推荐理由

　　苏霍姆林斯基说过："如果你想让教师的劳动能够给教师带来乐趣，使天天上课不至于变成一种单调乏味的义务，那你就应当引导每一位教师走上从事研究这条幸福的道路上来。"

　　《今天怎样做教科研：写给中小学教师》，是一部理论性与实践性并重的教师培训用书，汇集了作者近年来在全国各地所作的一系列与"教育科学研究"相关的报告，内容涉及中小学教师教科研工作的方方面面。对于教育科学研究，该书作者以一个专业研究者的眼光，借助于自己在一线工作的亲身经历，逐渐形成了一套有个性色彩、有个体特征的研究范式，诸如教育随笔写作、教育论文写作、规划课题研究、课堂观察等，为广大奋战在教育第一线的教师们提供了可资借鉴的范本，对提升任课教师的教学能力大有裨益。

推荐人：陈珩

让教师走上幸福之路

陈　珩

看到学校"2011 年影响教师的 100 本图书"入选书目，不由得想起"活到老，学到老"这句话，真的有好多东西值得我们去学习。我们整天说忙，没时间，一放假就巴不得多睡几小时，多陪陪孩子、家人，可我们总忘了给自己充电、加油。想到自己好久没有好好静下心来读书了，何不趁着这个机会学习、充电呢？

《今天怎样做教科研：写给中小学教师》是我第一眼看到的。近几年学校都在鼓励我们多做些科研工作来帮助自己提升教育教学水平，当然我也参加了其中一部分的研究，但很多时候我还只是停留在查找、整理资料，结合自己仅有的一点教学经验做总结的水平，而对于真正自主完成科研却不知从何做起，有时甚至连找个题目立项都觉得无从下手。我想这本书应该对我以后的教科研有所帮助。

读罢该书，第一感觉就是这确实是一本难得的好书！书中主要介绍了教师随笔写作、教育论文写作、微型课题研究、规划课题研究、高效课堂建设等。这些对一线教师从事教科研工作有着极强的指导作用；里面的事例也很多，全是对大家从事教科研工作的方法性指导。

作者说，"教师的工作既需要用自己的心灵，又最为关乎他人的心灵。"写教育随笔是教师进行"心灵漫步"的一种极好的方式和路径。教师写教育随笔，可以炼眼——锤炼发现问题的能力，可以炼笔——锤炼表达思想的能力，可以炼意——锤炼与提升自己的教育思想、教育情操、教育抱负等。写叙事性教育随笔，关键是要真诚、真实、真切，要努力转到事情的背后，追问事件的意义；写事理性教育随笔，关键是要"夹叙夹议"，追求"盐溶于水"的境界。

教育随笔真的可以说是我们进步的一条捷径，只有在平时对教育教学中的点滴做好随手记录或者反思，才能在不断积累、思考的过程中使能力的提高有质的飞跃而不仅仅是量的积累。

苏霍姆林斯基说过："如果你想让教师的劳动能够给教师带来乐趣，使天

天上课不至于变成一种单调乏味的义务，那你就应当引导每一位教师走上从事研究这条幸福的道路上来。"教师成为"研究者"，可以沟通教育理论和学校教育实践，使得教师群体从以往单纯的"知识传授者"角色定位提高到具有专业性质的学术层级上来，使得教师工作重新获得"生命力和尊严"，使其"职业生命"更具有意义和光彩。

教师搞教育科研，是许多人梦寐以求但不敢涉足的领域。英国课程论专家斯坦豪斯认为："教师是教室的负责人，而从实验主义者的角度来看，教室正好是检验教育理论的理想的实验室。"在他看来，"教育科学的理想是，每一个课堂都是实验室，每一名教师都是科学共同体的成员。"古今中外的伟大的教育家，从孔子到陶行知、陈鹤琴，从柏拉图到马卡连柯、苏霍姆林斯基，毫无例外都长期工作在教育的第一线，从没有离开过教师的岗位。这进一步证明了教育第一线才是诞生教育专家的最好土壤。

通过阅读该书，我认识到教师教科研应该回归自己的教育教学生活，与教师每天的工作、生活结合起来，坚持"实践第一"的价值取向。这条路应该坚持走下去。爱因斯坦认为："提出一个问题往往比解决一个问题更重要，因为解决问题也许仅仅是一个数学上或实验上的技巧而已。而提出新的问题、新的可能性，从新的角度去看旧的问题，都需要有创造性的想象力，而且标志着科学的真正进步。"发现问题是灵感的体现。在教育教学中，我们遇到的困惑，如果不加以珍惜和保存，就失去了最宝贵的第一手资料。其实，教师的设想、计划与实际教学效果之间的差距，课堂教学中突然事件的处理和学生情绪的调控，课后练习的布置与学生完成质量的差异，都可以是我们提出问题的素材。提出问题，应该立足于"用"，也就是提出问题是为了解决实际问题，是为了应用，这就要求课题要立足于教学。无论是现在，还是将来，"一切为了学生，为了学生一切，为了一切学生"的教育理念必须始终保持。只有这样，才能保持持久的幸福感，在学生成长成才的同时，自身得到成长发展。

"宠辱不惊，闲看庭前花开花落；去留无意，漫观天外云卷云舒。"我想，在教科研这条路上，也要保持一颗良好的心态，在追求幸福的路上，重要的是享受过程而不仅仅是为了结果，是成为生活方式而不仅仅是为了某个特定的目标。

在教科研的路上，我们不必太在意自己前行的姿态，我们要做的，是设定目标，坚定地走下去。

推荐书籍

《身为教师：一个特级教师的反思》
作　　者：王木春
出 版 社：教育科学出版社
出版时间：2012 年

推荐理由

　　《身为教师：一个特级教师的反思》由王木春老师所写的 60 余篇反思性文章组成，记述了一位普通教师 20 年教育人生中的酸甜苦辣、喜怒哀乐，以及对自身教学、教师职业的深刻反思和透彻感悟，是一位特级教师的专业成长之旅，更是一位中国教师的心灵修炼之旅。本书的记述，同样引发我们的思考——在教育生活中，有哪些底线我们必须坚守？从哪里寻求我们的职业幸福？怎样做才能既让学生、家长和学校满意，又不违背自己初登讲台时的教育理想？在阅读过程中，我们会感觉到，王老师的心灵呼喊，也同样是我们在教育生活中想要发出的呐喊。我们会从王老师的叙述中，慢慢地理清自己对教育怀有的深深情怀，进而将教育事业作为实现人生自我价值的方式，这是一种追求，更是一种享受。

推荐人：谢海燕

教师路上且行且珍惜

——读《身为教师：一个特级教师的反思》有感

谢海燕

今年暑假，我有幸拜读了特级教师王木春的《身为教师：一个特级教师的反思》一书。王老师将其从教 20 年的点滴体会汇聚成精华，写了 60 余篇反思性文章，收于该书中。从王老师的文章中，我能深刻地感受到一位普通教师 20 年教育人生中的酸甜苦辣、喜怒哀乐，以及他对自身教学、教师职业的深刻反思和透彻感悟。同时，我似乎也看到了自己从教历程中的点点滴滴，泪水与欢笑，困惑与迷茫，质疑与希望，王老师的心路历程中，竟然有那么多的纠结引起我的共鸣。

开篇第一辑，王木春老师发现"教书 19 年，我开始学习笑"。这不禁让我失笑，并联想到自己身旁的同事甚至是自己的古板、严肃、不苟言笑的的面孔。王老师让我明白，笑，不单是一种表情，从本质上说呈现的是一种心情，甚至是一种感悟、情怀，一种内在修养。然而我发现，笑容，对于很多教师而言，是一种遗忘已久的表情。由于工作、生活压力繁重，我们教师似乎已经丧失了最原始的感情，转而用严肃、古板的面具代替了所有的面部表情，这一面具让教师和学生之间产生了一道难以跨越的鸿沟，学生不敢与教师交流，学生感到害怕，学校就变成了一个死气沉沉的训练场。有些从教已久的教师，古板而严肃的表情甚至好似已经刻画在脸上，生活中，交际里，不知不觉已难以找回原始的笑容。我想，有些教师之所以在社会上很容易让人猜到职业，是因为其古板而严肃的表情已经成了职业表情。为什么教师就非得有这么一副表情呢？难道我们教师肩上真的有那么多难以承受的凄风苦雨吗？我不想变成一个让学生惧怕的面具老师。我也开始尝试在课堂上、在课后多展示我的笑容……

在第二辑"无声的老师"中，王老师面对学生的质疑时，反问自己"是什么在内心支撑着你"。王老师认为，学生来学校，不单以掌握知识和获取分数为目的，还应该关心社会，懂得思考，乐于交流，所以王老师经常在课堂上不时借题发挥，聊点社会问题或朗诵一些好文章。然而对于惜时如金的高三学生而言，高考和分数更重要，不仅学生，就连学生家长也对王老师的教学风格持怀疑态度。王老师感到无力、失败、悲凉和孤独。我很佩服王老师在众多方面的压力之下，仍能坚持自己内心认为是正确的东西。在我自己从教12年的历程中，也曾出现对我的教学方法、教学思路质疑的声音，这些声音来自学生、同事，甚至是自己，每当有质疑声音出现的时候，我第一时间并不是坚持，而是开始怀疑自己，裹足不前，甚至转而采用其他大众认为合理的教学方式。虽然事后也很懊恼，但是自己仍然没有勇气坚持下去。所以，我很明白，一个人要坚持自己内心认为是对的事情时，是需要很大的勇气和很强的内心的，并且要能够孤独地面对自己。

在第三辑"学校不是名利场"中，我很认同王老师提出的一个观点，即"闲暇是教师最好的继续教育"。身为教师，大家最有共同体会的是，暑假一到，各式各样的继续教育随之汹汹而来，整个暑假掐头去尾，也就所剩不多了。对教师而言，必要的闲暇是不可或缺的。闲暇中孕育着情和爱，这一点我非常赞同。现在教师的生活如同打仗，早晨街上行色匆匆的必为教师，晚上家中挑灯伏案的也必为教师。很多教师行业以外的人认为教师工作弹性大，空暇时间多。然而只有真正身为教师的人或教师家属，才能深刻体会到教师背后的压力，除去繁重的备课上课和批改作业等工作外，精神上的压力，才是直击教师心灵的利剑。很多教师的身体都处于亚健康状态，高血压、冠心病、颈椎病等疾病更是教师的"老朋友"。闲暇，不仅是简单的头脑放假，四肢放松，更是教师将压在自己身上的精神牢笼解开的快乐时光。在空暇中，教师可以思考人生，可以读书看报，可以走出校园，走进自然，可以陪陪父母妻儿，享天伦之乐，可以寻找生活情趣，进而找到自我。只有这样，教师才能成为一个活力四射、情感丰沛、思想迷人的人，教育事业也才能更具有创造性。

王老师在第六辑"孩子的心是玻璃做的"中问道"谁能使我的心免于哀伤"？文中不断流露出王老师在学校制度面前，对于差生的无奈。"每年都有这样一批学生，他们被驱赶到慢班，这种'被遗弃'无疑等于宣判他们学业上的'死刑'，某种意义上也宣判了他们人生的失败。"这句话敲打着我的心。对于差生，教师肯定不会一开始就置之不理，这不是为师之道。然而，差生由于基础差，照顾这部分学生，就意味着在教学上经常会拖后腿，久而久之，教师对差生的耐心消失殆尽，不得不将目光转移到尖子生、上层生身上。很多时候教师根本无法想象差生所体会到的耻辱和绝望。王老师在他自己经历身为差生被限制报考之后，更能体会差生所面临的处境和心境，但王老师却必须尽其职责分编"快""慢"班，这使王老师感到无力和悲戚。"我们从事的职业，依然无法为一只只昏厥的知更鸟点燃一盏盏明亮的街灯，我的生命，依然沉沦在无尽阴暗的海洋里……"虽然我并没有王老师手中之权责，但作为一名普

通教师，仍然有责任平等善待每一个学生，我不禁为自己的没耐心感到羞愧。

　　整整六辑，是王木春老师在真切地触摸教育、体验教育涌动不息的苦痛和欢欣、迷茫和希望的过程。本书虽然只是王老师个人的反思，却更像是教师教育旅程中的一面镜子，从中可以找到我们自己的影子，触碰到自己内心最柔软的部分，让我们在教育事业的道路上艰苦前行的同时，也看到教师身上肩负的职责。我突然明白了一个道理："无论生活和教育如何变迁，只要看准方向，日日用心用力，我们都有希望成为'争气的老师'，成为快乐的教书人。"

教育创新

　　歌德说：没有勇气一切都完。是的，生路是要勇气探出来，走出来，造出来的。这只是一半真理；当英雄无用武之地，他除了大无畏之斧，还得有智慧之剑、金刚之信念与意志，才能开出一条生路。古语说，穷则变，变则通。要有智慧才知道怎样变得通，要有大无畏之精神及金刚之信念与意志才变得过来。

　　所以，处处是创造之地，天天是创造之时，人人是创造之人，让我们至少走两步退一步，向着创造之路迈进吧。

　　只要有一滴汗、一滴血、一滴热情，便是创造之神所爱住的行宫，就能开创造之花，结创造之果，繁殖创造之森林。

——摘录自陶行知《陶行知全集·创造宣言》

推荐书籍

《有效教学十讲》

作　　者：余文森

出　版　社：华东师范大学出版社

出版时间：2009 年

推荐理由

　　本书是余文森教授二十几年来对课堂教学观察、思考所积淀下来的智慧结晶，作者以"对人的成全"为内在尺度，通过对课堂教学耐心、细致的省察，见微知著，道出许多启人心智的关于有效教学的独特见解。作者的睿智与幽默在本书中随处都可感受到。

　　作为在高考制度和学生长远发展要求的夹缝中生存的教师，我们现在正在尝试着走出去，而在走出去的过程中我们不希望听到的只是一味的指责和批判，这对于提高教学的有效性没有任何帮助，我们更希望得到可操作的具体意见和方法。这是我们在阅读了很多教育教学书籍后最强烈的一点感受，而余文森教授《有效教学十讲》让我们看到了改革路上的一线曙光。

推荐人：郑碧媛、张瑾、郑彩燕、高燕青

教而不思则罔，思而不教则怠

郑碧媛

教学必须有效，实施"有效教学"是新课程背景下高中教师们关注的焦点问题，是学校教学活动的一个基本追求。如何实施"有效教学"，关注到每一个学生整体素质的发展，很大程度上取决教师的专业素质。

美国著名学者波斯纳认为教师的成长公式是：教师成长＝经验＋反思。反思，是指教师对教育教学实践的再认识、再思考，并以此来总结经验教训，进一步提高教育教学水平。叶澜教授指出："一个教师写一辈子教案不一定成为名师，如果一个教师写三年的教学反思，则有可能成为名师。"诚然，作为一名一线教师，我们都深知教学反思的重要性，教而不思则罔，思而不教则怠。但是，日复一日地埋头于繁杂的教育教学工作中，我们疲于反思，这似乎也成了教师的共性。"如果一位教师只顾埋头拉车，默默耕耘，从不抬头看路，也不反思回顾，那么，充其量他只能成为一个地道的'教书匠'，而永远无法实现自我发展和真正的超越。"余文森教授的话语给我敲响了警钟：如果我们总是忙于备课，仅仅满足于获得经验，而不对经验进行深入的反思，那么即使有再多年的教学经验，也只是工作的多次重复而已。所以我们要做一名反思型的教师，只有留给自己足够的时间和空间，才能使自己逐步成长。

有效的教学反思应该源自教师的内心世界，而教师的认知水平和结构决定着教学反思的深刻性，教师的教育智慧和学术素养决定着教学反思的丰富性。作为一名高中教师，该如何在平时的教学中进行反思呢？余文森教授说："我们可以依据反思所涉及的教学的进程，将教学的反思分为教学前、教学中、教学后三个阶段。"

一、教学前反思——以生为本

很多教师都有这样的感觉：同一份教案给几个平行班上课时，每个班的教学效果都会略有不同，其主要原因就是不同班级学生的学情存在差异。所以教学前反思不仅要反思教学设计，更要反思学生方面的问题，要做到"以生为本"。教师在教学前不妨多想一想，多琢磨琢磨，思考确定的教学目标是否符合学生的实际情况，只有把教学定在"最近发展区"，才能优化教学设计，促进有效教学。

在课堂上设计语言实践活动时，教师要根据学生的学习经历、兴趣爱好、认知水平和学习风格等情况，创设适合学生的学习情境，提出既具有挑战性又让学生乐于探究的问题。以人教版高中英语教材必修二第二单元 The Olympic Games 的阅读课 An Interview 为例，阅读前的热身教学活动最初是通过让学生回答问题，了解学生对奥运会知识的掌握情况。当了解到所教班级学生对奥运会话题很感兴趣，并且已掌握了相关的知识后，我修改了教学设计，拓宽了预设的可能性。为了调动学生参与的积极性，我让学生以团队形式介绍奥运会，分工合作，制作奥运会相关知识的课件。学生们兴致勃勃，积极参与，学到了很多话题相关知识，印象深刻，课堂效果超出预期。

二、教学中反思——即兴创造

在传统的教学课堂中，很多教师习惯严格地按照教案上课，使上课变成执行教案的过程，结果达不到预期的教学效果。在这类教师看来，只要完成了教学设计的内容，课堂上的教学任务就完成了，至于在教学过程中，学生是否听懂了、收获了、提高了，则不重要，这样的课堂显然是低效的。因为"上课不是执行教案而是教案再创造的过程；不要把心思放在教材、教参和教案上，而是要放在观察学生、倾听学生、发现学生并与学生积极互动上。"学生是课堂上的学习主体，教师要善于观察和捕捉学生的课堂反馈信息，不可一味地赶学习进度，要灵活地把握课堂节奏；不要去抑制课堂的"节外生枝"，要鼓励师生互动中的即兴创造，提高课堂效率。

美籍数学教育家波利亚劝导教师说："不要把你的全部秘诀一股脑儿地倒给学生，要让他们先猜测一番，然后再讲给他们听，让他们独立地找出尽可能多的东西。"教师应该从中悟得：促进有效教学的一个最好的方法是给学生创造"想一想"的机会，让他们先思考一番，让他们"独立地找出尽可能多的、新的东西"。

在日常教学实践中，我们要不断锤炼自己对课堂状态的敏锐感知能力，以便在"意外"出现时可沉着"接招"并瞬间决策，让课堂在随机推进中灵活自如地展现出诗意般的精彩！

三、教学后反思——以思促教

我们不仅要展开教学前和教学中的反思，更要实施教学后的反思。余文森教授说："上完一节课，静静地坐在办公桌前，从容地梳理自己的教学思路，

清理自己的教学行为，总结自己的教学得失，捕捉课堂教学的某个细节，及时记下课堂中精彩的小插曲或倏忽而至的灵感。"①

在教完一节课或结束一个阶段的教学内容后，我们要理论联系实践，总结精彩之处，反思遗憾片断，要反思自己的教育教学行为是否让不同的学生得到了发展，要反思以后的教育教学该如何改进等，这些反思都是必要的，它能促进教师改进教学策略，不断提升自己的教学水平。

记得苏霍姆林斯基说过："教师的自由时间是根，它滋养着教育艺术的枝和叶。"我们要善于反思并养成反思的习惯。教师不应只是一名教育者，同时也应该是一名研究者、一名反思型的实践者。新课标非常强调教师的教学反思，因为思之则活，思活则深，思深则透，思透则新，思新则进。应用反思性教学能让教师在教学过程中不断更新自己的教学理念，逐步完善自己的教学方法，提高自己的教学技能。我们要善于发现教育教学实践中的问题，从实践、反思中提炼出有借鉴意义的教育教学方法、规律和思想，做一名有思想的教师。

---

① 余文森. 有效教学十讲 [M]. 上海：华东师范大学出版社，2009.

有感于余文森"有效教学的三条铁律"

张 瑾

读完余文森教授《有效教学十讲》，我感触颇深，不仅仅是因为先生那极具幽默的话语，更因为这本书是他二十几年来对课堂教学观察、思考所积淀下来的智慧结晶。他以"对人的成全"为内在尺度，通过对课堂教学耐心、细致的省察，见微知著，道出了许多启人心智的关于有效教学的独特见解。正是这些独特的见解，让我对于如何进行有效教学产生了深刻的认识，特别是先生提到的有效教学的三条"铁律"。

第一条铁律："先学后教"——以学定教

所谓"先学后教"，是让学生先独立进行阅读和思考，教师根据学生在独立学习过程中提出的问题进行教学，这种有针对性的学习比一般的学习更加有效。

余先生说，这一种"先学后教"是教学的一条规则、规律，而不是一种可以采用也可以不采用的方式、方法。显然，这在有效教学中起到了重要的作用，但是，在真正的教学过程中，我们很多教师和学生都习惯性地把"先学后教"当成"一种可以采用也可以不采用的方式、方法"，比如说，我们都知道课前预习对于更好地掌握一节课的知识的重要性，可试问一下，有多少学生能真真正正地做到课前预习？又有多少教师重视学生预习的结果并且在教学的过程中预想学生在预习的过程中遇到的问题而进行有针对性的教学？在这种传统教学的大背景之下，督促学生预习以及有针对性地备课，是进行有效教学的第一步。当然，在这个过程中，如果你能把一些教改实验大胆地用于课堂中，我想也未尝不可。据了解，顺德中学就采取了新的教学方法，预习阶段，学生根据学案进行自主学习；课堂上，教师根据学生在自主学习的过程中出现的问题进行有针对性的教学，最后进行教学反馈。我想在这个过程中，学生的学习速度、学习结果、学习体验一点都不比传统的课堂差，所以正如先生说的，想取得好的教学成果，必须遵循"先学后教"这一教学规律。

第二条铁律："先教后学"——以教导学

当然，在现在的大背景下，贯彻"先学后教"还比较难，所以先生提出了"先教后学"。所谓"先教后学"，就是当学生不具备独立阅读教材和思考问题的能力的时候，即学生还处于依赖教师的学习阶段时，教师要把教学的着眼点放在教会学生阅读和思考上面，这同样是教学的一条规则、规律。当然，教师不能脱离学科性质、教材内容特点和学生认识水平，单独传授所谓的"方法"，而应该把方法传授有机地渗透和融入知识的教学中，并引导和教育学生保持对学习方法的关心，养成"方法"意识。非常明显，这就是我们通常说的"学法指导"，教的着眼点是为了不教，学的着眼点在于自主、独立学习。因此，教师要致力于教学生学会学习，在这种目的下，涌现出了一批教学的新事物——学案、讲学稿，而在这一点上，我自认为做得还不错，基于化学学科的特点，我经常督促学生对知识点进行归纳整理，学会横向和纵向的对比，丰富整个知识体系。

第三条铁律："温故知新"——学会了才有兴趣

美国著名教育心理学家奥苏伯尔曾经提出过这样的命题："如果我不得不将所有的教育心理学原理还原为一句话的话，我将会说，影响学习的最重要因素是学生已经知道了什么，根据学生原有的知识状况进行教学。"

教学必须形成一个体系，就如同建房子，房子越垒越高才有成就感，就像化学中的氧化还原反应，在初中的时候，学生只知道得氧失氧就是氧化还原反应，但是随着学习的深入，他就会恍然大悟，原来我之前的理解不完全是对的，这样一个知识累积的过程，会使得学生对于学习的兴趣逐渐加深。总之，学生对新知识的学习是以旧知识为基础的，新知识要么是在旧知识的基础上引申和发展起来的，要么是在旧知识的基础上增加新的内容，或由旧知识重新组织转化而成的，这就是所谓的温故知新。

先生的《有效教学十讲》让我明白了，作为一名教师，要践行有效教学之路，就需要不断超越自我、完善自我，要不断更新教育观念，不断改进教学方法，努力把握学科发展最新动态，积极学习和运用现代教育技术，具有终身学习的理念，永保与时俱进的思想，主动优化知识结构，不断提高自身的综合素质，在促进学生发展的同时，使自己不断进步，那才是真正的有效教学。

以教导学，先学后教，温故知新

郑彩燕

余文森教授认为，要提高教学质量，实现有效教学、优质教学，有三条教学规律是绕不开的，那就是"先教后学""先学后教"和"温故知新"。这三条规律使我对教育教学改革的某些观点和"有效教学"这一概念有了进一步的认识。

一、"先教后学"——以教导学

"我以为好的先生不是教书，不是教学生，乃是教学生学。教学生学是什么意思呢？就是把教和学联络起来：一方面要先生负指导的责任，一方面要学生负学习的责任。对于一个问题，不是要先生拿现成的解决方法来传授学生，乃是要把这个解决方法如何找来的手续、程序安排得当，指导他，使他以最短的时间，经过相类似的经验，产生相类似的联想，自己将这个方法找出来，并且能够利用这种经验、联想来找别的方法，解决别的问题。"

陶行知先生的这一段话说出了教育的本质——教是为了不教。余文森教授把陶行知的这一教育理念归结为教学的一条铁律：当学生处于依靠教师的学习阶段时，必须先教后学，边教边学，但是教的着眼点是为了不教，学的着力点在于自主独立学习，因此，教师应致力于教会学生学习。

教会学生学习，最重要的是进行学法指导。当然，学法指导不应该脱离具体的教学情境和教学内容，而应该在教学的过程中不断加强学生的方法意识。我觉得这一点很多教师都可以做到，比如在学习小说的过程中，为了让学生掌握环境描写的几点作用，教师先选取文中一处环境描写进行分析，总结出环境描写的作用，然后再选择文中其他几处环境描写，让学生结合环境描写的作用具体分析。这就是教师先教方法，学生根据掌握的方法进行自主学习。当然，在教学"环境描写的作用"时，教师不能单纯地把结论亮出来，而是应该结合文本，从文中引出来。比如教学《等待散场》，文中对雨景的描写是在男女青年的爱情中进行的，那么学生就可以联系日常生活经验，总结出霏霏细雨在文中起到"渲染朦胧浪漫的气氛"的作用。而小说中的故事是在雨景中进行

的，因为下雨，"我"就要避雨，为了避雨，我才会撞到也在避雨的小伙子，所以才有了接下来的情节发展，所以学生又可以总结出"推动情节发展"这一作用。这样的教学过程实现了在思维中教学的目的，这也是"教—扶—放"的有效教学模式。

我认为"先教后学"是存在于绝大多数传统课堂的一种普遍模式，只不过有的时候教师的控制欲过强，或者惰性使然，最后演变成了满堂灌，但决不能因此个例而否定传统教学。

二、"先学后教"——以学定教

余教授通过"先学后教"这条规律告诉我们："当学生处于相对独立和基本独立的学习阶段，具有一定的独立学习能力的时候，必须先学后教。"余教授认为，这是教学者必须遵循的一条规则、规律，而不是可有可无的方式、方法。学生"先学"的内容应该在学生现有发展区的范围内，然后通过自学不断创造最近发展区，并把最近发展区转化为新的现有发展区。

余教授的这个观点印证了我过去教学文言文的一个困惑，那就是：串讲方式是否可行？

文言文教学的首要目标是让学生读懂，并掌握文中重要的文言知识。为了让学生更扎实地掌握知识，更好地应对考试，我选择了串讲的形式，在逐句讲解课文内容的同时，逐字逐词进行解释，而学生则在下面边回答边记笔记。我的想法是，不管这些知识学生知道与否，知道了的可以通过我的讲解进一步巩固记忆，而不知道的就可以万无一失地掌握了。当然这只是我的美好愿望，事实证明，不管我讲解得多么清楚，学生的笔记做得多么整齐，过后懂的还是懂，不懂的还是不懂。每次考试我最怕的就是考课内文言文的翻译，因为每次总有同学只得很少的分，而这些句子都是我在串讲的时候详细讲过的。之前我不明白为什么这么简单的考察对于我们的学生来说却这么有难度，现在我开始有点明白了，因为每次我总是一厢情愿地把我自己所掌握的知识传授给学生，而没有问他们自己掌握了哪些，还有哪些不懂需要我帮助的。这样就造成了什么都需要记，而好像又什么都不用记，或者因为要记忆的东西实在太多，学生记不了只能放弃。

教学针对性不强是文言文课堂教学有效性不高的一个重要症结，而余教授提出的"先学后教"刚好解答了我的这一困惑。通过检查学生的先学，教师可以知道哪些知识学生已经掌握，哪些知识学生理解得不到位，或者无法理解，这样教师就可以根据学生存在的问题进行教学，就不会出现面面俱到却缺乏重点的讲授了。除了针对学生所存在的问题之外，还要针对不同水平学生的学习情况。这也再一次印证了"先学后教"的意义：由于每个学生的基础和潜质不一样，有的学生学得慢，有的学生学得快，有的学生掌握得多，有的学生掌握得少。这些情况通过自学检查就可以掌握，所以接下来教师就可以有针对性地优先提问掌握得慢的同学，通过解决他们存在的问题，从而使得课堂教学更加高效。

在接下来的文言文教学中，我想尝试这样一种"先学后教"的课堂模式：

第一，提出这堂课的学习目标和自学要求，让学生明白这节课要自己掌握哪些东西。

第二，提出几个提纲挈领的问题，这些问题包含了这节课所要掌握的知识。

第三，提供充足的时间给学生自学，让学生在自学中自己解决教师提出的问题。

第四，在学生自学期间，通过巡视并参与学生的讨论，掌握学生自学中存在的问题。

第五，按照问题的难易程度，选择不同水平的学生来回答。

第六，讨论、纠正、指导自学成果。

第七，如果当堂还有时间，就进行一个对应练习；如果没有时间，对应练习就留到下节课，起检查巩固的作用。

第一点的自学目标我会根据该课的重点进行设置，特别是文言知识。自学要求有以下几点：

（1）结合课文下面的注释通读课文，并对课文中的重点字词进行标注。

（2）结合自学目标，在文中找到相应的语句回答自学问题，并运用已有的知识逐字逐句解读语句中的重点文言知识。

（3）遇到不懂的可以和周围的同学讨论，已经掌握了的同学要为学习有点困难的同学解答问题。

（4）若觉得自己已经解决了教师提出的所有问题，那么可以就一些文言知识进行横向联系或者深入挖掘，比如文中出现了一个实词"过"，那就联系以前学过的"过"的意思，归纳它的几个义项，或者找出文中所有含虚词"而"字的句子，按照"而"的几种意义加以分析判断和归纳。

（5）如果查资料也找不出答案，可以向教师提出来。

这是我的一个设想，先学后教的课堂比较适合浅易、知识点比较集中的文言文，并不是所有的文言文都适合这样操作。

三、"温故知新"——学会了才有兴趣

子曰："温故而知新，可以为师矣。"早在春秋时期，大教育家孔子就为我们总结出了这条至关重要的学习规律。

余教授通过这条规律告诉我们："新知识的教学必须基于学生的原有知识。新知要么是在旧知的基础上引申和发展起来的，要么是在旧知的基础上增加新的内容，或由旧知重新组织转化而成的。"

"温故知新"，也是"先学后教"定律的一个先决条件。影响学生学习的最重要因素是学生已经知道了什么，这些学生已经知道的知识就是学生学习新知识的根基所在，教学必须从学生实际出发，从学生原有的知识出发，循序渐进，这是大面积提高教学质量和防止学生学业失败的根本措施。同时，温故知新还可以让学生更有成就感，从而激发更大的学习兴趣。

"先教后学"和"温故知新"是我们传统教学的优点所在，我认为不管怎么改革，不管改革怎么花样百出，这条规律是坚决不能丢的。也希望我们的很多专家能看到这一点，不要以为只要冠上"传统"两个字就一定是罪大恶极，不要只是一味地批判和指责，如果没有传统的继承，那么还会有今天的教学吗？当然，万事万物都有其弊端存在的，但那不是有意而为之，而是因为任何事物都有前进的需要，所以才有不足的存在。传统教学的弊端在于，以教为主的课堂很容易引发人的惰性，那是因为单纯的传授知识比引导学生去找知识要轻松得多，所以慢慢地我们的课堂就走进了重教轻学的死胡同。而且，分数至上的高考制度也引发了人性中只重眼前利益不顾长远发展的功利意识，这又导致了只重结果不重逻辑思维过程的应试教育的愈演愈烈，而这明摆着并不是我们的传统教育。说句心里话，我觉得这是功利主义推波助澜下的腐败教育。

作为在高考制度和学生长远发展要求的夹缝中生存的教师，我们现在正在尝试着走出去，而在走出去的过程中我们不希望听到的只是一味的指责和批判，这对于提高教学的有效性没有任何帮助，我们更希望得到的是可操作的具体意见和方法。这是我在阅读了很多的教育教学书籍后最强烈的一点感受，而余文森教授的这本书让我看到了改革路上的一线曙光。

高中语文有效教学之探究

——读《有效教学十讲》有感

高燕青

　　什么是有效教学？"凡是能够有效促进学生发展，有效实现预期教学结果的教学活动，都可称为'有效教学'。"有效教学的过程包括有效"备课"、有效"指导"、有效"激励"。

　　有效教学是个高效的师生互动的生态系统。教师的作用应从知识的"讲授者"和"供给者"转为有效教学的"提问者"和学生活动的"激励者"。这对高中语文教师来讲既是新的机遇，也是新的挑战。本文就高中语文有效课堂中的各个环节，结合具体的教学实践，探究高中语文有效课堂教学的具体做法。

一、有效备课

　　有效备课要考虑三个要素，即学生、学科内容及其结构、教学目标及其教学方法。

　　1. 学生

　　有效教学的备课到底备什么？怎么备？如何才能保证课堂有效？从理论上来说，有形的备课少不了备教材、备教法、备学生，无形的备课就是备自己。余文森的《有效教学十讲》告诉我们有效备课要考虑学生，考虑学生对授课内容的了解以及接受情况的差异，很多时候不同学生之间的差异往往并不限于知识水平，而在于知识热情。因此，这就需要教师在备课的过程中不仅要考虑"我"要讲什么，还要考虑"我"应该如何让学生对这些有热情。

　　2. 学科内容及其结构

　　"备什么"看起来比较简单，因为在教科书、练习册、课程纲要中已经详细地介绍了。但教师的责任要求教师要根据学生的实际水平和情绪状态对这些教材进行再度开发。

　　教师不仅要处理好某个课时的内容安排，更要考虑各个课时之间的联系，某一个课时在本单元、本学期乃至整个学科系统中的地位和作用。单独一节课

很难真正落实教学目标，必须把课时安排在一个单元计划中。

以粤教版必修1散文单元为例，本单元选编了五课，共六篇散文。其中基本阅读课文三篇（《荷塘月色》《散文两篇》《拣麦穗》），扩展阅读课文两篇（《我与地坛》《沙田山居》），还有两篇"点击链接"知识短文。将基本阅读和扩展阅读结合起来考虑，以"景"作为本单元散文的线索，以"情"与"理"作为本单元散文的教学灵魂，具体教学过程中我们可以对各篇课文进行以下分析：

（1）朱自清的《荷塘月色》是本单元的起始课，而本单元的主题是"体会与感悟"，本课在语言和感情方面的内蕴正是体会与感悟的最好范本。余光中的《沙田山居》作为本单元的收束课也是写景抒情的典范之作，不妨提至前面教授，把学生带入美文美景美情的氛围之中，激发学生学习散文的兴趣和热情。《荷塘月色》描绘了一幅令人陶醉的月下荷塘美景图，抒发了自己内心淡淡的喜悦和淡淡的哀愁。《沙田山居》细腻描绘变幻莫测的水色山光，凝聚着挥之不去的乡愁。此二文情景交融，借写景抒写自己的心绪。

（2）《散文两篇》是冰心的晚年之作。《霞》是冰心晚年回忆起四十年前的一段往事，引发自己对人生的深刻理解与感悟，给读者一种人生哲理的启示。而《我的家在哪里?》是冰心老人晚年想念家、眷恋家的一种真情的流露，耐人寻味。《我与地坛》由对地坛景观的感悟，表述了作者对人生的思考、对生命的认识、对亲情的感怀。此三文不重写景，而重在因景悟理。

（3）张洁的《拣麦穗》通过对农村姑娘拣麦穗，"备嫁妆"情景的描写，及"我"与卖灶糖老汉的一段交往，充分地展现了人间那种朴素而令人动容的真情。知识短文《叙述纵横求变化》是它的相关"链接"。

通过对必修1散文单元各课时与整个单元之间进行分析与重组，我们会发现学生在这一单元的教学过程中不仅能收获阅读散文的一些方法，更能体会与感悟各类型文章带来的"情"与"理"，激发学生阅读散文的热情。

3．教学目标及其教学方法

有效的教学目标除了按照教学大纲设定具体的教学目标外，"教师还应灵活地调整教学，以适应学生的个别学习需要"。"有效的课时要考虑方法组合模式的灵活运用，即包括教学方法、组织形式以及课堂管理因素的组合。"

优秀的教师是复合型人才，他们具备表演、演讲等能力。在某一节课中，他们可能将班级带入一场讨论中；在某一节课中，学生可能观看到一个示例，做了一个游戏，听取了一场口头报告。他们的班级总是富有变化、富有活力。

二、有效指导

从有效教学的过程来看，有效教学意味着教师能够有效指导，包括有效讲授并促进学生主动学习，也包括有效提问并倾听学生。

1．有效讲授

苏格拉底的讲授方式一直被人们称道。那么他是怎么讲授的？首先，他不直接告诉学生答案，而是以提问的方式激发学生的思考。其次，他总是很耐心地倾听学生，关注学生的想法，从学生的回答中进一步追问，以澄清学生的思考。然而，在一般的课堂教学中，真正能够倾听学生，从中展开有效教学的却很少。教师的提问更多是为了教师自己讲授的需要。因此，教师要注意有效讲授。

（1）吸引学生注意。

教师在设计教案时就要设计好用怎样的方式吸引学生的注意。技巧一：有效引入话题。它不是简简单单、干巴巴的内容介绍，而是用一个行为、一个动作、一段激情昂扬的演讲、一个引人入胜的故事来吸引学生的注意。技巧二：把教学目标告诉给学生，让学生在教师讲授前就能主动组织思维，明确学习内容，给学生一个明示的作用。技巧三：让学生知道学习的重难点，在上课开始时就要引导学生了解课文的关键部分，在课堂教学中强调相应的关键部分，以免学生只关注形式的多样和参与的开心，却抓不住核心内容，达不到有效教学的真正目的。

（2）保持一定的节奏。

保持与学生能力相适应的教学节奏，一方面能使学生更有效地记住、理解知识点，另一方面也能使教师的讲授变得轻松，学生的听讲变得轻松。那么，教师如何把控好教学节奏呢？

第一，教学节奏要与教学任务的复杂程度（或难度）相适应。第二，教师要避免在不重要的地方作过长的停留，避免离题太远而作一些与教学主题无关的阐述。比如，教师要处理好教学环节以及不同主题的过渡。第三，教师要提前准备好与过渡相关的材料。

（3）提供鼓励性的即时反馈。

在提供参与机会，学生有所表现之后，教师紧接着必须做出相应的、适应的即时反馈。即时反馈有助于对学生进行及时的矫正和强化。对回答错误的同学可以先做出鼓励的反馈，如"开头不错""你的答案部分正确""可以做得更好"等鼓励性话语。

2. 有效提问与倾听

有效提问要求问题保持大众性。有效提问能引起大多数同学的思维共鸣，学生跃跃欲试、争先恐后要求回答，课堂气氛可立即活跃。提问要向全体学生发问，抽答面要广，这就要求所提的问题必须具有大众性。提问之后要留有时间给学生思考，在适当的时候（如课堂气氛活跃时），可以适当增加提问的难度，但难度不可过高，教师可以相应引导。

有效提问要求问题有一定的价值。在传统的课堂教学中，学生从教材中找出标准答案是常见的。有效提问要求教师尽可能多地提出有价值的问题，让问题提有所用，有学习价值。这些问题的设计，有助于提高学生灵活运用知识的能力。

有效提问要求避免"满堂问"。新课程下要求以学生为主体，把课堂还给学生，于是"满堂灌"的现象少了，但我们的课堂又遭遇了"满堂问"的尴尬。教师用一些过于琐碎的无意义的问题牵着学生的鼻子走，诸如"对不对""是不是"等低级问题充斥课堂，这种课堂气氛可能是活跃了，但学生受益不多，虽然在形式上让学生参与到教学中，但本质上没变，没有从根本上变革学生被动接受的教育模式。这种"满堂问"的教学淹没了教学重难点，挤占了学生自主学习、独立思考的空间和时间，也限制了学生的思维。

在学习过程中，如果希望学生学会倾听，那么也必须从教师的耐心倾听开始。教师在提问后，要给学生留出足够的时间进行思考和回答，让学生感觉到教师在等待和倾听。一个具有倾听意识和习惯的教师不会仅仅满足于听到学生的言辞，他还善于在倾听时察言观色，了解学生言辞背后的思绪和性情、欲望和需求，并加以热情的呵护和细心的引导。在倾听的过程中要有回应，比如对对方说的问题点头示意或做出相应的反应。有效教学意味着教师要善于耐心地倾听学生的声音，关注学生的想法。教师可以通过追问、补充学生的回答，让学生感觉到教师一直在关注问题的回答进展，这样会自然而然地激励学生积极参与课堂教学活动。

三、有效激励

俗话说：兴趣是最好的老师。如果每个学生都对学习产生了极大的兴趣，课堂效率何愁不高？因此激发兴趣就成了教师长久以来探索的问题。我在课堂中是这样探索的：

（1）引导学生从身边的、熟知的人、事、问题入手，不拘形式、不拘内容、多角度自主导课。让学生切身体会到自己是课堂学习的主人，培养学生的学习兴趣。

（2）准备丰富的资料，让学生感受到语文也曾经是活生生的人和事，引导学生拉近课本和现实的距离，感受社会和人生奇妙无穷的哲理，而不是简单地死记硬背，从而培养学生的学习兴趣。

（3）抛出有趣的问题，激发学生的兴趣和求知欲望。

总之，新课程背景下课堂的有效教学既是一种理念，又是一种策略，充满挑战，呼唤智慧。如何实施有效课堂教学策略，设计自己个性化的教学，创造独特的教学风格，是我们每一位教育工作者都应该努力追求的！

推荐书籍

《有效教学的案例与故事》

作　　者：余文森等

出　版　社：福建教育出版社

出版时间：2011 年

推荐理由

　　有效教学是广大教师在教育教学改革浪潮中的共同追求。《有效教学的案例和故事》一书运用生动的故事和通俗易懂的案例解读了抽象理论，实现了理念升华，特别是对如何开展有效教学、提高课堂教学质量提供了许多具体而又客观的解决办法，不仅让读者对当前教育教学改革精神有了进一步的认识，而且对有效教学的实际操作有许多启发作用。细细研读本书的教学案例和故事，理解课堂，感悟教育，体会生命之灵性，《有效教学的案例与故事》警醒我们不断提高自己的有效教学水平。

推荐人：王丹莹、王曼珊

浅谈高中英语有效教学策略

王丹莹

教学的有效性是所有教育教学改革的共同追求，哪一项教学改革不是为了使教学更有效，不是为了使学生发展得更好？

当前课程改革在课堂教学方面所遭遇到的最大的挑战和所受到的最强烈的批评就是低效和无效问题。

——余文森

有效教学，说到底就是要有效地促进学生全面协调地发展和学习，有效地实现预期的教学结果的教学活动。教学是否有效，并不是指教师有没有教完内容或教得认不认真，而是指学生有没有学到什么或学生学得好不好。教学过程中，我始终将"有效性"置于首位。最近阅读了余文森教授等编著的《有效教学的案例与故事》，书中的案例与故事不断提醒我在教学过程中要把"有效性"摆在首位。下面我将自己在有效教学过程中所运用的策略做个归纳小结。

一、突出学生主体地位，给学生以语言实践

教师应转变教学观念，用好教材中的素材，构建以学生为中心的课堂。例如，我在教高一年级（人教版）模块一 Unit 3 Travel Journal 的第一课时 Warming up 时，我先让学生讨论各种交通方式的优劣，然后问："Imagine you are preparing for a trip to Lotus Mountain（莲花山），and you will spend your night on the mountain. Which means of transportation will you use? What kind of objects will you take with you?"通过这样的假设给学生创造一个接近实际生活的语言情景，让学生来讨论。接着我又联系本单元所要教的语法"现在进行时表将来"让学生在所给情景中使用所给句型来对话，从而促使学生综合运用所学语言进行大讨论，培养了学生的语言表达能力，达到情景、知识和交际的统一。

二、充分利用多媒体等影音资源来更好地促进有效教学

单纯的语言学习是很枯燥的，多媒体的应用在课堂教学中发挥了极大的作

用，为教学内容和教学方式提供了广阔的空间，影音资源中有声的语言、生动的画面、悦耳的音响使学生的思维活跃，有助于学生发挥学习的主动性。

如在教授模块二 Unit 5 Music 中 Warming up 的八种音乐类型时，播放所截取的音乐歌曲，让学生直接体验不同风格的音乐。接着让学生来描述听到这种音乐时的感受。

模块三 Unit 3 The Million Pound Bank Note 是由马克·吐温的戏剧《百万英镑》改编而成的。如果脱离了影视资料，那这一单元的两篇阅读就变成了干巴巴的语言，学生学习时便会觉得了无生趣。为了让学生了解此篇戏剧中的语言，学习完文章之后我会让学生观看相关的电影片断，然后让学生模仿片断中人物的语音语调来表演该段戏剧。

学习模块三 Unit 4 Astronomy：the Science of the Stars 时，我利用网络资源搜集了有关"宇宙大爆炸"的视频资料，让学生通过小短片形象地了解了宇宙的起源，接着导入这个单元的阅读文章。

高中英语教材中各个单元的话题都可以在网上搜索到相关的图片与视频等多媒体资源，教师根据不同的教学设计及目标，进行选择和删减，把这些资源整合到课件中，让学生的耳朵、眼睛、嘴巴在课堂上都利用起来。这种图片、视频、文字资料相结合的课堂教学方式与传统的板书相比，加大了单位时间的信息量，有效地提高了课堂的教学效率。

三、加强学法指导，提高学生英语素养

汉语环境中成长的学生，学习语文时经常要背诵古诗文名篇，所以我认为学生在学习英语时，背诵也是一种有效的学习方法。中国学生在使用英语进行交际和写作时，语法及表达方式都惯用中国式英语，词汇量较少，句式较单调。因此，我认为高中的学生须背诵词汇、短语和句子，通过加大地道英语的输入量来增强学习效果。

关于这一点，我在教授完每个单元的阅读篇章之后，都会告诉学生哪个句子结构比较好，让他们画线做记号。课堂笔记也会有与所学单词相关的短语。我要求课后学生都要记下相应的内容，并通过听写或默写来检查学生的掌握情况。

除了要求学生在日常教学中掌握高考必背的内容外，我还鼓励学生平时多看英语报纸、多听英语歌曲及观看英语电影。学生使用的《英语周报》是一种很好的资源，每单元都有与话题相对应的课外阅读，这可以很好地扩大学生的词汇量。英语歌曲融英语语言学习与娱乐为一体，可以调动学生的学习兴趣，并让他们学到地道、纯正的口语，学生可以凭此轻松地学到句型和语言表

达方式，并锻炼他们的发音。而英语原声电影则可以提高学生自身的听、说、读、写能力，达到提高英语语言综合运用能力的目的。

　　总之，作为新课程背景下的高中英语教师，有效教学是一种理念，更是一种价值追求。教师要以学生为中心，以学习活动为载体，突出有效教学的原则，以教材为基础，创造性地使用教材，并与时俱进，全方位地用好多媒体资源，真正把有效教学的理念在具体教学过程中加以贯彻落实。身为教师，要多阅读诸如《有效教学的案例与故事》等书籍，提高自己的教学理论水平，从而使用书籍中的理论来指导自己的教学实践。

一场校运会风波引发的思考

王曼珊

1. 校运会风波

"老师，校运会后，同学们对你有许多意见！"

"老师，你太偏心了！你偏袒 307 宿舍，偏袒男生，偏袒艺术班！"

"老师，别的班级的班主任，总是去看同学比赛，总是给运动员加油，你为什么只留在大本营！"

……

一年一度的校运会终于结束了，我拖着疲惫的身体回到办公室，以为系列活动结束了，学生终于能够安下心来学习了，却出乎意料地听到来自学生的这些声音，我深深为之一震。我承认我听到的时候，霎时间头脑空白、心灰意冷，并感到无从下手。没想到监督方阵训练，跟进和参与班级吉祥物的制作，安排人员具体工作……最后，竟然落得如此评价。到底哪里出了问题？一下子融洽、和谐的师生关系变得尖锐。"师生关系的经营是一种双向互动的理解过程，误会不澄清，隔阂不疏通，矛盾不排除，一头热，一头冷，难免会背靠背而无法心连心。"虽然有愤怒，有疑问，但理智告诉我，需要沉思再行动。

为什么付出之后却得到如此评价？冷静下来，仔细分析：是什么行为让他们觉得我偏心了？偏袒某宿舍？我甚至不知道 307 宿舍有哪些同学。我明明对男生更为严格啊，女生做错了什么事情，我总是很小心地提醒她们的啊！在教学上，我从来没有把艺术班和普通班进行对比的啊！为什么会认为班主任偏袒了其他班了呢？这些意见到底是大部分同学的声音呢？还是个别同学的看法呢？一团疑问！

经过调查了解，事情渐渐明朗，我才知道原来我的一举一动，哪怕是一个表情，对他们来说都是有意义的。也许，我应该检讨自己，有时细节会深深影响学生的心理感受。我很幸福，因为我从来都不知道我在他们心目中有这么重要；我很担忧，因为小部分同学有些苛刻；我很沉重，我第一次真切感受到肩上的重任。

后来，经过个别谈话和集体教育，误会解开了，师生对彼此有了更为深入的了解。果然，"师生关系很微妙，亦师亦友，甚至不是亲人胜似亲人。师生关系不只是一种学习关系，更是一种'惺惺相惜'的心灵关系。"经过这件事，师生关系变得更融洽了，班级的合力增强了。

2. 关于师生关系的思考

校运会风波引发了我许多的思考，也让我的行动更为谨慎。此次事件更让我明白，刚当班主任，有激情还远远不够。班主任工作还要讲究方法和技巧。不管是班主任还是科主任，处理师生关系，都是教育教学中的一个重要部分。如何处理师生关系？应该形成怎样的师生关系？"良好的师生关系需要相互理解。相互理解是师生双方消除彼此之间的误解，增进彼此之间的了解，达到相互体认，彼此信赖，相互依存、共享知识的目的。"从教师的角度看，想要构建和谐、健康的师生关系，需要教师在工作中更为细致地关注学生的需求，理解学生行为的背后意义，化解矛盾，及时纠正学生存在的不良习惯。用心地做教育这件事情，用心地经营师生关系，用心地引导每位学生的成长。苏霍姆林斯基在《给教师的建议》中谈到"每个学生内心深处都有他自己的一根弦，弹出自己的调子，因此要想让那颗心与心的话语相呼应，就应该使我们自己能和上这根弦。"在这个过程中，体味学生心灵的渴望，加深对教育的体悟，感受自身教育工作的神圣和尊严，促进学生的成长，也引发自己的思考。

3. 行走中的坚持

社会赋予了师生关系更为复杂的色彩，充斥着误解和震撼，学生社会化的程度也越来越高。打开网页，我们可以看到许多家校矛盾的案例，可以发现不少师生不和谐的故事。而我们能做的，不是放弃，不是消极对待，更不是人云亦云，而是在教育的过程中，牢记最初的梦想。在构建理解型师生关系的过程中，坚持一种爱的关注，一份包容和理解，一份育人的责任，一种教育的追求，纯粹而不枯燥。

"案例是教学理论的故乡"，通过案例来学习教学理论是中小学教师学习教学理论的重要形式和基本特点，没有案例支撑的干巴巴抽象的理论内容是难以激发教师学习教学理论的兴趣和热情的。本书就是试图通过一个个生动形象的教学案例来解读新课程背景下有效教学的理论要点。

为了教师阅读的方便，我们以新课程的基本理念为导向设置了八个主题，围绕各个主题我们广泛地分门别类地收集、阅读、提炼、精选案例和故事，努力使每个案例和故事都能给人以启迪和教诲，当然，对于案例和故事的阅读与阐释见仁见智、重在自悟，任何以一家之言替代百家争鸣的做法都是狂妄与愚蠢的。本书中的"思考与感悟"也是站在一名读者的立场上，感之于心，发

之于思。我们敞开心灵，期待更多读者与我们共鸣、共商、共振、共享。我们需要彼此的聆听与彼此的开放。同样，对于案例和故事的理解我们也不能按图索骥、生搬硬套，否则难免有东施效颦、画虎类犬之失。研读案例与故事，其意义在于开启自己的教育的感悟力、生命的灵性以及对于课堂的独特的理解力。

在每个主题的最后，我们进行了小结，这个小结简明扼要又不失系统地阐明了该主题的理论要点，促进案例走向升华，从而有效地起到提高认识的作用。

——摘自《有效教学的案例与故事》前言

推荐书籍

《有效备课·上课·听课·评课》
作　　者：余文森等
出 版 社：福建教育出版社
出版时间：2010 年

推荐理由

　　很多家长说，你们当老师真好，备一次课以后就清闲了。他们都以为同样一份教案是适合每一届学生的，事实真的是这样吗？其实，隔行如隔山。不同学生的基础知识、经验、个性都不一样，不同的班级不一样，不同届的学生也不一样，所以教师每遇见一届学生都需要充分了解学生，尊重学生的原有知识与经验，顺应学生的自我发展，关注个体的差异，鼓励学生的个性，这样才能培养学生的创新意识和自我探究的学习能力，提高上课的有效性。教学的有效性是所有教育教学改革的共同追求，任何教学改革都是为了使教学更有效，都是为了使学生发展得更好。如何才能提高上课的有效性呢？或许你能从《有效备课·上课·听课·评课》这本教育专著中得到启示。这本书的核心内容就是提高上课的有效性，使阅读者受益良多。

推荐人：陈燕辉

《有效备课·上课·听课·评课》读后感

陈燕辉

一位教育家说过，教师的定律，一言以蔽之，就是一旦你今日停止成长，明日你就将停止教学。身为教师，必须成为学习者。"做一辈子教师"必须"一辈子学做教师"。教师只有成为学生，才能与时俱进，不断以全新的眼光来观察和指导整个教育过程。广大教师只有牢固树立终身学习的理念，才能创造性地开展教书育人工作。

出于课题研究和个人业务成长的需要，最近我利用课余时间阅读了"有效教育丛书"之《有效备课·上课·听课·评课》，阅读至"备课篇"时，我深有感触，有种豁然开朗的感觉。

新课程理念下的课堂教学应该是师生共同建构的，它强调以学生为本，让学生在合作互助中学习，特别关注学生的主体要求，尊重学生的原有知识与经验，顺应学生的自我发展，关注个体的差异，鼓励学生的个性，培养他们的创新意识和自我探究的学习能力。那么在新课程下我们应该如何了解学情呢？

新课程理念下学生不再是知识的容器，而是知识的自主习得者。面对知识更新周期日益缩短的时代，教师必须彻底改变过去那种把教师储藏的知识和传授给学生的知识比为"一桶水"与"一杯水"的陈旧观念，而要努力使自己的大脑知识储量成为一条生生不息的河流，筛滤旧有，活化新知，积淀学养。一个教师，不在于他教了多少年书，而在于他用心教了多少书。

"对牛弹琴"这个成语故事大家都很熟悉，琴声非常动听，可牛依然埋头吃草，根本不理，就像没听见一样。现在很多教师上完课之后也经常说学生在睡觉，听不懂，上课就像对牛弹琴。其实不是"牛"愚钝笨拙，而是"琴师"不了解"牛"。教育也是如此，所以在备课的时候要了解学情，了解学生原有的知识状况和学习能力，了解学生的兴趣和愿望，把教学定在"最近发展区"，同时要把教材与学生的生活经验和情感体验结合起来，使教学充满生活气息和生命活力。

教师在备课时没了解学情，自以为是、一厢情愿、按部就班地实施教案，不仅会导致教学效率低下，还会出现令人尴尬的局面。在面对学生有意无意与教师作对，使教师创设的情景，无"情"亦无"景"，十分尴尬时，教师应及时对自己预设的方案作出相应的调整。恰当地选取教学环节，顺学而导，把学生现场生成的学习资源转化为掌握新知识的背景。从学生的实际出发而不是一厢情愿地设计教学过程，让学生在观察、思考、分析、讨论中学习，最终获取新知识。这就要求教师在备课时要了解学情，多思考学生的反应，多设计应对方案，这样就不会出现僵在课堂上的局面。

不可否认，"有效教育丛书"并不是在空谈素质教育，而是根据实际情况在告诉我们如何成为一名真正能发挥自身价值的教师。读过备课篇之后，我深刻地认识到作为一名工作在教育第一线的教师，平时应该多读课本以外的优秀书籍，以充实自己的生命养分，丰富自己的人生阅历，拓宽自己的知识视野，加快自己的成长速度，开拓自己的成才机会。唯有如此，教师才有可能优秀，也才能应对和管理好教室里几十个变化复杂的心灵世界。

推荐书籍

《让学生都爱听你讲——课堂有效管理6步法》

作　　者：［美］佩奇
译　　者：屈宇清、咸佳彩
出　版　社：中国轻工业出版社
出版时间：2010 年

推荐理由

　　你是否担心自己的课堂上发生这样的情景：学生又在做小动作，学生又在交头接耳，教室的一角嗡嗡之声又起……面对这种情景，你该怎么办？视而不见？怒目相视？大声呵斥？把学生"请"到教室外？又或暗自伤心垂泪？现在，只要你"略施小计"，灵活地把佩奇在《让学生都爱听你讲——课堂有效管理6步法》一书中介绍的课堂管理方法应用到你的课堂，你的课堂就会发生根本性的变化，学生都会爱听你讲。

　　《让学生都爱听你讲——课堂有效管理6步法》一书的作者不仅曾做过一线教师，而且在成为大学教授后也坚持与一线幼儿园及中小学教师合作，搜集、整理了无数教学案例，从中提炼出本书所介绍的课堂有效管理6步法，方法虽简单却非常实用，值得深受课堂管理困扰的教师们参考使用。

推荐人：庄少青

让学生都爱听你讲

庄少青

一个偶然的机会，我拜读了佩奇的《让学生都爱听你讲——课堂有效管理6步法》，一开始我仅是被书名吸引了，而研读之后我却有了很大的收获，对于课堂纪律方面的管理也有了更深刻的认识。

佩奇用浅显易懂的文字，以自己20多年来切身的教学体验，如述家常地总结出简单而又实用的课堂管理策略6步法，包括教师要熟知并使用学生的姓名；要避免提出匿名或悬空的问题；要用语严密而专业，不拖泥带水，不单调乏味；要清晰明确地表达指导语；要善于应用恰当的提醒和暗示；要增进课堂的互动。下面是我阅读之后的一点个人感受：

一、促进积极课堂的产生，让学生感到安全是前提

几乎每一个感到沮丧和苦恼的教师都向我抱怨过课堂的混乱和学生的可怕。可是，当我告诉他们不过是由于他们自己没有促使课堂足够积极而导致问题发生时，教师们却感到震惊并心存戒备。其实，解决问题的真正前提是：并非学生真的很糟糕，而是教师必须要促进积极课堂的产生。

——佩奇

这是该书导言里面的一段文字。如果我没有读过这本书后面的内容，光看这段文字，我也会像其他教师一样，觉得佩奇的观点有所偏颇。我和同事聊天的时候，总把课上不好归因于学生自身的不愿配合，因此做出扰乱课堂秩序的行为。然而，本书告诉我，真正的状况却是学生在我的课堂中，感到不安全。佩奇认为，只有学生和教师都能在课堂中感到安全，教学才能稳定有序地正常进行。因为当学生感到不安全时，他们是不能学习的。同样的，当教师感到不安全时，他们也不可能教学。作为一名教师，如果我们不能制止脱离教学主题的交谈、大笑等无序的课堂的产生，那么将会造成学生的信任缺失，也会妨碍我们自身正常的教学和学习活动。所以，当课堂出现问题的时候，我们不应该

把问题单一地归因于学生的行为不当，而应该更多地从自身的教学方法、课堂管理等方面找答案，努力促进积极课堂的产生，给予学生安全感，建立学生对教师的信任度，从而提高教学效果。

二、了解和使用学生的名字是建构积极课堂的关键

如果一个学生感到自己就像是被隐姓埋名了一样，或者与教师及其他同学没有什么联系，他就很容易出现随意的不良行为；如果一个学生感到自己与教师及其他同学有关联，他扰乱课堂的几率就会小得多。

——佩奇

这一点在我第一次上公开课的时候就有较深刻的印象，一位有多年教学经验的教师告诉我，在课堂点名的时候，不要使用号数，而应该叫学生的名字，这会使整个课堂更加有人情味，同时也会提高学生的参与感，或者像作者所说的——安全感。

三、恰当的问题和明智的课堂用语是积极课堂的灵魂

悬空的和匿名的问题——无论它们是哪种类型的，也不管它们是低水平的还是高水平的——只会导致学生大喊大叫、分心、烦躁、注意力缺失、混乱、走神和学无所获。

——佩奇

悬空的问题，是指教师没有指向在场任何人的问题。问题就悬浮在那里，等待某人来回答。而匿名问题就是指使用了匿名代词提问的问题。这两种问题，都给了学生机会——无秩序地回答问题，不尊重别人。更糟糕的是，这些问题，也使那些比较安静的不够自信的学生产生了被抛弃感——因为他们并不能像其他同学那样迅速地找出答案。这会扰乱学生学习的归属感。为了避免或者弥补这种破坏性的情形，佩奇认为教师应该在提问前，先告知学生自己的提问策略：如直接叫名字或是先举手然后再叫名字，或者是在叫名字的同时提出问题。但有一点是需要注意的：要确保学生知道该问题教师至少会请两名学生进行回答或补充回答。因为这不仅能够让学生更加专注于教师所提的问题，也会使学生在听别人答案的时候进一步思考。

　　枯燥的、缺乏兴趣和活力的课堂是不会产生有效学习的；它不过是滋生混乱和破坏的土壤罢了。口头禅会使讲话的速度大打折扣，随后又会影响到课堂的活力和节奏，导致学生注意力缺失，并且把精力投入没有成效的和干扰性的活动中。

——佩奇

　　口头禅不仅会打断教师自己的讲话思路，还会使学生感到无聊，从而导致不良行为的产生。因为对于学生而言，这是一种表明教师焦虑、胆怯、疲惫、不够自信的信号。这一点使我非常震惊，因为在我听过的课中，极少有教师是没有口头禅的，我在课堂上也有不少的口头禅。作为一个听课者，会明显地感觉到啰唆。作者研究发现，口头禅除了浪费课堂时间外，还打乱了教学节奏，学生听得累，教师教得也累。为此，我们应该避免过多地使用类似"噢""好的"和"对吧"这样的口头禅，在提问时候，也要注意不要频繁地使用"同学们"这三个字。

　　在教师中还存在一个很普遍的问题——使用非专业化的课堂用语。它削弱了教师在课堂的领导地位，也使其职责变得含糊不清。

——佩奇

　　教师的专业形象是很重要的，研究表明学生需要、想要和期待的是一个能够引导他们并且能确保课堂安全和没有干扰的教师。教师并不是学生的同伴，学生也不想让教师成为他们的同伴，教师是他们的领导者。因此，教师的言谈举止一定要像一个领导者，这就要求作为教师的我们在课堂上需要使用专业的课堂用语。只有这样才能让师生产生互相尊重的效果。与此同时，还要注意不要和学生太亲密，学生该尊重教师的时候必须按要求做到。如上课举手，要得到教师批准才能讲话，要立正、眼睛看着教师作答，绝对不能允许学生在课堂上乱讲话。

　　在课堂上使用文明用语。在课堂上利用语言创设这种安全环境的一种最简单的方法就是通过你自己的言行来教授学生如何形成文明行为。

——佩奇

　　佩奇认为，要创设一个文明环境，教师应该经常把"合作""感激"恰当结合"谢谢""请"使用。因为只有你很有礼貌地和学生讲话，学生才有可能学会尊重你，才有可能减少他们在课堂上面做出捣乱行为的机会，师生才有可

能做到相互尊重。

四、总结

这本书还阐述了教师要给出清晰的指导语的必要性和具体的方法，深入讲述了教师在促进积极课堂时需要听清楚课堂的"心跳"，在面对学生不想回答问题或出现捣乱行为的时候，可以怎么处理等内容。它让我知道了一名新教师在教学管理过程中容易出现的误区和缺陷，它提供了有用的建议和方法。它让我知道：制止课堂骚乱没必要大喊，只需站在教室面前，和学生一个接一个地进行眼神交流，这是沉默不语的力量。为了使参与小组活动的学生把注意力转到课堂统一教学上来，只需要走到每个小组的学生跟前要求他们安静下来即可。

当然，这本书里面的方法未必完全适用于所有人，但是，我相信只要结合自身实际，融会贯通，取长补短，这些方法是能为我们的有效教学提供帮助的。

推荐书籍

《高效课堂八讲》
作　　者：刘金玉
出 版 社：华东师范大学出版社
出版时间：2010 年

推荐理由

　　洋思中学副校长刘金玉所写的《高效课堂八讲》一书，是他多年来进行的教学管理工作的智慧结晶。本书阐述了高效课堂的追求、目标、指导思想、操作策略、前提、关键、基础和保障，全面客观地揭示了现代高效课堂形成的内在机制以及实现高效课堂的有效途径，是中小学教师、校长以及各类教学研究人员培训的优秀教材。

推荐人：胡亚伟

"先学后教，当堂训练"，
让高三语文讲评课更加高效

胡亚伟

初登高三语文讲台，每天被铺天盖地的练习题包围，教师忙于将其"毕生所学"的知识点和方法技巧全盘传授给学生，而且坚信只要学生认真听讲和完成作业，其学习成绩一定能如人所愿。如此这般，课堂容量大，密度紧，节奏快，学生却只是被动地承受着教师的知识风暴，课下由于课堂上收获甚微而面对同类题目时依然一筹莫展，中下层学生的厌学情绪和作业困难接踵而至。即使是基础良好的中上层学生能够勤于笔记、消化知识，但也未能真正实现知识向能力的转化提升，学生仍不知自我知识的掌握情况与自己下一步突破的方向和提升目标。当然我们也看到许多教师在课堂上不惜花费大量时间频繁提问学生，想通过个别学生的只言片语了解学生的知识掌握情况，结果大部分看起来"繁华热闹"的课堂场面，其实只是上层学生与教师的片面对话。

这样的讲评课堂，其实就是洋思中学副校长刘金玉在《高效课堂八讲》中提到的低效甚至无效的课堂。这样的教学违背了"坚持一切为了学生"的课堂教学思想，忽视了学生实际，违背了高效课堂"教不会的、会的不教"的教学原则，也违背了课堂教学的"有序性"原则，与人类自我进步、自我发展的"发现问题—分析问题—解决问题—运用问题"规律相悖。在《高效课堂八讲》第三讲中作者明确提出影响课堂效率的最根本、最核心的问题就是课堂教学之"假"——"假教"与"假学"现象充斥着整个课堂。

以高三语文论述类文本阅读的讲评来看，其阅读方法和答题技巧已经在高一和高二的教学中讲过了，并且在高三一轮复习课中也做了全面完整的归纳复习。但按照以往模式的讲评，首先课下的练习只有少部分学生能够勉强完成，而且多半是在夜修等时间中仓促地完成的。待到课堂讲评，教师和学生基本满足于参考答案的对照，大部分学生没有认真地阅读和规范地作答，这样教师分析讲解得再详细、再充分、再到位，学生的学习效率依然不高，下一次检测的成绩依然没有丝毫改观。面对课堂上一片迷茫无助的眼神，在考后痛批学生之后，教师还不一定知道：不是学生不会听课，是学生没有做好听高效课的准备，教师也没有准备好高效课所需要的一切。"假教"与"假学"便是导致如此尴尬处境的"罪魁祸首"。

那么，应该采用什么样的教学策略来改善低效课堂，实现真正的"打假"呢？我觉得作者提出的"先学后教、当堂训练"是我们解决课堂低效问题的金钥匙，引发了我对高三讲评课模式的一点思考。

"先学后教、当堂训练"是一种崭新的学习方略，它彻底改变了传统的"先教后学"的教学模式，它自身具有几个基本特点：过程、课堂表现的真实性、紧张和有序性。结合高三的复习实际，就是要让高三学生的复习真实、紧张而有序，以此来实现真正的高效复习。

其一，追求教师和学生课堂表现的真实性。"先学"是教师直入主题，提出学习目标，提供学习策略，走进学生、巡视学生、观察学生，适当点拨，通过汇总和统计发现学生存在的真问题。比如说论述类文本阅读，这样的"先学"可以安排一个课时（两篇阅读练习），完成初期基本的阅读后收回学生练习卷，教师对学生答案进行简单分类和归纳，明确下一课时的讲解重点和难点。"后教"便是教师不立即讲解，而是积极引导学生自己先解决问题。比如可以通过学生互评答案、小组讨论解决简单问题。教师最后解决的是学生普遍不会的问题和难题，要做到及时、到位、准确和有针对性。然后紧接着在课堂上进行同类型的题目练习，让学生实现知识迁移，"当堂训练"确保了课堂检测的真实性和准确性，达到了举一反三的高效率。

其二，要让学生紧张起来。紧张但不能慌张，课堂上要适度紧张，学生的注意力才会更集中，思维才会更活跃。比如高三的讲评课复习中，文言文阅读、诗歌鉴赏、论述类阅读和实用类阅读等都需要耗费很多时间，而做题时间却很短。这样的课堂节奏是较快的，不仅要实现初次的自我学习和与同学的合作学习，还要在教师的指导后完成当堂练习。所以，教师在时间安排上一定要谨慎。除此之外，这样的课堂也锻炼了学生的做题速度，这对于高三应考来说无疑是非常实用的。

其三，实现有序。正如书中所说，"先学后教、当堂训练"的教学模式最大限度地让学生暴露了自己的缺点和不足，以找到自我的突破点，对症下药。许多教师在讲评课的初学阶段就急于求成，按捺不住，不敢放手先让学生错，苛求学生一次性写出跟参考答案差不多的答案，这样无疑会打乱这种模式的有序性，当然也会很大程度上影响课堂有效性。所以遵守"个体研究—有问题—集体研究—解决问题—个体反馈—集体解决"的顺序，才能充分发挥学生的主观能动性，调动学生个体学习的积极性，促进个体的发展提升。

作为一名教师，我们常常把学习之前的学生看成一张张的白纸，希望能用自己智慧的画笔描绘出一幅幅成功的作品，其实这是对学生主体性和创造性的忽视。只有教师在课堂上放得开，运用"先学后教、当堂训练"的教学模式，"全过程让学生学、让学生读、让学生思、让学生实践、让学生自己去发现问题，研究问题，解决问题"才能既提高教学效率，又培养学生的学习创新能力。

江苏洋思中学教学模式：先学后教、当堂训练

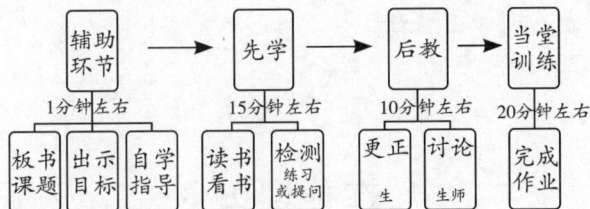

江苏洋思中学三清运动：堂堂清、日日清、周周清

堂堂清：要求学生课堂上必须尽力完成相关的学习任务。

日日清：对课堂上完成的练习，教师在课后及时批阅后，对出现的问题及时找相关的学生进行个别辅导。

周周清：每个星期的周末，对部分学生的一周学习情况进行检查。

推荐书籍

《为思维而教》
作　　者：郅庭瑾
出 版 社：教育科学出版社
出版时间：2007 年

推荐理由

　　当今教育最为深刻的危机之一，就在于知识占据了至关重要的地位，培养和塑造"知识人"成为根深蒂固的教育理念。《为思维而教》一书从另外一个角度系统阐述了教学的核心不在于知识数量的多少，而在于如何用于实践，从而从根本上改变教学方法。

推荐人：唐林

读《为思维而教》有感

唐　林

"当今教育最为深刻的危机之一，在于知识占据了至关重要的地位，培养和塑造'知识人'成为根深蒂固的教育理念。然而真正重要的不是知识数量的多少，而在于能否找到有用的知识，是否善于运用知识。"这是摘自《为思维而教》的一段话，也是让我最深有感触的一句话。从踏上讲台到现在，越发感觉到每一届学生的学习能力都在不断减弱，学习缺乏主动性。在教学之余我总在问自己一个问题，我到底教会了学生什么？如果以后我有了孩子，该让他去接受一种怎样的教育？这个问题很大，涉及了中国教育的体制，不能因为一些问题而否定中国教育，但我想的是，在中国这种应试教育体制下，我们是否可以做一些事情，让学习更有效率，让学生更有能力，让知识不再局限。

《论语》里记载着孔夫子这样一句话："学而不思则罔，思而不学则殆。"千百年来，教与学的歧途无非这两条。孔子一语道破天机，但就中国目前的教育情况来看，在"不殆"做足了功夫。直到今天，大家谈教育，谈创新，但谈这谈那，总是绕不过"罔"字。在上学期我用大量时间读了《为思维而教》，获益匪浅。

我国教育有好的传统，在基础知识、基础技能训练上积累了大量的经验，但是受应试教育的干扰，考什么教什么，教什么背什么的教育模式一直传承至今，传授知识和接受知识几乎成为学校教育的唯一目标。听话顺从的"乖孩子"时时以应试为目的，反复的练习、盲目的抄写、无休止的记诵成为教师和学生奉如神明的教育方法，许多学生在复习之余首先想到的就是看笔记，接下来想着的就是如何把笔记里面的内容背得熟练。在课堂中，教师也习惯了近乎"独白式"的教学，学生的声音几乎没有，没有师生的互动，也就没有了学生思维的主动发展。为思维而教的教学方式必须打破传统的"教师独白"而走向教师与学生的"对话"，由"独白式教学"走向"对话式教学"。

"对话式教学"就是教师不断地询问学生对某个问题的解释，使学生处于思维的应急状态并迅速地搜寻解题的策略。在对话和思维的关系上，人们一般认为是思维产生了对话，而事实上是对话引发了思维。这种教学模式也是我在上学期一直在探索的教学模式，通过不断的对话，学生会认真倾听，并做出自己的判断，进而形成自己的观点。

以我评讲的一道练习题"评价一条河流的航运价值的自然条件"为例：

师：告诉我本题的关键词。

生：航运价值、自然条件。

师：那如何判断河流"航运价值"的高低？

（此时部分学生就出现了一定的困惑，主要体现在知识层面的困惑，感觉抓不住关键东西，此时就需要教师的引导）

师：有的同学不能把握这个问题，那我们先不谈这个问题，我们来一起探讨一个简单点儿的问题，你觉得什么样的河流适合航运？

生：水要深、河要宽，径流量大，不会结冰，含沙量小。

师：那同学们想想你们给出的答案是在说什么知识点？

生：水文、水系特点。

师：那我们回到刚才那个问题，如何判断河流的"航运价值"的高低？

生：分析"水文、水系"的特点。

师：那同学们现在整理自己的思路，并且自己分析，给出你们的答案。

师：那同学们整理了自己的答案之后，是不是就把你们分析的内容全部写上去？是否还有我们没有注意到的东西？

生：题目要求"评价"，要注意分有利条件和不利条件。

师：对，这就是最后一个关键的东西，那我现在要求你们做一件事情，整理刚才我们解决问题的思路，并告诉我以后做题应该注意什么？

生：要注意审题，一看答题要求，二看关键词。

师：那找到了关键词怎么做？

生：结合知识点，仔细分析，找出题目要求的答案。

这次对话过程是我给学生讲解这道题的完整过程，一道题花了将近十分钟，但是我感觉到这十分钟花得很值，比再做两道题都更有效率。在这个过程中，学生的大脑始终处于一种思维状态，所有的答案都是由他们自己给出的。并且在这种思维过程中，许多学生的解题思路变得更加清晰准确。在这种对话过程中，教师始终处于引导的位置，真正的重心都在学生的自主思考上。

典型的"对话式教学"就是孔子及西方教学所倡导的"启发式教学"，启发式教学的本意，在于调动学生的积极性，培养其独立思考、创造性思维的能力。"不愤不启，不悱不发"是对启发式教学的经典论述。这要求教师对学生

进行启发要掌握最恰当的时机，要等到学生将要想出来而还没想出来、想要说出来而又没能说出来的时候，加以启发。以《论语》为例，里面几乎全是用"对话"方式进行教学的。

当然对话式教学不是简单的师问生答，对话式教学的真正落实，很大程度上取决于教师对这种新型的教学观念的理解和把握，以及教师本人的教学艺术水平。一些教师并未充分认识"对话式教学"，认为只要有提问，有回答就可以了。一些简单的"是不是呀？对不对呀？"等没有营养的问题，并没有激发学生的思维，这种课堂只是教师刻意营造的一种师生互动的氛围，看似热热闹闹，但学生的思维没有真正展开。对话式教学实际上向教师的素质提出了挑战，需要教师在最恰当的时间，选择最合适的教学方法，在没有疑问的地方创设疑问，激发学生的思维，避免对启发式教学做简单化、片面化的理解。

一些浅见，不足以完全表达自己的想法，这也提醒自己在以后的教学中不断磨砺自己，不断提高自己的教学水平。

一个人的思维方式的形成，是多种因素共同影响的复杂的结果。这些因素包括教育的经历、训练的活动、他人的影响和个人的经验等。其中，教育的经历对于人的思维方式的影响尤其不容忽视。然而，教育恰恰在这一方面并未赢得社会的认可与信任。这些年来，社会各界对于国人的创造能力的深重忧虑，以及继而引发的对于教育培养人的创新精神的集体诘问，实际上是对我国教育在今天这样一个个性张扬创新凸显时代所遭遇的思维培养缺位或智慧养成乏力问题的全面清理。毫不讳言地说，那种以应试为中心的教育，在给我们的学生一代以爆炸性的知识积累的同时，确实没有给他们以相应的思维能力的养育和人生智慧的提升。知识技能的优越与人生智慧的某种缺失可谓今天的精英学子集体性的素质特征。从这个意义上说，在反思他们身上表现出来的性格与行为缺失的同时，更有必要反思我们的教育。

——摘自《为思维而教》

推荐书籍

"思维导图"丛书

作　　者：［英］东尼·博赞

译　　者：张鼎昆、徐克菇等

出 版 社：外语教学与研究出版社

出版时间：2005 年

推荐理由

　　半个多世纪前，东尼·博赞发明思维导图，由于它能提升思考技巧，大幅增进记忆力、组织力和创造力，展现个人智力，很快就在世界各国的企业培训和教育方面得到推广和运用。思维导图作为帮助学生认知的工具，在美国的高中教育中得到了广泛的应用，从《美国国家教育技术标准》所提供的教案范例和软件资源目录中也可以看到许多优秀教案都使用了思维导图。预计未来，思维导图在教学中必将得到更加广泛的应用，也必将更加深入到教学的各个环节。在国内，就目前来看，关于思维导图的书籍不下十种，并且年年有新的图书出版，我所推荐的这套丛书共 6 册，包括了大脑使用说明书、激发身体潜能的 10 种方法、唤醒创造天才的 10 种方法、获取精神力量的 10 种方法、磨砺社交技能的 10 种方法和提高语言智能的 10 种方法，非常适合学校师生阅读使用。

推荐人：蔡建炼

高中数学思维导图教学模式的探索与思考

蔡建炼

一、教学的困惑

在八年的高中数学教学实践中，我遇到过许多问题，令人困惑，百思不得其解。虽然也曾试图解决这些问题，但收效甚微。例如：

（1）教师运用不同方式讲解数学中关键的概念、定理、规律，学生多表现为当时明白理解，但过后其认识就模糊不清，甚至很快遗忘。

（2）面对繁重的学习任务，有些学生对学习产生了厌恶情绪，教师怎么说就怎么做，教师不说，就不知道该怎样学习，自主学习能力差。对所学知识不反馈，不整理，不质疑，知识点之间的关系凌乱，缺少对知识的整体认知。

（3）很多学生能解决熟悉的问题，面对新问题却无从下手，缺乏运用知识的能力和创造性思维。

究其原因，高中数学知识面广，涉及内容多。许多学生感到数学知识零散繁杂，很难理清知识间的线索以及它们内在的联系。因此，他们只能将数学知识杂乱无章地堆放在头脑中，不会应用。我想，有没有一种教学模式能把数学知识有序组织起来，提高学生学习效率，培养学生良好的思维品质呢？带着这些困惑，我开始进行长时间的思考，全方位收集中外资料并进行研究分析，从教育理论、学习理论的角度出发，不断地审视、研究这些问题。

二、新的理念，新的尝试

一个偶然的机会，我拜读了东尼·博赞的有关思维导图的三本书：《思维导图——唤醒创造天才的 10 种方法》《思维导图——大脑使用说明书》《思维导图——提高语言智能的 10 种方法》，深受启发，犹如醍醐灌顶，豁然开朗。

我看过《学习的革命》中对思维导图的论述，并对书中介绍的方法进行了尝试，但没有脱离知识树的框架，这些相关书籍和我查阅的资料，使我的想法有了理论的支撑，我要把我的高中数学思维导图模式的教学设想变为现实。

思维导图（mind map）是英国著名学者东尼·博赞（Tony Buzan）在

20世纪70年代初期创立的一种新型笔记方法。它以放射性思考为基础，是一个简单、高效、放射性、形象化的思维工具，能够全面调动左脑的逻辑、顺序、条例、文字、数字以及右脑的图像、想象、颜色、空间、整体思维，使大脑潜能得到最充分的开发，从而极大地激发人们的创造性思维能力。

我接触思维导图有两年了。这两年来我断断续续地看了一些相关理论，对书中的理论有了一定了解。我对导图的研究主要是以下两方面。

（1）就个人而言，先定位好自己。工作八年，早已过空想的年纪，对我来说当初看到导图时，确实激动了一阵，感觉好像捡到了一本绝世秘籍般，研究了一个月，画了几张图后，就抛弃了很多不切实际的想法。我明白，导图只是一个工具，一个能帮助我记忆、理解、整理、创新（我基本没做到）的工具。首先为了更好地对我的职业有帮助，我用导图去画各种新的教学理论和方法。记得我们学习其他学校成功的教学模式时，学校先给每位教师发了一本厚厚的材料，我一看就有点头晕，为了尽快整理出不同教学模式的理念核心，我先大致通览了一遍材料，然后对材料里每篇文章都用导图画出，就这样勾勾画画（我画导图基本只有曲线、圆圈、箭头几种最简单的图，三种颜色笔——铅笔、红蓝色圆珠笔），一周后我发现材料里面的多数理论和细节我都能记清，而且最令我高兴的是，理清这些理论的同时，竟然还"自动"与我们学校的某些教学做法结合，产生了不少新的教学思路。当然这些思路能不能实用，还要在工作中去验证、修正、改良。所幸，某些思路效果还可以，毕竟成功的教学模式照搬不行，得和本校实际环境相结合才行，当时我想，是不是使用导图就很容易创新呢？后来沉思了几天，我感觉应该是这样的，导图帮助我记忆、整理教学理论，同时我在画图的时候，脑子会不自觉地去考虑实际情况，两相结合，才产生某些新想法。就算我不用导图，而是用最笨的方法去学习、整理那些理论，我估计学完、理解那些教学理论后也能产生某些想法，所以这次导图的使用，最大的功效就是帮我记忆、整理。在画完导图后，还得多拿出来看看，如果画完就放到一边，结果估计和不画差不多，所以使用思维导图重点在"使用"上，画完导图后怎样使用才是最关键的。我说的使用，是指自己用，别人可能看不懂。我当时画完那些图后，曾经给我一个同事看了一下，他就说画的是什么鬼画符啊，不过我却感觉很清晰明白，毕竟是我亲手画的，记忆深刻。画完导图后隔2小时看一次，隔一天再看一次，两次就能把内容记得很牢固，也就把短时记忆转成了长时记忆，而且这时候会看得很快，几分钟就能快速看一遍，甚至不到一分钟就看完一张。要是画完以后就放在一边，等过了几天再看，也许我也觉得像鬼画符了。

除了本职工作外，我还有其他爱好和兴趣，比如看易中天讲《帝国的惆

怅》，我对里面的很多看法很感兴趣，但合上书后，发现我大致能明白他说的东西，但是口述不出来，也写不出来。于是我就用导图去分析，效果还可以。总而言之，我个人用导图，最大的感受就是两方面，一是觉得比以前记忆得要快，要牢固。二是很有条理。可能和我研究的浅有关，其他的功能我没体会到。

（2）就学生而言。虽然我自己基本不画高中数学的导图，但我一直让我的学生用导图，过程中碰到很多例子，毕竟学生很多，各种情况都会出现，可以让我从很多方面去思考，下面举几个典型例子。

在实践过程中，我教学生用导图，不是全班都用，每次我都是找 2～4 个层次不同的学生去试做。在我想来，思维导图肯定是因人而异的，如果要求全班使用，效果肯定不会理想。每次就几个学生，让学生从心理上感觉挺神秘、有用，要是全班普及了，最后能坚持下来的恐怕没有几个，我下面的例子恰恰验证了这点。

对等差数列前项和的最值问题有两种解决方法：

①利用 S_n：由 $S_n = \dfrac{d}{2}n^2 + \left(a_1 - \dfrac{d}{2}\right)n$，利用二次函数配方法求得最值时 n 的值。

②利用 a_n：当 $a_1 > 0$，$d < 0$，前 n 项和有最大值。可由 $\begin{cases} a_n \geq 0 \\ a_{n+1} \leq 0 \end{cases}$，求得 n 的值。

当 $a_1 < 0$，$d > 0$，前 n 项和有最小值。可由 $\begin{cases} a_n \leq 0 \\ a_{n+1} \geq 0 \end{cases}$，求得 n 的值。

利用这一问题，第一次让学生学习导图就失败了。我找了两个学生，一个水平中等偏上，一个中等偏下，用了两节晚自修课的时间教他们怎么画导图，但只是告诉怎么画，原理没说，因为短时间说教他们也不明白那些理论，也没兴趣。当时跟他们说好一周检查他们两次，我给他们指导，提建议。结果就坚持了两周，之后学生就流于形式了。什么原因造成这种结果呢？惯性！学生有个巨大的惯性，每天主要的任务就是做作业，似乎做不完作业就是没学习一样。这个惯性太巨大了，当时我们班从班主任到各科教师聚在一起商量办法，效果却不理想，不管什么方法，不到一个月，学生就会恢复那种为做作业而奔波的惯性。所以说全班进行思维导图训练，一是风险大，二是多数人坚持不到几天就开始忙于做作业。

第一次失败后，我很丧气，很长时间没再起这个念头。大约过了半年时间，我又一次在网上看到思维导图的新闻，心中再次热起来，而且这段时间我心里也在断断续续地思考和总结原因。我明白了两点：一是每次还是只能找几个学生，多了不行；二是必须让这几个学生从心里改变以作业为主的状态。想清楚这两点后，我再次行动了。这次找了两个学习刻苦、老实、思想单纯的学生，我对他们说，你看你们一直很努力，结果这么长时间了，成绩却没有多大进步，你们的排名稳定在班里 35 名左右，而我们学校每年每班考上本科的学生一般就 30 个人（不算复读生）左右，这几年虽有上升趋势，但你们觉得这样下去你们能考上本科吗。他们说可能性几乎为零，然后我又一番鼓励，他们俩决心按我说的做。当时我就想：只要按这种方法能提高成绩，就会快速增加他们的信心，成功了我就可以在班里推广，这样有说服力；要是失败了，我负责联络其他教师把他们这段时间落下的作业补上。

就这样我们开始了思维导图的学习使用，一周我检查三次，过了近三个月，本年度期中考试来临，我在担心、信心等诸多心情下度过了监考、阅卷的几天。成绩下来后，他们俩的总名次在班里上升到了 20 名左右（学生应该明白，这个成绩其实进步不算快）。我很高兴，他们的数学也考及格了。我兴冲冲地把他俩叫到办公室询问情况，结果令我哭笑不得：他们说，他们不但数学学习使用这种图，其他几科也尝试着使用了，结果发现历史、地理运用导图效果很好，数学和政治却没觉着怎么好。我又郁闷了，后来想了想，历史和地理比较偏重记忆，数学和政治更侧重逻辑。于是我仔细看他们画的导图，然后询问他们对导图中的联系，结果他们说得很差。我的猜想证实了，他们做导图还是停留在记忆、整理层面上，没能进一步在解题能力上去深入。我教给他们的总结法，他们只是很好地完成了第一步，第二、第三步几乎没进行，我也忽视了这方面的检查。这是我的第二次教训。

我又重新跟他们解说那些法子，然后继续跟进观察了接近三个月，他们才把习惯稳定下来，最终的结果是当年期末统考中，一个是 12 名，一个是 19 名。他们的成绩越到后面越好，我觉得这个例子还算是成功的。

导图学法不是不见效，而是后续动作必须跟上，就是说导图见效的关键不在怎么画，而在怎么用！

三、新的教学模式，你准备好了吗

下面我把我在高中数学教学中如何采用思维导图谈谈自己的一点想法：

先肯定地说一句，思维导图的教学模式对数学有用，而且有大用，但会画导图了，短期内不一定能出成绩。以后如何用导图更重要。

数学的学习要先经历三个阶段：学习、理解、记忆新内容，然后再做题巩固新内容，把新内容总结、归纳到旧的知识体系中。

有同学说，我画导图一个多月了，怎么没见成绩提高啊？这是因为很可能你只是在使用导图的第一阶段——学习、理解、记忆新内容，这个阶段使用导图最大的作用是帮助记忆更快更有条理，但对做题能力提高甚微。说实话，这个阶段就算不用导图，而只是多重复几遍，两者所达到的效果也差不多。当然，大家也看出来了，虽然没能对解题能力有多大提高，但毕竟缩短了记忆的周期，无形中节省了时间，而且更能把知识有条理地内化在大脑中。

知识光有条理还不行，还得尽快把它用在解题上，以及解题后的总结归纳上。那怎么解题、归纳、总结（就是我上面说的第二、第三步）？我是这样解决这个问题的：

如等差数列基本概念这节，教师讲完新课后一般会布置一些练习题，学生就按以前的路子去做，可能里面有不少不会做的题目，不要紧，但必须把所有题都做一遍，不会做的也要想一遍，然后等教师上课讲解，认真听，课后做本小节的总结。那总结怎么做？下面列出我实验了一段时间而且也有成效的总结内容：

（一）总结本小节基本知识

（1）总结本节内容。一小节一般内容很少，就用思维导图来画这些内容，一般很快就会画完，这是本节第一次用导图，其他的如预习和听课先不要用导图，等把总结内容熟练以后，再去画预习、听课（比如做笔记）方面的导图。

（2）基本题型，包括课本例题、习题、学案（试卷）上的题型，看起来多，其实就几种题型。比如等差数列基本概念这节，基本题型就是等差数列的基本运算、等差数列的性质及应用、等差数列与一次函数的关系、等差数列在实际问题中的应用这四种。用思维导图来画，发现画着画着就会跟课本知识，就是上面说的第1部分的导图开始交叉，毕竟基本题型都是依托课本内容的，简单画出这些基本题型的解决都用了哪些课本上的知识，就会不知不觉地为下一步解题能力做积累。

（二）总结基本能力

（1）计算能力的重要性不言而喻。现在的高考数学，很大一部分最终取决于计算能力的高低。那么到底总结哪些方面？刚做完一张试卷，而且老师讲评了，整个试卷的计算情况已经很清楚了，哪些题有哪些计算技巧，哪些题虽然会做，但是自己用的是一种很麻烦的方法，老师讲的却是很简单的一种方法。比如分离常数，分子有理化等等。归纳一下，计算能力可从下面这些方面总结：因式分解，分离常数，有理化，解方程（组），解不等式（组），通分（特别是带字母的分式通分），分式化整式，提取公因式，完全平方式。这些都是一些大方面，具体的各小节还有少量专有的计算技巧，比如数列里的错位相减等。很多同学都会这些解题技巧，关键是虽然会，但做题的时候不一定能想到，所以用导图总结（如下图所示），同时在心里对自己说以后应该怎样做，心理暗示的作用很大。

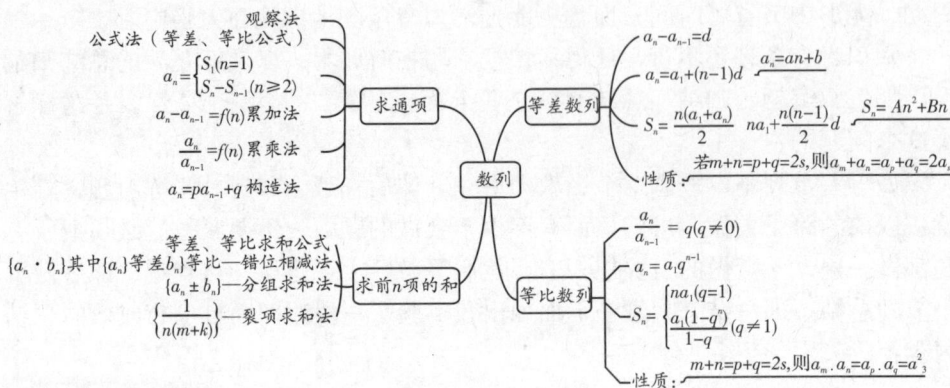

（2）解题能力重点。对于看过答案而且讲评完了的试卷，学生应该努力去想我怎么没想到这些？以后再做这类题我能否想到？然后画导图分析，直到分析出原因：是某部分不熟练，还是潜意识里没有这个解题思想？再次心里暗示。

（3）总结基本思想：这些题里面有哪些大致的数学思想，比如分类讨论，划归与转化等等，而且这部分肯定与解题能力有交叉，这种交叉，意味着知识点的综合，同样用导图简单画下，再次心里暗示。

做完这些后，下一节内容，还是这样做，坚持完一章或两章内容，学生就会发现解题能力跟以前不一样了。

我们的学生，再熟悉不过"书山有路勤为径，学海无涯苦作舟"的教诲了。我们会遇见一些学生，课也认真听，作业也独立完成，考试却依然通不过。对这类案例，人们的第一反应就是该学生学习效率低，是个书呆子。

目前，我们的大部分书籍是用线性文字表达的，我们在做学习笔记时也习惯于用线性文字来记录。但当我们需要"温故而知新"的时候，会发现传统线性表达的标准化笔记存在诸多弊端：大量文字埋没了关键词，阅读其中不相关的文字或在阅读中查找关键词浪费了许多时间；单纯的文字缺乏大脑兴奋

度，不能有效刺激大脑，不易于记忆。事实也是如此。我们课后翻看自己的笔记，往往要从大篇文字开始阅读，其中知识点的联系则要重新回忆和建立，大脑由此产生疲劳感，反把重要的内容遗忘。而用思维导图做的笔记，事后复习能很快地抓住知识要点，并能直观地掌握知识之间的联系。

四、反思和总结

（1）思维导图在教学中的应用，还是一种实验、探索，一定要引导学生接受、喜欢。尤其要坚持"以人为本，因材施教"的原则。

（2）思维导图的训练要注重过程、形式与内容的结合，不能急功近利。一些学生不愿意运用思维导图的原因是嫌麻烦。这不是思维导图本身有问题，而是教师引导有问题，教师急于让学生成图，结果加大学生负担，适得其反。教师必须根据教学内容对思维导图的应用进行调整。如何使思维导图与学科特色和学生个人情况相结合，这是我们教师首先要思考解决的问题。

（3）脑研究成果表明，大脑的有些功能虽是后天训练而成的，却存在各个功能所对应的关键期。因此，要取得好的效果，最好从入学开始，按年龄、分层次、不间断地进行。

（4）"教育工程的最终机理在于人脑的思维过程"，脑科学对教育很重要。但脑科学和思维科学在教育中的地位与作用并没有引起全社会的高度关注，这不利于"思维导图"的研究与实验。

（5）采用何种办法来验证思维导图应用模式的有效性是一大难题。由于思维导图的应用效果并不会立竿见影，而是需要很长时间才能体现出来，这中间的干扰变量相当多，为测量和评价增加了难度。针对中学教育的特点，建立一套完整、合理、科学，操作性强的评价体系，是该项目实施的难点之一。

（6）传统教学强调教师的作用，教师是教学的主体，学生是被动接受者。目前比较盛行的建构主义学习理论虽然提出知识是由学习者自己建构的，教师的作用在于为学习者创设合适的情境，但建构主义只是强调"教师对学习者建构的促进"，并没有针对"学生如何建构知识"给出答案。

在思维导图课堂实践的过程中，我深深地认识到：

"思维导图"是一种学习和思维的有效工具。它能够帮助学生将头脑中的想法外化在纸上，并用线条将其连接起来。通过这样的方式，训练和发展学生的形象思维和逻辑思维，从而培养学生的创造性思维。经过一段时间的实验，我们通过观察、作品分析、阶段测试等手段，对学生的思维品质、思维能力进行分析，发现学生的思维品质得到了优化，学生的思维能力，尤其是创新能力有了较大的提高。

利用"思维导图"引导学生学习的教学模式，解决了传统教学中一直难以解决的多方面的问题，能够明显地提高学生学习的积极性，受到学生极大的欢迎。同时这种教学模式符合新课标提出的要求，可操作性强，便于普及推广。

这种教学模式是以学生为中心的，教师把课堂交给了学生，而学生在课堂中的所作所为是教师难以预料的。教师的备课则由以前的"备知识为主"改为"备学生为主"，教师要随时准备解决学生出现的各种"突发事件"，这对教师也是一个极大的挑战。

同时，我也深刻地领悟到：任何一种教学模式都不是一成不变的，它需要不断地更新。从教学本身来说，要真正使学生的创造性思维能力得到培养和发展，重要的并不是运用哪种模式，不是给哪种模式取一个什么美称，而是教师要真正坚持一种思想和理念，并在这种思想和理念的指导下，朝着理想的目标，不断调整和改进自己的教学行为。我想，这种思想和理念应该就是：尽可能为学生提供自我创新、自我学习的空间，让学生主动参与学习，使其主体的积极性得到充分发挥，从而培养和发展其创新思维能力。

参考文献：

［1］珍妮特·沃斯，戈登·德莱顿. 学习的革命——通向 21 世纪的个人护照：修订版［M］. 顾瑞荣，陈标，许静，译. 上海：上海三联书店，1998.

［2］李源记忆心理研究室. 超级全脑快速学习法［M］. 吉林：延边大学出版社，2001.

推荐书籍

《读书别靠意志力》

作　　者：[德] 克里斯迪安

译　　者：庄仲黎

出 版 社：究竟出版社股份有限公司

出版时间：2009 年

推荐理由

　　本书是关于如何高效学习的方法的精华，由德国学习法大师克里斯迪安编写。作者在读大学期间就创立了与市场研究、信息科技计划相关的顾问公司，使他在毕业时不能有充裕的时间准备律师资格考试，于是整理出一套高效学习法，最终取得高分。作者将思维导图、快速阅读、麦肯锡方法等多种有效的学习和分析方法进行有机整合，以自己的方式条理清晰地阐述了如何应用这些高效的学习方法。其中，关于时间管理、信息整理、复习的意义及方法的讨论和建议对于每个学习者都非常实用，且操作性强，是一本非常好的学习方法与实践的工具书。它给予学习者一颗定心丸——学习或工作的成效绝不仅取决于天生禀赋或超人的意志力，使用正确的方法就可以实现。

推荐人：林晗

方法比刻苦更重要

林　晗

我们总会跟学生提到学习要讲究方法，但实际上，无论是教师还是学生，除了一些知识性的技巧，依然是以花大量时间勤奋努力地背诵和做题为主。偶然间，我知道了《读书别靠意志力》这本书，书名对我产生了极大的诱惑。我细细研读了一番，受益良多。

一、高效的笔记——思维导图

英语中有一句老话：If I hear, I will forget; if I see, I will remember; if I do, I will learn. 这句话揭示了两个道理：①视觉感官接收到的信息比听觉感官多，而多重感官最有利于信息的接收。②学习者对学习资料做越深度的处理，对于内容的记忆就越好。针对这两个道理，我们常常会要求学生在课堂中记笔记，而笔记怎么做，书中给了我们一个非常好的方法——思维导图（mind map）。

惯常标准的笔记是根据内容从大点再分小点，以线性的方式按知识点出现的先后顺序排列。但是这样记笔记，学生常常不自觉地将注意力放到如何排列内容上，而不是内容本身，且无法体现知识之间的关联，所以常常看到后面时，前面已经忘得差不多了。书中推荐用思维导图来替代传统的笔记方式。与传统笔记不同，思维导图是以关键词为核心的一种发散性图示笔记。主题在正中间，以此放射性地将其他内容以关键词记录，并用箭头标明知识点之间的关系。这样的笔记方式与大脑发散性地处理信息的方式一致，突出了思维内容的重心和层次，强化了知识之间的联结，能让学生更加容易地把握知识点的整体结构，复习时也更方便。此外，思维导图将单纯的文字转换成图画，更有利于知识点的记忆。总的来说，用思维导图记笔记，与那句英文俗语的两个道理相吻合。

以前对思维导图虽有耳闻，却不详知，感觉和惯常的板书没什么区别。这本书不仅解释了我的困惑，还手把手教人怎么画，可以说这是书中的一个亮点。刚开始用思维导图做笔记时，我就明确感觉到比以前的线性笔记对知识的把握更全面，复习也不需要回头翻书。于是，我开始在课堂上也尝试用思维导

图的形式梳理每个单元的知识网络。学生反馈说，思维导图不只适用于文科的知识梳理，对于理科也同样适用，如数学中三角函数公式的演变，用思维导图的形式更加直观全面。

二、合理的复习时间

从自己当学生起，每天有作业，每学期有月考（单元考）、期中考、期末考这几项考试，但我从来没有思考过为什么要这么安排。而这本书给了我们答案——记忆曲线。著名的艾宾浩斯记忆曲线告诉我们，人脑对于新知的记忆在1天之后就只剩下 33%，如果不及时复习，1 周以后将遗忘掉 75% 的内容。因此，及时的复习有利于将短期记忆的内容转化成长期记忆，布置作业也好，各种考试也好，目的都在于此，但甚少有人向学生详细地说明这一点，使学生紧张而被动地应对各种作业和考试。

规律合理地进行复习，依据艾宾浩斯记忆曲线的特点，每个知识点应当在五个时间段进行五次复习：首先是当天对所学知识进行第一次复习，隔天再进行第二次复习巩固，接着就是一周以后进行第三次复习，而第四次复习安排在一个月以后，最后在半年后对知识进行第五次复习。这些复习的时间点也与几项考试时间重叠，如果按照这样规律地复习，基本上知识能转化成长期记忆，学生应对考试也能游刃有余。

书中还针对这一复习规律提供了一种辅助工具——复习文件夹，即将每天的学习任务分成 A 和 B 两部分，A 部分为当天需要复习的内容，B 为一周前学习了需要再次复习的内容。当天的内容复习完后，就将资料放到第二天的 A 中，第二天再次复习后即将内容放入 B 中，留待一周后复习，如此循环。我照样子做了一个文件夹对学习的笔记进行管理，相比一整堆的笔记堆叠在那里造成每次复习的心理负担，这样的文件夹方式使复习更加有序而简单，省去考虑应该复习什么内容的环节，当面对比较大的考试或比较多的资料时，心理压力也没那么大。只是这个复习规律是需要坚持的，高中学生每天作业负担较重，要让他们一直坚持规律地复习困难会较大。我想，如果在复习文件夹的设置中增加一些奖励机制，如每天复习完就签到，本周连续签到 5 天周末可不增加复习内容或将周末的内容移至下周一等方式，让学生有一种类似挑战游戏通关的心理，激励学生坚持复习。

三、压力管理

学会对压力进行管理，是每个人尤其是面对高考的学生应该掌握的方法。总能遇到为每日的作业疲于奔命的学生，没有时间管理的概念，学习方法也错误，所以花了大量的时间结果还考不好，自信心也倍受打击。

综合书中提到的各个方面内容，对压力进行管理的方法主要有四个方面：

（1）积极的心态。在改变学习方法或遇到新的学习内容时，首先应该调整态度，积极主动地去学习，并保持乐观。如果从一开始就觉得自己不可能掌握，则给了大脑一个抗拒接受新知的正当理由，还没出征就军心溃散了。

（2）归类学习内容，掌握整体概要。对学习内容进行分类整理（这里可以利用上文提到的思维导图的方式），把握知识脉络，这有利于大脑对新内容进行定位与归类。当新知顺利地被输入大脑进行信息的处理与储存时，会产生积极的情绪，如此良性循环，就不会觉得要学的新知识超过自己的能力范围。

（3）适度放松。当我们摄入新信息之后，大脑需要一些时间进行加工储存，因此考前长时间"啃书"不值得鼓励。每次学习 40 ~ 50 分钟后，休息一下，听听音乐，做深呼吸或冥想，既给大脑一些时间整理新知，又缓解了紧张情绪带来的生理反应。当遇到困难时，外出运动或者做让自己觉得快乐的事情，促进体内产生"快乐荷尔蒙"脑内啡来中和肾上腺素。

（4）把握黄金 10 分钟。作者曾对记忆的能力做了一个调查，结果显示，人们能记住刚进入学习的前 10 分钟所读到的大部分内容。因此，每次学习时把握住这黄金 10 分钟学习重点内容，绘制所学内容的框架，或者记忆需要背诵的内容是最好的。所学的东西记住了，心情自然愉悦，学习也更有动力，如此形成一种良性循环。

《读书别靠意志力》是一本很好的工具书，除了上面提到的内容，书里也讲到了提高阅读速度、联想记忆、提高专注力等方法。我自己也亲身实践了一些方法，收效确实是事半功倍的，这让我迫切想将这本书介绍给那些一直勤奋苦读却成绩总不理想的学生。

读完此书的最大感受是，学习是需要方法的，而方法是需要实践的。人的学习分为四个跳跃式阶段：无意识的无能力、有意识的无能力、有意识的有能力、无意识的有能力学习。这就像开车，新手上路时总是要集中注意力，回想每个步骤：踩离合、换挡、打方向灯，每个操作都是在清楚的意识范围内。而当成为老司机后，操作基本上属于条件反射。要将学习方法变成一种无意识能力，需要时间，书中也提供了相关的训练方式。对于课业繁重的高中学生而言，还要额外花较多的时间来完整训练又似乎不切实际。尤其是联想记忆法，看上去很美好，实际上由于我们缺少创造力教育，学生普遍想象力比较匮乏，需要一段比较长的时间才能适应。所以，如何有选择性地活用书中所介绍的方法，需要进一步探索。

推荐书籍

《自主教学操作全手册》
作　　者：诸葛彪、董克发
出 版 社：江苏教育出版社
出版时间：2010 年

推荐理由

当前各种教学方法和措施层出不穷，去陈推新，让人眼花缭乱，莫衷一是。什么才是正确的教学方法，什么才是最适合学生的教学方法？这是一个值得我们所有教育者深思的问题！本书从多种角度出发，结合当前最常见的一些教学方法和相应案例，对自主教学进行了深刻的探讨，值得大家细细阅读，并结合自身教学进行思考。

推荐人：唐林

对"问题意识"教学的思考

唐 林

近段时间拜读了《自主教学操作全手册》一书，全书共 10 章内容，列举了"小先生"教学、"发现—自主"教学、"学案导学"教学、"问题意识"教学、"三三六"教学、"自主—创新"教学、"自主探索"教学、尝试教学、"自主互助"教学等自主教学方法，内容丰富，案例实际，切合新课程标准倡导的"自主合作探究"要求。笔者感觉此书为我们如何在新课程标准下更好地完成教学任务做了一个非常好的指导，受益颇多。

其中我对书中所提到的"问题意识"教学兴趣较大，这种教学方式我也曾尝试过，但效果始终不怎么好。这本书给了我一个方向。

"学起于思，思源于疑。""师者，所以传道授业解惑也"，这从教师的职责角度明确了教师"解惑"的功能。所以"问题意识"教学能很好地突出学生的主体地位，学生在认识过程中意识到了一些难以解决的、疑惑的实际问题或者理论问题时就会产生一种怀疑、不解、探究的心理状态，这种心理状态往往是推动学生积极思考的动力。学生的学习过程是一个认知的过程，同时更是探索的过程，学生在不断提出问题并积极解决问题的过程逐渐获取知识，因此"问题意识"教学是一种能直接激发学生学习动力的最有效的方法，是从无疑到有疑再到无疑的过程。在这种教学方法中，学生是主体，而教师是处于"解惑"的角色。学生怀着一种强烈的"问题意识"参与其中，并在探索的过程中解决问题，收获成功的喜悦，一能培养学生学习的兴趣，二能培养学生学习知识并独立分析、解决问题的能力。

这是一种适应新课程标准，突出学生主体地位，改进教学"满堂灌"现象，从而使学生达到从被动接受知识到主动探索的转变的教学方式，但是在进行"问题意识"教学时也应该注意以下几个方面：

（1）一部分教师只将问题当作组织教学的线索导入，内容仍然是由教师讲解完成，或者是引导学生跟着自己的思维走，看似让学生思考问题，但这种教学方法其实仍然没有脱离"满堂灌"的教学方法。

（2）不能因为提倡"问题意识"教学就完全忽略了过去的教学模式，毕

竟问题意识教学所需的时间较多，对学生的能力要求较高，再加上许多学生往往对新授课内容没有掌握，在这种从没有认知的情况下要求学生提出问题并解决问题，无疑是难上再难。因此，我个人认为，最好的"问题意识"教学可以在以往的新授课、讲评课、复习课等比较传统的教学方法的基础上取长补短。首先让学生理解并掌握最基础的内容，在基础内容的深化过程中不断鼓励学生提出问题，并交由全班同学进行思考解决，这样一方面让学生自主思考问题并解决问题，一方面又将最基础的知识、原理讲解透彻，这也可以使学习的效率最大化。

（3）在进行"问题意识"教学时，学生的质疑与教师的提问可适当互补，并非问题的提出者一定是学生，教师也可以提出自己的问题。比如说学生提出的问题偏离教学重点时，教师可以通过自己的提问，引导学生将思路回到教学正轨上。但要注意，教学提问最好能紧扣学生思考的层次，不要出现脱节现象。

（4）学生在提问并解决问题过程中肯定会出现各种各样的错误，而教师应做的是多一些宽容和耐心，对于学生多鼓励，允许学生出错，这样才能更好地保护学生学习的积极性。

以上就是我阅读《自主教学操作全手册》中"问题意识"教学一章内容的一些思考。书里的内容涉及面很广，有一些内容是我们从未涉及的，因此一些想法还略显简单，不能真正深入地体会，只有通过长时间慢慢咀嚼消化才能真正理解。

推荐书籍

《改善学生课堂表现的50个方法》

作　　者：[美] 安奈·特布鲁肖、托德·威特克尔

译　　者：于涵

出 版 社：中国青年出版社

出版时间：2010 年

推荐理由

　　安奈·特布鲁肖和托德·威特克尔曾经合著《给教师的101条建议》，书中既有生动的案例，也有精辟的理论分析，更有针对问题给教师提出的建议，一时成为畅销书。《改善学生课堂表现的50个方法》是两位作者针对课堂教学的又一巨献。他们秉承了《给教师的101条建议》的写作风格，总结其多年在学校的教学管理经验，并通过考察众多优秀教师与"问题"教师的课堂，从"课前思考""课堂方法技巧""编后语"三个方面，归纳了50个改善学生课堂表现的方法。本书关注的是一些简单的技巧和方法，告诉我们如何进行有效的课堂管理，最重要的是介绍的技巧和方法十分简单，容易操作。如果你是一名教育工作者，想让学生的表现更加优异、课堂活动更有效率、氛围更加活跃并且想更好地激励学生的话，那么此书值得一读。

推荐人：林晓亭

结合《改善学生课堂表现的 50 个方法》
谈艺术班教学管理体会

林晓亭

作为一名青年教师，我给自己的目标不是成为一个优秀教师，因为我知道，"优秀"二字需要的是沉甸甸的积累与过人的本领。那么，就先给自己定第一个目标吧——做个聪明的好老师。站上讲台近两年，扪心自问，对于学生，我总是把"爱"作为自己教育学生的主线，尽管还不能称得上是好老师，但在这条路上我已经迈出了第一步；至于说到聪明，我真得承认自己还远远不够，特别是今年作为艺术班的班主任，尝到了不同于科任老师的酸甜苦辣，感触颇深。学生性格迥异，如何让自己成为一个聪明的好老师？在假期里，我阅读了《改善学生课堂表现的 50 个方法》，安奈特·布鲁肖和托德·威特克尔分享了改善学生课堂的 50 个技巧和方法，175 页的书，不厚，但看完受益匪浅，在过去一年的艺术班班级管理上，它像一盏明灯，让我找到了些许方向。

过去一年，我担任了艺术班的班主任。作为一名教育者，我一直认为"爱"是师生最重要的沟通桥梁，正如著名教育理论家苏霍姆林斯基说的，"没有爱，就没有教育；育人先育心"。而对于艺术生，这点显得尤其重要。一年下来，酸甜苦辣，感受颇深，用苏霍姆林斯基的另一句名言来概括，那就是——"教育才能的基础在于深信有可能成功地教育每个儿童，我不相信有不可救药的儿童、少年或男女青年。"

然而第一次带艺术班，对于我这样一个年轻的教师而言无疑是一个挑战，阅读书籍寻找适用的教学或班级管理方法成了我的必修课。结合我今年带艺术班的感触与反思，在这里挑选几个我认为可以尝试的方法与大家分享。

一、热情地与学生打招呼——微笑，微笑，微笑吧

把它放在第一点，是因为很多人都理所当然地想：这不是一件很容易的事情吗？我刚开始站上讲台也是这么想的，作为新教师，我热情满满，很自然地与学生打成一片，学生们也很喜欢我的笑容。确实，教师第一年，我的笑容赢得了许多学生的心，在送给我的生日礼物卡片和信中，很多学生提到很喜欢我

的笑容，因为给人温暖的感觉；甚至于期末被我抓去补考的一个男生后来竟也跟我说："老师总是面带笑容，我怎么会怪老师呢？我理解老师的。"对于学生，我也经常教育他们要微笑。不管是在去年当科任教师，还是今年当班主任，开学的时候我都跟学生说我们要学会微笑。学会微笑，有时对于自己是举手之劳，对于他人，或许你给予的就是一份难得的鼓励和温暖，又或者你出其不意的一个笑容会给你带来意想不到的收获！但是，往往就是这样一件容易的事，容易被各种各样的情绪抹杀掉。

微笑，贵在坚持。为什么这样说呢？今年当上艺术班的班主任，我的温柔和笑容似乎被某种必需的严肃遮盖了，这让我开始害怕：新教师，到底微笑还是不微笑？很多人跟我说当班主任就是要严，不严管不了学生，特别是艺术班！可是，我问自己：我想成为这样的老师吗？不！我不想完全用"严"去压制学生，"爱"和"笑容"仍然是我不变的原则，特别是看了这本书，我更加坚定了这个信念。对于艺术生，"笑容"更是"融化"师生之间冰山的必杀器。艺术生，一个特殊的高中学生群体，他们怀揣着艺术梦想，挥舞着画笔，演绎着音乐；他们有思想、有活力、有个性；在他们身上，你会看到不同于普通学生的更加辛苦的奋斗之路。因为相比普通学生，艺术生有着更加复杂的心理及行为特点。他们很自我并自觉与普通学生划界线；他们自卑又自负，情绪波动大，内心敏感而脆弱；缺乏理性思考，容易受诱惑，易冲动进而违规；一旦受挫就容易自暴自弃。这些问题常常困扰我，过去的一年里我也尽自己最大努力走进这群孩子们的敏感心灵。但如何走进他们的内心？第一步就是要微笑！我经常跟自己说：不要对学生摆一张苦瓜脸，因为在高中繁忙的学业苦战期，老师的一个笑容足以对学生产生不可估量的积极影响。一年下来，学生们总会说，老师更像是一个可亲可近的姐姐。因为微笑，带给他们温暖。所以，坚持微笑吧！

二、写一封自我介绍信吧

"试想你是学生的家长，在放假期间收到学校老师的一封来信，介绍他是怎样一位老师，对你的孩子有何期望，并将为教会你的孩子做出怎样的努力；试想你是学生，收到一封来自老师的信，会是什么样的感觉呢？"在我看来，艺术生的情感趋于感性，他们喜欢真实、实在的人或事物。因此，我决定在一开始就把真实的自己呈现在他们面前，先是一个善良、温暖、理解他们的姐姐，然后才是班主任。但是怎么呈现呢？我选择了一个小方法。在军训期间，我给学生们写了一封信，信里详细地介绍了我这个班主任，从性格到学习到工作到生活，再到对艺术生的认识和理解，而在最后，我呈现了我的希望——

"在这一年里，作为班主任，我希望尽自己最大努力教大家做人的道理，到学期末，每个人都能学会感恩。"接着，在第一节班会课上，除了阐明学校规章制度外，我又把较多的时间用来与学生谈心，谈经过三天军训后我对他们的认识，谈他们的困惑，谈今年的目标，学生们也开始敞开他们的心扉。当我说到艺术生虽然是个很美的名词，却也是一个承载着汗水和泪水的字眼的时候，我看到一些学生眼里泛着泪光，使劲地点了下头。下课后有学生跑来办公室跟我说："老师，您是理解我们的人，谢谢您。"当然，除了书中所说的一封自我介绍信，我认为还可以利用其他类似的平台，给学生们呈现一个真实的自己。于是接下来，我又组织班委建立了班群、班邮，让学生感受到大家庭式的温暖；接着就有很多学生加我的QQ，在QQ空间里我看到了许多学生真实的一面，而学生也看到了真实的我，有学生给我发信息说："谢谢老师肯加我好友，您对我们没有保留，很真实。"

三、给家长和学生写写"快乐小纸条"吧

看到这个方法之后，我打算新学期开始尝试。今年当上艺术班的班主任后，我很大的一个感触是部分家长认为自家孩子是所谓的"问题学生"，这些家长经常会打电话来询问孩子是否又犯错，是否没好好学习之类。久而久之，连我这个班主任都会潜意识里认为某个学生就是"坏孩子"，这是很可怕的一种想法转移！或许刚开始是从这个学生的某个科任老师自认为的想法开始，然后到他的家长，再转移到我这个班主任。等到我慢慢去关注这个学生的时候，我发现其实他并没有那么坏，他的心灵还是15岁的心灵，敏感，害怕伤害，我才意识到，这种悄悄被冠上"问题学生"之名的孩子是多么的可怜。可能就连他的父母都不知道他的孩子其实在学校表现是可以的，他的孩子其实有很多闪光点。所以，对于此类学生，给他们的家长写一张表扬孩子的某些行为的小纸条是很好的选择，这些"快乐小纸条"可以让家长知道我们是真正留意孩子行为、真正关注孩子的老师，家长也会更加配合我们的工作。更重要的是，学生会意识到老师会注意到他良好的表现，他就会做得更好。而对于那些平时表现很好的学生，这个做法会让他们表现得更加出色，更加自信。于是，我准备把这个小方法运用在我的艺术班班级管理上。一方面，我会利用类似于"纸条"的另一种方式——发校讯通的方式，给家长们写一封比较简短的信，主要内容是以肯定他们的孩子在校表现为主，让家长们多鼓励鼓励自己的孩子，在新学期能定心重新出发。另一方面，相比普通班，艺术班的后进生人数更多，在我看来，这个群体是艺术生这个特殊群体里面更为特殊的另一个群体。对于这个群体，我选择了"偏爱"。所以很多时候，我都会写一些鼓励的

话或有关学习建议的小纸条，偷偷地放进这些学生的书桌里，同时我也悄悄观察着他们收到纸条后的变化。很多学生收到纸条后，很诧异，很欢喜，更有学生把那些鼓励的话语告知他们的父母，家长打电话过来交流，说他们的孩子对我充满感激，因为我并没有放弃他们，而是看到了他们的闪光点，耐心地鼓励他们，这些"静悄悄"的小纸条给他们带来了快乐。渐渐地，我发现这些学生开始愿意向我倾诉内心的想法，同时他们也在慢慢地改变和进步。有时候，当言语无法表达内心的时候，不妨试一下写张小纸条吧！

四、你还好吗

"你还好吗?"很简单也很经常听到的一句话，但是，我们是否想过：对于学生，我们讲过几次？我们比较习惯对自己的好朋友说这句话。可是，我们常常吝啬对亲人，对与自己朝夕相处的学生说这句话，不是吗？我回想了自己过去一年多的教学。第一年教学，作为科任老师的我比较有时间去和学生闲聊，也有更多的时间去关心学生，看到学生上课时心事重重，课后我会悄悄问她：你还好吗？怎么了？今年，当上班主任，我依旧会抽出时间来跟个别学生谈谈心，问一句：你还好吗？特别是对于艺术班中的两个特殊群体：后进生和偏执生。他们的心灵敏感脆弱，需要老师的理解，更渴望温暖和关心，所以对于这两个群体，不妨多问一句"你还好吗"？

五、请把"谢谢"常挂在嘴边

"谢谢"这两个字在我们生活中频繁地出现，然而有时我们却吝啬把它送给我们的学生。但是对于现在十五六岁的高中生来说，这样一句简单的话，却是他们所渴望的，所期待的。在课堂上，需要多些肯定和表扬的话，不管学生回答正确与否，都需要我们找到他的闪光点并加以赞赏，这会让学生注意到他的表现得到了老师的认可，会让学生表现得更加优秀。文中说道："在优秀教师的课堂上，'谢谢'这个词出现的频率非常高，同时我们也发现如果教师经常说谢谢，学生使用谢谢的频率也非常高。"可见，一句简单的话，也可以成为学生的模仿对象，所以，不妨从"谢谢"开始，让学生喜欢我们的课堂。

除了以上几种方法，书中还分享了其他方法，如当着别人的面夸奖学生，学会倾听，用眼神交流等。如果你也跟我一样对如何改善学生课堂表现存在疑惑的话，不妨花一点时间，打开这本书，相信你会有所收获。

推荐书籍

《课堂方法》
作　　者：周彬
出 版 社：华东师范大学出版社
出版时间：2011 年

推荐理由

　　《课堂方法》是教育学博士周彬的著作。该书语言通俗易懂，实用性强，是一本能引起共鸣的书籍。作者对教育教学有着深入的研究，他列举了目前中学生中常见的厌学现象，结合生动形象的教学案例讲述应对的教学方法，让读者感同身受。不管是科任教师的课堂教学还是班主任的班级管理，周彬博士都阐述了自己独到的见解，让奋斗在一线的教育工作者有所感触、有所感悟，让教学有理可依，有据可循。

推荐人：韦冰贤

读《课堂方法》有感

韦冰贤

不恰当的管理方式不但达不到管理的目的，反而会激化学生的违纪行为，甚至可能诱导学生产生违纪行为。如果班上只有几名同学无心学习，教师就批评学生学习态度不好，哪怕只是针对那几名同学，也会产生教师不期望的效果。因为，即使教师不批评，那几名同学也知道不好好学习是不对的。然而，由于教师并没有帮助他们解决学习上的问题，所以虽然批评他们了，他们还是做不到主动学习（教师往往还会因为自己批评过学生而学生没有改变而更生气）。①

管理和教育要有一定的针对性，如果只是泛泛地对全体同学进行批评的话不仅收不到效果，而且还会打击认真学习的学生，而不学习的学生又不能因此得到教育。记得有一次，我由于班级期中考试考得不好而在班里批评了全体同学。因为我站在教师的立场上，觉得我们付出了那么多的努力都得不到回报，是对我们辛苦付出的否定。但是过后不仅看不到学生认真学习，反而使学生反感。问其原因，学生说老师看不到他们的努力，否定了他们的辛勤劳动。我觉得与该观点阐述的实例很相似，我错在不应该对全体同学进行批评，应该对有进步和成绩好的同学进行鼓励，对违规违纪和成绩差的同学进行批评和教育。只有针对性教育才能真正教育这些学生。这也与"如果教师站在自己的角度上看，学生考差了就是对自己辛勤教学工作的否定，自然就会产生'恨铁不成钢'的感觉；如果教师站在学生的立场上看，学生考差了就是对学生勤奋学习的否定，自然就会产生同情学生的感觉"的观点是相符的。

原来，春天的重要并不在于她收获了多少，而在于她是播种的季节，如果没有春天的播种，夏天的孕育、秋天的收获和冬天的储备都不可能实现。但春

---

① 周彬. 课堂方法 [M]. 上海：华东师范大学出版社，2011.

天也有春天的烦恼，那就是虽然她为一年播下了希望，但她离收获却是最远的。①

我觉得这个比喻非常好，学习也是一样的，平时学习认真，作业按时完成，辛苦的付出到底能收获多少分数呢？一时半会的努力让人看不到收获，甚至收获的机会很渺茫，距离收获的时间太遥远，所以导致学生学习的热情不高，或持续时间不长。那如何才能让学生不断地收获而保持锲而不舍的学习态度呢？为此，我特意召开了一次确定目标和理想的主题班会，让学生都来谈谈自己的理想，确定一个近期目标，并坚持不懈地为这个目标和理想奋斗。当这个近期目标实现的时候再确定一个更高的目标，一步一步地朝着这个理想前进，这样学习也有冲劲、有动力了。

现在的教师普遍抱怨学生'太笨'，我想，并不是因为学生真的笨，你看，他们打起游戏来是多么的执着与聪明，你看，他们在自己喜欢的事情上是多么愿意表现自己的智慧，他们在学习上让教师觉得笨，在很大程度上是因为在学习上没有做充分准备。其实教材也不需要教师怎么备，对书上的那些东西教师已经很熟悉了，而学生却觉得陌生，这就意味着教师只需要把书上的东西搬给学生就足够了。于是，教师们备课的重点，自然就落在教学方法上了。②

一节课只有45分钟，如果学生课前不好好预习的话，要在有限的时间里把知识点讲解透彻，是件很困难的事。作为教师，备课时绝不能马虎，特别是"备学生"环节，要预计学生可能在哪些方面存在疑惑或容易犯错。正因为大部分学生没有养成预习的习惯，在讲授新课时要尽量把每个知识点讲透彻，尽量让每个学生形成清晰的脉络。我自己的做法是及时写课后反思。课后反思包括两部分内容，一是记下每一节课的优缺点，根据学生的认知调整自己的教学方法；二是把课后学生反映听不懂的或不清楚的疑问记下，反思自己这一部分的内容讲解是否合理，并在以后的教学中不断改进和完善。

以上是我阅读《课堂方法》后最深的体会，在此后的教学中，我将谨记这些方法，努力提高自己的教学水平，多读书，多反思，让自己变得更优秀，让课堂变得更有品质，更有智慧！

---

① 周彬. 课堂方法［M］. 上海：华东师范大学出版社，2011.
② 周彬. 课堂方法［M］. 上海：华东师范大学出版社，2011.

推荐书籍

《课堂密码》（第二版）

作　　者：周彬

出 版 社：华东师范大学出版社

出版时间：2012 年 1 月

推荐理由

"向课堂要效率"，是我们一线教师一直关注并执着追求的目标。然而，面对课堂，你是否会有点"有心无力"的感觉？你的思维是否遇到了"瓶颈"呢？如何让课堂变得有序、有趣、有用呢？如何让教师轻松教，学生轻松学呢？

这些困惑一直无法得到有效的解答，直到遇到一本好书——《课堂密码》，就像遇到一个好老师，许多问题豁然开朗。在书中，周彬博士提到的很多问题都是平时课堂中我们常听到的常遇到的，没有让人感觉深邃的理论，却句句分析透彻；细细读下去，倍感震撼，收益颇丰。

《课堂密码》，如同工作中的导师。在书里，你会找到你想要的密码，就让我们一起解密吧！

推荐人：王绮霞、林美群

向课堂45分钟要效率

王绮霞

作为一名高中政治教师，近几年来连续带高三，长期在高考的压力下教学，每天都有打仗般的感觉：备课、上课、批改作业、批改试卷、辅导学生……每天都很努力，也很投入，却发现学生的学习成绩提高不明显，学习兴趣和学习积极性反而日益俱减，师生呈现出来的疲态很令人怀疑这支疲惫之师能否在高考中取得良好的成绩？于是我责怪自己、怀疑自己，为什么全力投入却忙而无功？我反思我的课堂效率，总觉得差点什么，总觉得哪里不对，但限于水平和经验，我难以给自己一个完整的准确的解答。

这些问题一直困扰着我，直到我遇到一本好书：华东师范大学教育学博士周彬著的《课堂密码》。一拿到手，书名便深深吸引了我，细细读下去更是倍感震撼，收益颇丰。全书分为五辑：打造"有效课堂"、营造"有趣课堂"、塑造"有序课堂"、课堂中的"学生"、课堂中的"教师"。没有让人感觉深邃的理论，却句句分析透彻，周彬博士提到的很多问题都是平时课堂中常见到的、听到的。这本书就如同工作中的导师，引领着我不由自主地反思自己的课堂教学，并对我的困惑给予解释和答案。

众所周知，"向课堂45分钟要效率"，已成为新课改最响亮的口号，也成为不少教师不懈努力的动机。再读《课堂密码》第一辑——打造"有效课堂"，我又一次认真反思，细细盘点着自己走进《课堂密码》的点滴收获。以下我与大家分享两点。

反思一：为什么教得认真学得努力却考不好

身处课堂教学一线的教师尤其是高三教师都清楚，整个高三期间尤其是考试前，教师和学生都会过着既紧张又忙碌的日子：教师"地毯式"地复习考点，不断地查漏补缺，生怕还有什么知识点没有讲给学生听；学生拼命地记，拼命地背，生怕还有什么知识点没有掌握，希望在考前百分之百地掌握知识点。可是，"上课时学生似乎都懂了，可做作业时却又不会了；更有甚者，做作业时都会，可一上考场却又败下阵来"①。周彬博士在书中把这个让我们教师又急又恼的问题给描绘出来了。

过去我常常会埋怨学生不够认真不够上心。现在看了《课堂密码》对这个问题的分析后我终于明白了，其实问题是出在教师课堂教学标高的确立和把握上。学习过程应该是分为知识储存和知识提取两个方面。我们在平时的课堂教学中往往只落实指导学生"储存知识"这一方面，所以我们看到学生都听得懂并能答得出答案的"学得不错"的表面现象。但一旦缺乏培养学生"知识提取"的意识和能力，就难以让学生在做作业或考试中做到自如地运用知识，自然也难以保证考得好了。

"没有知识的储存肯定没有知识的提取，但有了知识的储存并不必然会获得知识的提取。"②《课堂密码》告诉我，"在课堂教学中不但要教给学生储存知识的方法，还要教给学生提取知识的方法，将提取知识的方法与策略，融入学生原有的储存知识的方法和策略之中，从而提高学生整体学习的有效性和成就感"。③ 换位思考一下，如果学生长期做着辛勤的储存知识的工作，却看不到提取知识的乐趣和效果（如没有考出理想成绩），最终只会导致学生感到懊恼并丧失学习的兴趣和信心。所以，提高课堂效率要面临的一个挑战是：实现从"知识储存"向"知识提取"转变，这对于努力提高课堂效率的高三教师来说非常值得借鉴。

反思二：为什么教得越快越多却学得越少

作为高三的教师也好学生也好，面对比大海还宽广的考试范围和仅有一年的复习时间，永远都会感到时间不够用。以传统的课堂评价标准来看，一堂课最起码必须完成教学任务，极少有教师敢于或愿意顶上"完不成教学任务"的帽子。因为这样的教师总是被看成是失败者或是施害者，所以"完成教学任务"往往会成为教师关注的首要问题。在自己的课堂教学实践中我就深有感触，大多数时候上课像"赶课"：赶着讲尽可能多的知识，赶着使用尽可能多的教学策略和技巧，赶着教给学生尽可能多的技巧和方法；害怕个别学生回答慢了错了，会拖延时间导致课没法讲完；一旦提问学生而他迟迟回答不出就会很心急地代替其回答，甚至有时会在学生还没完全弄明白一个知识点的时候就接着讲下一个知识点……其实我也知道这是不对的，但在教学任务面前，不

---

① 周彬. 课堂密码［M］. 上海：华东师范大学出版社，2012.
② 周彬. 课堂密码［M］. 上海：华东师范大学出版社，2012.
③ 周彬. 课堂密码［M］. 上海：华东师范大学出版社，2012.

得不屈服。所以，45 分钟的课堂，大概有 35 分钟是教师口若悬河、滔滔不绝，学生是辛苦的听众，忙碌的接收者。最后，一堂课教学任务完成了，知识容量多了，教师和学生都累了，教学效果却并不见得好。

走进《课堂密码》后，我明白了课堂效果不好、效率不高，存在一个矛盾：教学进度与学生的接受度之间的矛盾。倘若教学进度超过学生的学习接受度，就会损害学生的学习兴趣而使其放弃继续学习，很难让课堂效率最大化。周彬博士认为："对课堂教学有效性的评价，并不是看课堂教学过程如何，而是看课堂教学产生的学习效果如何。不管课堂教学过程多么丰富多彩、多么受学生欢迎，如果学生对教师讲解的内容难以理解，消化不良，那么这堂课也是低效的。"① 换句话理解，其实教学的功能应该是如何更好地帮助学生学习，课堂效果的好坏，应该看教师的教学行为或互动是否对学生的学习有帮助，落脚点并不在于教师自己做得怎么样。

所以，要提高课堂效率，这一矛盾亟待解决，要力求实现"教学进度与学习接受度的共生"。"教学效率等于教学进度与学习接受度的乘积，两个因数都达到最大的时候，乘积就是最大的。"② 这需要教师与学生的努力与投入，需要教师与学生的协同合作。"在教师与学生投入有限的情况下，要相互照顾对方的进度，将过量的教学进度用于提高学生的学习接受度，才是最佳的选择。教师一味地加快教学进度而不顾学生的学习接受度，或者学生只管个人的学习接受度而不顺应教师的教学进度，都很难让课堂效率最大化。"③

当然，对具体一节课来说，要实现教得快且学得多也并非不可能，它需要教师在备课的时候充分地了解学生，钻研教材，努力把教材从"厚"读到"薄"，哪些该重点讲，哪些可以点到为止，哪些是学生中的个别问题，哪些是学生中的普遍问题，有所为有所不为，提高教学的针对性，减少低水平的重复讲解，不做无用功；课堂上更需要教师提高教学方法的灵活性，让自己饱满的教学激情成为教学过程的催化剂，点燃学生的学习激情。

总之，《课堂密码》这本书真的很不错，我还会继续深读，继续学习。

---

① 周彬. 课堂密码［M］. 上海：华东师范大学出版社，2012.
② 周彬. 课堂密码［M］. 上海：华东师范大学出版社，2012.
③ 周彬. 课堂密码［M］. 上海：华东师范大学出版社，2012.

借助他人课堂，实现自我提升

王绮霞

在倡导大力开展校本教学研究的今天，我校大力组织和开展教师间的听课、评课活动。有面向全市全区全校的公开课，有面向教研组内、备课组内的公开课，也有教师间的"以老带新"的日常互听互评课。毫不夸张地说，几乎是周周有课听，天天有课评。众所周知，听评课是教师互相学习、切磋教艺、研究教学的重要措施，更是一种最直接、最具体、最经常也是最有效的研究提高课堂教学质量的方法和手段。但是这样频繁地参与听评课活动，对自身课堂教学的改进并没有期望得那般明显，却更多地感觉到忙而累。这是为什么呢？

当把《课堂密码》一直读到第五辑"课堂中的'教师'"时，我一时豁然开朗。我欣喜地为我这一困惑找到了一些解答，也引领着我认真地反思在听评课教学研究活动中存在的一些误区。

反思一：是否真正认识到听评课的目的与价值

曾经，我们都把听评课当作是学校布置给我们的一项艰巨任务。学校要求"每位教师每学期要听15节课以上"，为了完成这项任务，我们把更多的注意力放在"15节完成了没有"这个问题上，淡化和模糊了我们听评课的真正目的与价值。当把听评课当作是一项工作任务的时候，我们难免会感受到压力，变得被动参与甚至是不太喜欢参与了。"唉，又得听课了！下午又没时间改作业了。""上午上课，下午听课评课，晚上值班，又是'圆满'的一天呀！"……

我们需要端正对听评课的思想认识。周彬博士在《课堂密码》中给我们亮起了一盏明灯："听别人的课，建设自己的课。课堂教学是一项非常个性化的工作，一千个教师就有一千种课堂教学，每一位教师都有着属于自己的独特的课堂优势，没有一位教师在课堂教学中是一无是处的。"记得一位哲学家说过："你有一个苹果，我有一个苹果，彼此交换以后还是一个苹果；如果你有一个思想，我有一个思想，彼此交换以后，每个人就是两个思想。"所以，我

们应该把听评课看作是自己学习的一个好平台，是提升自我的一个重要阵地。在听评课的教研活动中，乐于与教育同行进行教材分析、教法研究、教学经验交流，积极学习吸收别人先进的教学理论、经验和教改信息，从而开阔视野，增长见识，在切磋教艺中实现自身教学能力的螺旋式上升。

反思二：是否充分做好听课前的准备

一般而言，在听评课活动中，被听的人总是比较紧张，往往会提前做很多准备；而听课的人则感觉轻松，觉得"那是他人的事"，自己提着凳子，带着耳朵、笔与本子，端坐一节课就行了。如此盲目地听课，结果就真的浪费了一节课时间。

周彬博士说："要听别人的课，就得做好听课的准备。"听课前得准备什么呢？无论什么类型的课，听课者都必须明确自己听课的目的和要求，了解这节课的教学内容和三维目标，了解该班学生的思想、言行、学习情况，了解任课教师和学校的基本情况。同时，针对这节课，要根据自己的经验或理解，在头脑中设计出课堂教学初步方案，粗线条地勾勒出大体的教学框架，为评课提供一个参照体系。这样，带着自己的教学理念听他人的课，以学习者的态度走进别人的课堂，才能真正发挥听评课的功能和实效。

反思三：是否认真进行听课中的观察与学习

走进别人的课堂，我们总习惯性地把自己当作是局外人、旁观者。有人把听课理解为是去看他人"表演"，去欣赏他人教学活动的多姿多彩；有人理解为是去品味与鉴别他人课堂的优点和缺点，去对他人的课堂进行"指点江山"与"激扬文字"；有人则将听课当作是一种"休息""打瞌睡"的好时光。如此"远离"他人的课堂，就会忘了自己的课堂，忘了自己听课的使命。

周彬博士认为："'听别人的课'是为了'建设自己的课'。"走进他人的课堂，并不是去做他人课堂的镜子，而是去做自己课堂的大使。因此，我们听课时要有虚怀若谷的态度，要全身心地投入，积极思考，认真分析。可以从三个角色介入：一要进入"教师"的角色。仔细捕捉讲课者的语言和表情，记下他每个教学环节和教学方法。一边听，一边观察思考。要设身处地地思考，如果自己来上这节课，该怎样上。将讲课者的教法与自己的构思进行比较，这样既可以避免以局外人的身份去挑剔，看不到长处，不理解讲课者的良苦用心，又可以避免无原则的同情理解，看不到不足与缺点。二要进入"学生"的角色。静下心来站在学生的立场体验他人的课堂，要使自己处于"学"的情境中，从学生的角度去反思教师应该怎样教或怎样处理教学内容、怎样引导、如何组织，学生才能听得懂、能探究、能应用、会掌握。三要进入"学习者"的角色。在听课中更多地去发现讲课者的长处，发现课堂教学的闪光点，以及对自己有启迪的东西，做到取长补短，努力提高自己的业务水平。

反思四：是否重视听课后的点评与自我反思

一节课听完了，其优劣得失尽收眼中、耳底，其过程细节也皆记在本上，是不是就完事了呢？并不是。我们听课的目的是借其长为我所用，见其短以之为鉴。因此，听课后，要重视课后反思。

过去听课者重点反思的是别人，很少主动结合自我的教学实践进行系统反思。但周彬博士认为："听课，是要观摩别人的课堂教学经验，拓展自己的课堂教学经验，反观自己课堂教学的不足，在成功的地方继续成功，在失败的地方避免失败，从而找到超越自我与超越课堂的方法与策略。"所以，听课后的反思不是事不关己的坐而论道的玄思，我们要将课堂记录深化为我们的课堂体验，借助他人的课堂反思自己的课堂，对自己的课堂保持批判的态度。要善于进行比较，研究、准确地评价各种教学方法的长处和短处。最重要的，不是通过迁移讲课人的课堂教学策略与技巧来改造自己的课堂教学活动，不是简单地模仿讲课人的成功经验，而是要结合自己的教学实际，将反思得到的启示、体会、对策转化成改进和提高自身教学实践的具体举措。

总之，"故步自封"万万不可，"井底之蛙"实属可悲。我们要学会借助他人的课堂来完善自己的课堂，提升自己的教学能力和水平，提高教学的实效和质量。

读《课堂密码》有感

林美群

人的一生是不断学习的过程，尤其作为教师，学习显得尤为重要，除了学会"采他山之石，博众家之长"之外，还需学习如何反观自己，提高自省力，才能更好地把握课堂，提高教学的有效性。

《课堂密码》是一本非常实用的适合一线教师的书，书中从关心课堂中的教师与学生出发，通过解密如何打造"有效课堂""有趣课堂""有序课堂"，全面诠释如何打造更高效的课堂。

在课堂上，教师应该教给学生什么？如何教？学生如何学？学什么？效果怎样？短短的四十五分钟，对于师生的教与学来说太重要了！因此，教师要避开自己的教学劣势，提高课堂教与学的有效性，就必须时时反观自己课堂教学的不足，不断改正。通过阅读本书，我深刻认识到应该学会"反观自己课堂教学的不足"，我觉得可以从以下五个方面"反观"，即：反观自己课堂的教学观念；反观自己课堂中处理教育与教学的关系；反观自己的教学心态；反观自己的教学方法和手段；反观自己在课堂中给学生的影响。

1. 反观自己课堂的教学观念

树立正确的课堂教学观念是课堂教学的前提！我们走上讲台时，千万不可认为自己比学生强！学生年龄还小，要学很多学科，一切都从头开始，一切都是那么陌生。教师不能有居于学生之上的想法和优越感！要多反观自己，有多少创造性思维？社会在进步，我们面前的学生今后都要比我们强！如何教才能使学生都有不同程度的进步？课堂上，教师必须要以学生为主体，以学定教，关注学生的学习与发展，倾听学生提出的问题，指导学生学会学习，培养学生学习的可持续发展性，这才有可能培养出有创造性思维的学生来！

2. 反观自己课堂中处理教育与教学的关系

学生的学习，受到很多人为因素、客观因素的影响，会出现这样那样的问题，这很正常。在课堂上，有的教师关注的仅仅是学科教学的种种方面，往往忽略了对学生思想认识的引导，怕由此影响课堂教学主题和拖延时间而将其放在课外，使教育与教学不能及时有机的结合，这样教学效果会大打折扣。教师要根据学生的实际，见缝插针，抓住时机，有针对性地对学生进行思想认识方面的教育，尽管有时只是三言两语，却很管用。不过，若教师整节课借题发挥，没完没了地进行"思想教育"，也会起反作用。

3. 反观自己的教学心态

当学生的表现大大低于我们对学生要求的最低限度时，教师试图以批评的方式来扭转这种局面，有时越批评越深入，火气越大，结果越事与愿违，师生发生冲突，大大地损害了学生学习的积极性，压制了学生的学习兴趣。

我们应当调整自己的心态，一部分学生不可能一步到位，即使出现很糟的结果，也没什么大不了，人这么多，总有优与差，不是吗？教育的方式多种多样，难道都要严厉批评吗？发火最伤身体，为学生好而采取刺激批评疗法在当前不合适！这样做不但吃力不讨好，反而会引起反作用！要搞好课堂上的师生关系，不但要对学生出现的问题有充分的思想准备，学会"冷处理"，还要找机会多表扬学生，因为人都喜欢听赞扬的话！表扬是不需要成本的，请不要太吝啬！有时，一个鼓励的眼神会对学生起到意想不到的促进作用！

为了调整教师课堂教学的心态，处理好师生关系，本人认为，最好的办法是先改变自己对问题思考的角度！教师不妨做一下换位思考：假如自己是一个学生，也不可能处处符合老师对学习提出的种种要求。教师把自己"退回学生时代"，找台阶给学生下，才能有效做好"教"与"学"的感情上的接轨。

4. 反观自己的教学方法和手段

教学有法，然而，法无定法，大法必依，小法必活，以学为本，因学设教。在课堂教学中，那么多的学生，"一人一世界"，学生的思维活动是课堂中最大的变量。有一句话叫"旁观者清"。若课堂中的教师做另一种思考：自己既是施教者，也是听课者，就可以更好地控制自己在教学中的情绪，处理好教与学过程中各个环节的"度"，使学生的学习有更好的生成。

5. 反观自己在课堂中给学生的影响

为什么有的教师的业务水平是大家公认的，然而，教学成绩却一般甚至不好，或者不时与学生闹矛盾！而有些教师专业水平方面，不怎么杰出，但学生考出来的成绩却不错！原因在哪里？本人认为，关键在问题之外！教师首先要让学生喜欢你，然后学生才能对你所任教的学科感兴趣。否则，事倍功半！如何让学生喜欢上你，对你任教的学科感兴趣，主要因素至少涉及教师的四个方面：①道德品质与人格、表率的魅力。②对学生的态度。③教育教学艺术。④专业素质水平。当前教师出现问题的大多是第二点。现在的学生很早熟，他（她）们听的、看的都比我们以前同时期所经历的多得多。学生升上高中后，判断教师授课质量优劣的能力也越来越强，有很多教学上的问题，应当从学生

对你的印象和看法上去找原因。

　　什么样的课堂既有效又有趣，这似乎是一件鱼与熊掌兼得的事情，作为教师，我们就应该有这样的"野心"，努力挖掘，发挥自身才智，让课堂成为师生开心快乐的阵地！反观自己课堂教学的不足是一个大课题，存在于每天的教育教学过程中，是一种学习，一种研究，一种行动！愿每一位教师经常反思自己课堂教学的不足，做正确的事以及正确地做事，不断地改进教育教学方式，共同进步！

推荐书籍

《赏识你的学生》

作　　者：孟繁华

出 版 社：教育科学出版社

出版时间：2010 年

推荐理由

　　美国著名心理学家詹姆斯说过："人性中最深切的本质就是被人赏识的渴望。"《赏识你的学生》从赏识教育的理论基础着手，介绍罗森塔尔的"期待效应"实验和皮格马利翁效应，揭示赏识教育的基础在于对学生的积极的期望。此书七章几十个故事，多角度、多层次、多角色展示赏识教育。书中或是学生的心灵独白，或是教师的亲身经历，或是师生的亲密互动，或是专家的精彩评析……都传递出赏识教育的真谛。赏识你的学生，是爱学生，进而享受学生获得成功的喜悦和快乐。

推荐人：陈映珊

学会期望、赏识和激励学生

陈映珊

有一个高中女生斯蒂芬，每天五点半起床，六点多上学，吃完晚饭就做作业直到深夜。可是有一天，女孩子突然对她的父亲说："我的数学老师说我没有数学脑子！"父亲听了怒火中烧，但又默然无语。直到有一天女儿对父亲说："爸，我厌学了……"于是震惊的父亲给女儿换了一个教育环境。女儿第一次接触法语，她的法语老师就赞扬她很有语言天赋；数学老师称她能"优雅且具有创造性地解决数学难题"；更令人吃惊的是，她的英文老师居然在她的推荐信上这样写道："我以性命担保她行。"而指导老师则写道："请再给我们20个斯蒂芬这样的学生！"那位父亲在震惊之后问女儿："对这样的评价，你是不是一辈子都不会忘记？"女儿大声答道："是的！"

这就是《赏识你的学生》里被广为传颂的一个故事——"我以性命担保她行"。同样的孩子，在不同的教育环境里，在不同的教育理念里，在不同的教师眼睛里，在不同的评价里，她获得了不同的体验。前者是一种失败的体验，这种体验可能让她由此失去学习的信心；后者是一种成功的体验，这种体验可能让她由此得到学习的动力。

是什么让斯蒂芬收获成功的体验和自信的力量？是教师——是教师的赏识。

孟繁华主编的《赏识你的学生》一书中，一个个关于赏识的生动案例，让我们看到了"赏识教育"的重要性与可行性，赏识让学生收获成功和自信，赏识学生是如此的简单可行。教师的一个眼神，一个手势，一句话语，甚至一个微笑，都会给学生带来不可估量的影响。

不是所有人都能像爱因斯坦一样，在少年时遭到教师的否定，被贴上"脑子有病"的标签，却还能成为科学家。相反，教师对孩子的否定，甚至是一个鄙夷的表情，都可能成为对孩子的一个打击。

说到天才，每个孩子都可能成为天才，一个孩子能否成为天才，取决于父母与教师能不能像对待天才一样爱他、赏识他、激励他。有了赏识的心态，你就会把孩子当作天才来看待，这就是赏识教育。赏识教育要求我们对每一个学生都有正确的期望、真心的赏识和积极的激励。

首先，我们要给学生一个正确的期望，给学生一个积极的暗示——让每一个学生相信："我是好学生！"也要让自己相信："他是好学生。"美国教育家本尼斯说过："只要教师对学生抱有很大希望，仅此一点就足以使学生的智商提高二十五分。"学生的犯错只是无心而非有意，不能因为一个学生的一次犯错，或是一次考试失常，我们就把他们归为问题学生。

该书"前言"里的两个故事告诉我：只要有期望，那么现实就会按着你期望的方向前进。希腊神话故事《皮格马利翁与雕像》告诉了我们"精诚所至，金石为开"；罗森塔尔的"期待效应"实验告诉了我们：当你以优生的期望去对待每一个学生，他就能变成你期望成为的好学生。所以每一节课上课前，我会对自己说："上课好开心，我的学生是高一级最好的学生，他们都喜欢语文课。"

其次，我们要学会真心地赏识学生，培养信赖——让每一个学生相信："老师是喜欢我的！"苏联教育家赞科夫说："漂亮的孩子人人喜爱，爱难看的孩子才是真正的爱。"同样，赏识和喜爱优等生是每个教师都能轻易做得到的，但做到赏识和喜爱每一个学生特别是差生和问题学生却是十分难的。学生特别在意教师对他的态度，教师赏识他、喜欢他、亲近他，他会为此兴奋不已，他会觉得幸福无比，进而喜爱学习该教师任教的学科。反之，如果教师不喜欢他、疏远他甚至厌恶他，学生势必在心理上筑起一道厚厚的墙，甚至会讨厌该教师，憎恨该教师，进而对该教师任教的学科产生厌恶情绪。所以每一次上课前，我会对自己说："不管上课时学生的回答和表现优秀与否，我都要让他感觉到我是关注他的，我是赏识他的。"

所以不论是在课上还是课外，我都尽力去发现每个学生的优点，特别是那些容易被教师忽略的中层生。我会发现某个同学虽然成绩一般，但是歌唱得好；某个同学成绩较差，但是朗诵很动人；某个同学虽然人缘一般，但是为人热心……我会在我的语文课上，在某个适当的时机，"假装"不经意地在同学们面前提到某个同学的优点。只是简单地这么一提，效果是很明显的，学生认为老师还是关注他的，那他就有了学习的动力！

最后，我们要学会激发学生的自信——让每一个学生相信："我一定行！"德国教育家第斯多惠说："教学的艺术不在于传授本领，而在于激励、唤醒和鼓舞。"管理学生的方式不外乎两种，批评和赞扬。面对问题学生，很多教师采用的方式往往是批评，其实我们与学生换位一下，如果你的老师总是批评你、否定你，你会有什么样的想法？每个学生都有优点和缺点。对待学生，我们要少一份挑剔，多一份欣赏；少一份苛求，多一份呵护，相信学生"一定

行"。要多赞扬，少批评，多创造"真实的谎言"，时时处处给予学生积极的激励，做学生的"皮格马利翁"——喜欢每一个学生，相信每一个学生都是好孩子，相信每一个学生都能行，都是最棒的。那么学生的未来将会变得"一切皆有可能"。所以每一次上课前，我都会对自己说："一定要让学生积极回答问题，让学生胆子更大一些，更自信一些，让学生有成功的体验。"

有一年我担任艺术班的语文教学工作，担心他们不重视文化课，不好好学语文，就尽量寻找途径让不同术科专业的学生参与到课堂。例如在诗歌鉴赏课上，因为他们当中的音乐生喜欢"表演"，我就尽量让他们朗读，他们能读出节奏，能抑扬顿挫地读出诗歌当中的情感变化，对情感的揣摩演绎得非常好，让其他学生沉浸在聆听朗诵的享受中。而针对美术生，我让他们根据诗句绘画。他们常常能直观地让大家感受到现代诗歌"三美"中的绘画美。这样的教学方式，赏识学生、激励学生、让学生参与到课堂上来，也让学生爱上课堂，更有自信学好语文，这让原本比较枯燥的诗歌课堂变成有趣高效的语文课堂！

期望、赏识、激励，这是一个赏识教育的过程，也是我们应当在教育工作中身体力行的一个过程。我们要记住，赏识教育的六大原则：

信任孩子——学会崇拜，学会自豪。

尊重孩子——学会倾听，学会请教。

理解孩子——学会陪伴，学会感激。

激励孩子——学会发掘，学会分享。

宽容孩子——学会反思，学会等待。

提醒孩子——学会批评，学会分担。

班主任工作

　　要做到"坚信每位学生都是自己的助手，自己也是每位学生的助手"不容易。

　　学生不管多么难教育，他们毕竟是青少年，他们的内心深处一定有一个广阔的世界，而世界必然是假恶丑与真善美并存的世界。

　　十多年来，我在全国各地反复劝说青年班主任，一定要具备挑动学生自己斗自己的本领。当教师挑动学生内心深处真善美与假恶丑开始斗争抗争的时候，教师就在学生的心灵深处找到了自己的助手。凭着这些助手的力量，就能管住学生内心深处的假恶丑。

　　班级像一座长长的桥，通过它，人们跨向理想的彼岸。

　　班级像一条挺长的船，乘着它，人们越过江河湖海，奔向可以施展自己才能的高山、平原、乡村、城镇。

　　班级像一个大家庭，同学们如兄弟姐妹般互相关心着，帮助着，互相鼓舞着，照顾着。一起长大了，成熟了，便离开了这个家庭，走向了社会。

——魏书生

推荐书籍

《班主任兵法》

作　　者：万玮

出 版 社：华东师范大学出版

出版时间：2004 年

推荐理由

　　这是一位优秀班主任的教育手记，作者分别从理论和实践两方面，阐述了自己将中国古代兵法运用于班主任工作和学生管理的独到见解。在实践篇中，作者以故事的形式，讲述了其担任班主任时面对的一些情况以及他如何运用兵法思想予以解决。这些案例都是在学生工作时经常会遇到的普遍事件，对于班主任有很好的借鉴意义。而理论篇是作者对班主任工作经验的思考总结，凝练为解决问题的思想，为教师管理学生开拓了一条新的思路，是所有教师都可以借鉴和学习的。整本书充满了教育的智慧，叙述的方式也让阅读体验轻松流畅，是一本值得每位教师一读的好书。

推荐人：林晗

《班主任兵法》读书笔记

林 晗

《班主任兵法》这本书是一位优秀班主任的教育手记，整本书充满了作者的教育智慧，也体现了作者满满的爱心和耐心。作者万玮是一位教龄仅 7 年的年轻教师，可见其平时在班主任工作和学生管理方面用心颇深。我认真读完这本书，感触良多。

一、教育是一种艺术

把兵法运用于班主任管理实践中，这本身就是一个创造。在实践中，作者强调在"爱"的前提下，要充分考虑到学生心理和人格健康发展的情况，从而采用不同的教育方式来教育学生。这就要求我们作为一名教师，首先必须对教育事业、对学生非常热爱。对学生的热爱是推动教育改革的内在动力。爱心是教师情感的核心。面对一个个有待培养的如此年轻蓬勃的学生，教师要能够感受到他们的情感、思想一天天地变化和成长，精心呵护，使之成为全面发展的、对社会有用的人才。如果没有对学生真挚无私的爱，热爱教育事业就无从谈起。爱心是教师职业道德不可或缺的情感。要做好教学管理工作，对学生的热爱和关爱尤其重要。作为班主任，平时更要经常和学生交流，通过细致入微的观察，清楚地掌握每一位学生的学习情况和行为习惯，要充分利用多种途径和每一位学生进行思想和心灵上的沟通，以便取得学生的支持与信任。

二、教育需要反思

这本书中一个启发我们的地方，就是教育要常反思，有反思才有收获。孔子说过，"吾日三省吾身"。无论做什么事情，我们都要常常进行反思。只有不断地思考，才能扬长避短，不断地进步。教育是对人的工作，要求教师针对不同学生的特点及时有效地变更方法，这就需要我们教师经常反思自己的工作，找出更容易贯彻教学指导思想的办法。美国的波斯纳提出过"教师的成长 = 经验 + 反思"这样一个公式，可见，如果教师能够在平时的工作中养成主动反思总结的习惯，我们的教育方法一定可以不断地创新。

从我个人的观点来看，我觉得教育反思就是在自己的工作经历中进行整理、分析、提炼、总结、再实践。作为一名新教师，我觉得可以在日常的工作中养成随时记录工作得失的习惯，课下注意分析得失的原因，然后提炼出精华的部分，在今后的工作中发扬。到了学期末再总结一下本学期的反思内容，写下有价值的经验材料，指导今后的工作。

三、教育要重视"身教"

教育即言传身教，教师身正为范，学生也会潜移默化地做好，若教师本身都没有做到，则学生可能产生"五十步笑百步"的心理。本书中，作者也提到班主任的工作不仅需要"言教"，更要重视"身教"。班级卫生工作不好，班主任带头做值日工作，这样坚持一段时间之后，班级学生自然被带动起来，教师在此基础上再辅之以一定的制度管理，卫生状况自然大为改观。学生组织的活动，也特别希望教师的参与，如果教师能和学生一起打球，和学生一起搞联欢，甚至一起表演节目，教师在学生心目中的地位一定有一个大的提升，对学生的影响力也一定会有所增强。班主任素养的内涵非常丰富，做一个好的班主任非常不容易。

虽然我现在没有担任班主任，但对于作者面对各种情况所表现出来的睿智、冷静和果断，即使不当班主任的教师也是有许多可以借鉴和学习的地方。而我也会常常转换心态，回忆当初自己是学生时面对类似事情时自己的反应和当时教师的处理方法。作者给我们新教师指引了一条快速成长的道路，即学习—思考—实践—反思。这样一条成长道路，是在任何领域都适用的。

推荐书籍

《为师之鉴：教师心头的那些悔与痛》
作　　者：郑立平、焦兵书
出　版　社：福建教育出版社
出版时间：2011 年

推荐理由

　　《为师之鉴》收录了 50 位中小学教师自述教育教学失误或失败的文章。书中所描述的事件都对学生产生深远的影响，这些失误或过错有的甚至已经无法弥补。我们可从这些文章中得到诸多启发，避免犯这些差错。不少教师思考问题的时候，常常只是主观地判断可行性，计较方法的效果，可结果总是事与愿违，产生挫败感。而本书所包含的教育案例恰恰能解答你内心的疑惑，这些教师用事实指引我们，而不是编造"爱心传奇"，他们的一言一行，展示的是怎么做一个清醒的有思想的教师。

推荐人：林苗芳

多一点思考，少一点计较

林苗芳

有幸阅读了《为师之鉴：教师心头的那些悔与痛》一书，此书以案例为主，分析、评点为辅。走进其中，我深深被这些令人感动、让人痛悔、催人反思、使人省悟、供人借鉴的故事牵动心弦。在教育的路上，这些教师用行动指引我们走进真实的"教育田野"，而不是一味地编造"爱心传奇"，他们的一言一行，展示的是，多一点解剖和分析，少一点浪漫和说教；多一点寂寞和冷静，少一点急躁和盲从。以下是我对书中的故事的一点感想。

"老师，请口下留情！"

"多少次，面对他——我曾经的学生家长，我总是迅速地避开我们相视的眼神？多少次，面对他——我现在的同行，我们相视无语，只能当作陌生人一样擦肩而过？多少次，回想起她——我曾经的学生，心中充满了无限的悔意。这种悔常常交织粉碎着我的心……"看到于青教师自我反思，渐渐感觉有时候教师的"自以为好心"总是无意伤害了学生，当我们要解释时，总觉得语言是苍白无力的。作为一名教师，在日常教学中，对学生嘲讽、挖苦，说一些冷语、脏话，从不考虑学生的感受，虽然是不经意的，但觉得无可厚非，并且有时候觉得不这样做，学生就不会重视。读了此文后，才觉得这么做实在离谱。作为一名教师，就是要做学生的好榜样，平日里经常要求学生有礼貌讲文明，而自己却未能做到，想想真是愧为人师。不但如此，冷语脏话还严重打击学生的积极性，使本来语文就差的学生更对语文丧失了兴趣。在今后的语文教学中，我要改变方式来教育学生，多鼓励少批评，更忌挖苦、讽刺，要与学生进行心与心的交流，真正关心学生，用温暖的课堂语言感染学生，激发起学生对语文的最大兴趣，让学生感悟语文，热爱语文，用心地学习语文。

俗话说："种瓜得瓜，种豆得豆。"播种粗暴，收获野蛮；播种善良，收获文明。今生选择了教师这一行，我们从未指望学生对自己感恩戴德，但至少不希望成为他们的"仇人、恶人"，当然我们更不希望成为学生成长过程中的罪人！既然如此，就让我们从"口"下留情做起。

"孩子，老师没有权利放弃你！"

"不放弃一个学生，不管他的学习成绩如何，他都是你的好学生！"这是陈慧岩教师对学生的承诺，更是他对自己发的誓言。好与坏，这是判别事情的一种标准，一个标杆，在教育中是否也通用呢？可能现在的我还是认为通用的，但是学生真的就是这样"好坏分明"吗？不，不是这样。香港理工大学教授黄德辉曾经说过："不管学生素质多差，教师的职责是想办法把学生教好。"我很认同这句话。很多学生在未来人生道路上的成功和幸福很难证明是教师教出来的，其成功和幸福除了与学识、才能等密切相关之外，多半还会有他的人格、品格做铺垫，而这些东西恰恰会跟他的教师的德行、职业操守密切相关。人总喜欢"择善而从"，与"好"的人、事同伴，但教育没有拒绝的权利，教师没有放弃的理由。真正的好教师不是去放弃学生，贬损学生，而是主动与学生交流，给学生机会，耐心地帮助学生，激发学生的想象空间、学习热情和对未来职业的憧憬。其实就是，教师要乐于赞美。你在欣赏他人的时候也在不断地提升和完善着自己的人格，这是一种智慧；你付出的赞美，非但不会贬损你的体面与尊严，相反还会在不经意间收获友谊与合作，这是一种美德；赏识他人的过程本身就在矫正着你的狭隘、克服着你的自私，这是一种修养。教育中，总有这样一些画面，学生的顽皮淘气，教师宽容笑对，节之有法；总有这样一些画面，学生贪玩懒散，教师坚持笑对，培养习惯；总有这样一些画面，学生心灵受伤，教师真诚笑对，平等交流，抚平创伤，点燃信心，托起希望……总有这样一些画面让我们感动，让我们发自内心地为之赞美。我们的学生年龄虽小，内心却是丰富、敏感的。他们更需要教师的赞美，需要教师发自肺腑的真诚赞美，愿学生在教师们的赞美中长大，愿教师们在赞美中成熟、优秀。

一些教师总是从早忙到晚，不是备课讲课就是批改作业辅导学生，可谓忙得不亦乐乎，然而，教学成绩却总是让人高兴不起来。原因何在？这是因为一些教师总是错误地认为，只要埋头苦干就会有回报。但是，作为一名教师，如果只满足于陀螺似的备课、上课、批改作业……一刻不停地工作，机械般地"奉献"，而不进行思考，那他的工作就是盲目的，他的教学水平就不会得到提升，他的教育就是苍白的。他们忘了"学而不思则罔"的道理。

只有会思考的教师，才能教出会思考的学生。该如何思考呢？以教师们的教学实践为我们思考的"镜子"，古语亦云："以铜为鉴，可以正衣冠；以人为鉴，可以明得失；以史为鉴，可以知兴替。"聪明的教师总是善于见贤思齐，察纳雅言，对自己的行为进行思考。我们需要这样一面镜子，经常照照自己的错误和不足，让我们浮躁的灵魂在沉静中辨明方向。总之，作为教师，不能只是简单地分析过去，总结得失，更重要的是用理性的态度探求教育的规律，思索教育的真谛，然后在实践中改变自我、指导未来，不断提升自身的专业化水平。

推荐书籍

《光辉岁月——我与个性一班的高三之旅》
作　　者：秦望
出　版　社：教育科学出版社
出版时间：2011 年

推荐理由

　　"一生要走多远的路程，经过多少年，才能走到终点？梦想需要多久的时间，多少血和泪，才能慢慢实现？"我们在 Beyond 的《光辉岁月》中品尝属于班主任的辛酸：班主任之路漫漫，班主任之情戚戚，班主任之希望渺渺……总而言之一句话：班主任苦啊！可是，却有那么一位班主任，他把酸辛的班主任之路走成了星光大道，他把愁苦的班主任生涯活成了光辉岁月，他就是《光辉岁月》一书的作者——秦望老师。

　　《光辉岁月》真实记录了一个高三普通文科班师生一年的学习生活之旅：出发之旅—加速之旅—途中之旅—冲刺之旅，这是秦望老师与学生一起经历的青春与华年，体现了秦望老师"共同生活是最好的教育"的教育理念。通过这本书，他告诉所有成为和即将成为班主任的我们：播撒汗与泪，收获心的感动，这就是班主任最大的幸福！

推荐人：陈莹

播撒汗与泪，收获心的感动

陈 莹

班主任很忙！班主任很累！班主任"压力山大"！班主任总是受学生和领导的夹板气……总而言之一句话，我不要当班主任！

这是班主任们的普遍心声。

而我，作为一名有五年班主任任龄的"老班主任"，也曾经感到过迷茫，也曾经遭受过委屈，也曾经设想过放弃……

一次偶然的机会，我拜读了秦望的《光辉岁月——我与个性一班的高三之旅》一书。从书中，我发现秦老师一开始带班时压力也很大，一路上也遇到过无数的困难，可他却以自己的智慧，以一个探索者的精神记录了自己解决这些问题的良策，给了我们班主任以最好的引领和激励。

书中所记录的故事，一个个像是发生在我们身边的故事，秦老师用自己积极的态度告诉我们，其实班主任可以很幸福。关键是我们用什么样的心态来认识班主任的工作，用什么样的心态来面对我们不可避免的烦琐事。如果在抱怨中度过，那你的生活也将深陷于抱怨带来的苦闷之中，不得自拔。秦老师对学生的倾情付出让我深深地体会到，班主任的幸福是播撒汗与泪后收获的心的感动，是心头满满的充实与快乐。

秦老师用自己的经历告诉我们，班主任的工作纷繁复杂，碰到问题不是只靠空讲几句"爱心""耐心""细心"的道理就能解决的，也不是一次两次的教育就能一劳永逸解决问题的。班主任更需要用爱心和智慧去化解学生各种各样的问题，班主任需要在教书的同时做个思想者，做个有心人。敬佩、感动、快乐、温馨、反思，是我在阅读这本书过程中所深深感受到的。

1. 敬佩

从这本书中，我看到了一个充满智慧的教师面对不同的问题、不同的孩子，是如何将教育的真谛发挥得淋漓尽致的。小到学生的体育锻炼，与学生一起跑操；大到班风的建设，秦老师都用心在做，在思考。他说"教育是个细致活儿"。他真正地将孩子的一切放在心中，用心揣摩解决问题的最佳策略，让孩子在快乐中学习，在快乐中成长！

2. 感动

秦老师说："教育，永远在真情之中。"当我看到，他为了班里的体育生被打而去找同事理论，并为自己无法改变现实而深深愧疚时，我深深地为这个同学感到幸福，有这样的老师和同学，再大的困难都可以克服，再大的伤痛都会过去的；当我看到，他在周记中写道："我相信一个被爱包围的集体是永远不可战胜的""教育一刻也离不开人情、人道、人性，高三学习再忙，也不能无视同学的困难与情感。恰恰是我们关注着每一个人的感受，才使这个集体充满了力量"，我为这些孩子感动，他们在稚嫩的心灵中，埋下了爱的种子。相信，在未来的日子里，他们会收获更多的爱，也能给予身边的人更多的爱与关怀！

3. 快乐

说到教师，一般给人留下的是严肃、不苟言笑的印象，但在秦老师的教育中，却处处透着快乐。他说："教师应该教学生快乐，学生才能感到快乐！"当我读到一段学生描写他的文字"讲课顶呱呱，说话爽歪歪，对人乐呵呵。以史明人，用心教人，雄才大略一如当年秦始皇。自信洒脱，这人真是狂"时，我大笑；当我读到他在缓解学生压力时回复学生"心心相通，你说的怎么是我的感觉呢！呵呵"时，我感慨，这是怎样的一种心态？如果他不是深深地爱着他的学生，如果他不是深深地爱着教育，怎能想到这样贴心的语言？无疑，和他在一起是快乐的，长此以往，自己也会成为一个制造快乐的人，更何况是心灵洁净的孩子呢？

4. 温馨

做教师是一件幸福的事情。教师职业，固然辛苦，但用心用爱换来的是什么？是一颗真挚的心，一份真诚的爱。在秦老师的班级中我看到了家的温馨：一句"考不上北大对不起你"，一个刻着三个大字"勿忘我"的木制装饰品，一封封祝福的信，感动着他，更感动着我的心。陶行知说，一个孩子，把他手中的一颗糖果送给你，那是对你最大的情谊的表现。我也期盼着，努力着，能得到孩子手中的糖果。

5. 反思

"没有人天生就是幸福的，班主任工作并非必然是幸福的，幸福要靠自己努力去争取，去奋斗。能与年轻的学生在一起，使自己拥有第二次青春，这本身就使班主任工作成为一种幸福的生活方式。"

很佩服秦老师在烦琐的工作中一直保持着这么好的心态。作为一名班主任，我也时时刻刻提醒自己，我是幸福的，因为我的工作对象是活生生的个体，是单纯可爱的学生。我的生活中除了工作，还有和学生的那一份不可磨灭的情谊。但也正因为这活生生的个体，时不时制造出一些繁杂琐碎的麻烦，使我总免不了有疲惫厌倦的时刻；个别学生不屑的眼神和不受教的对抗，使我总免不了有受伤失落的瞬间；一些学生的不理解甚至冷漠，也一度让我热情工作的火苗几近熄灭。同样是站在一线，同样是教书育人，秦老师却能做得如此精彩，我不禁感到愧疚，想想平时的自己，缺少的是对教育的反思，对教育的耐心，对教育的孜孜以求。

成功最大的敌人是懈怠，你可能会为某件事坚持一年、几年，但难得的是坚持一辈子。我不敢奢望自己也能成为多么成功的教师，但希望不愧对自己的学生。所以，即使有过抱怨，有过失望，我依然愿意相信，我流过的汗、洒下的泪最终能汇成爱的河流，流向每一位学生，而从学生心底流回来的，是更真的情，更甘醇的酒，历久弥香。

新学期即将开始，最后，借秦老师的话来结束我读此书的心灵之旅，也作为我今后工作的起点吧："用心带一个班就像一次恋爱。"当你投入工作的时候，你就会感觉到这份工作的意义和乐趣。正像你投入恋爱时，觉得恋人是那么可爱，连那些缺点，也一并为你所爱。

推荐书籍

《做一个幸福的班主任——16位知名青年班主任讲演录》

作　　者：张万祥

出 版 社：教育科学出版社

出版时间：2014 年

推荐理由

　　本书收录了16位优秀班主任的讲演录。我们可以从这16场讲演中窥探到他们教学生涯中最精彩的探索、最动人的业绩、最深刻的感悟和最真挚的忠告。在这16场讲演里，可以追随着他们美丽的人生轨迹去体味做班主任的酸甜苦辣。这16位在全国享有盛誉的班主任也曾遭遇败走麦城的尴尬，也曾在重重错误中陷入低谷，也曾经历千千万万班主任有过的迷茫与瓶颈期。我相信，打开这本书的你，定将从书中收获事业上诸多问题的解答、找到在班主任工作岗位上坚守信念的理由。

推荐人：蔡晓琳

提升精神境界，享受幸福快乐

蔡晓琳

网上曾有这样一个帖子描述班主任的一天："起得比鸡早，睡得比狗晚，干得比牛累。"确实，班主任除了丝毫不能懈怠的教学工作外，每天的日常工作还包括早读夜修巡视、作业收交情况检查、卫生扫除、课堂情况了解、各种突发事件的处理、一周至少一次的班会、业余时间的家访等。学校的每个处室都与班主任有关，都可能会安排班主任工作。再加上现在不少学生是独生子女，性格相对骄纵，心理比较脆弱。"忙"，几乎是班主任生活的真实写照。但我们发现，把"忙"字拆开，是"心""亡"，忙为心死，心死则身忙。

以前，我们一直强调班主任的专业能力，更多地关注理性的力量。但我们忽视了班主任也是一个生命个体，他同样不能离开情感、道德与信仰而工作和生活。班主任的专业力量只有融入对幸福生活的体验之中，才能得到滋养。那班主任该如何追求幸福、体验幸福呢？我想，《做一个幸福的班主任——16位知名青年班主任讲演录》一书给了我们很好的回答。

书里讲到"幸福也分境界，教师追求的应该是精神层面的、深层的、持久的幸福感。要体验幸福，需要我们学会关注自己的内心，提升自己的精神境界"。结合自身一年的班主任工作经验，笔者尝试从以下三个方面谈谈班主任如何提升精神境界，享受幸福快乐。

一、享受学生成长的快乐

人生的得失不是用金钱来衡量的，在这个世界，有人需要你，你就是有价值的。教师真正的幸福来自于努力成就每位学生的健康成长。比如，在别人眼里，后进生也许是一块耗尽班主任心血的"绊脚石"，但在我看来却是一块"试金石"，它可以不断磨炼我们的智慧，激励我们勇于探索，总结经验教训，不断提升自己的工作能力。

小锦同学平日沉迷网络游戏，初中三年几乎是"睡过来"的，中考成绩极不理想。父母不忍心他继续堕落，故花了好大力气才将他转到我校读书。转校后，他仍终日蒙头大睡，迟交或不交作业，毫无半点学习进取心。找他谈

话，他说自己嗜睡成性，无药可救，劝我不要在他身上白费力气。诚然，对于他的自甘堕落我是深感诧异和惋惜，但从未想过要放弃他。于是，在谈话中我有意地引导他去回想曾经积极向上、勤学乐思的求学阶段。小锦在谈到六年级复习备考时，面带骄傲地告诉我："曾经我也是老师和同学心目中的尖子生呢，只可惜……"讲到这他不自觉地低下了头，一声不吭。当时我并没急于鼓励或说教，而是取出一张照片送给他，然后让他回教室继续夜修。

第二天早读结束后，小锦主动来办公室找我。他先跟我分析自己课堂犯困的原因，然后向我申请让他一个人坐在最前排，以便戒掉嗜睡的坏习惯。我拍拍他的肩膀，微笑着说："如果你们组的同学都同意你坐在最前头，那我就批准你的申请。""谢谢老师！"他喜出望外地向我鞠躬道谢，然后飞跑出办公室。在以后的巡堂，我看到的都是一个挺直身板认真听课的小锦了。

同事很好奇那究竟是一张什么样的神奇照片。其实它一点也不神奇，只不过父爱与期待给予了它神奇的力量。我清晰地记得小锦第一天来校报到的情景：个子矮小的他即使有父亲陪伴在身边，身子仍不受控制地微微颤抖，讲话有点大舌头。上课铃声一响，小锦搬起新课桌椅、简单跟父亲道别后急匆匆走进新教室。本打算离开的父亲走到楼梯口居然停下脚步，转身凝望着小锦走进教室许久许久，即使已经看不见小锦了。当时，坐在办公室的我目睹了这一切，并用手机拍下这感人的一幕。因为我要让小锦知道，在他背后一直有爱他的人为他守望。这样，他还有什么理由放弃自己呢？

可能，并非每个后进生的转化都像小锦这般顺利。但如果我们获得幸福的经历越曲折，最终得到的幸福感是不是就越强烈呢？能帮助后进的学生获得进步，让他们感受到爱与自信，身为教师的我们也一定能从中感受到更多的幸福。眼光放长远，鼓励、帮助学生每天进步一点点，并以这样的心态投入到工作中，方能显现出教师的美丽。

二、享受职业的纯净和年轻

曾有人问我："当班主任的你整天行走在校园、耕耘在讲台，围着学生转，交际圈很狭窄。难道就一点都不羡慕昔日同学驰骋商场、幼时旧友官场得意吗？"我微笑着反问道："那你体验过别人光鲜和辉煌的背后，排挤和倾轧的无情，欺骗和虚伪的黑暗吗？"

诚然，当一名班主任鲜有大富大贵，但只要我们上好课、管好班，我们就可以活得坦荡自在。我们的工作无须尔虞我诈、陪酒献媚、曲意奉迎；我们也无须刻意改变本真、委屈心灵。正因为这份职业，我们得以守护住人性的单纯和宁静。这难道不是一种幸福吗？

作为班主任，面对的是朝气蓬勃的脸庞、青春多彩的心灵。他们想哭就哭，想笑就笑，自然真实；他们打打闹闹，说说笑笑，活力四射。与他们相处，我们可以保持自己内心的单纯而不被污染，可以保持热爱生活的激情而不被磨灭。我们用思想影响学生的思想，用心灵润泽学生的心灵，一切辛苦都是甜蜜的。能拥有这样的年轻与激情，我们班主任难道还不觉得幸福吗？

三、享受付出后的尊重与感恩

有句话叫"种瓜得瓜，种豆得豆"。这其中的关系很明了，就是付出与回报的问题。班主任对学生付出爱，并不是为了以后得到相同的回报。但对于班主任的付出，学生一辈子都记得。正如书里所写："教师行走在校园，没有追捧尽是尊重；教师的生活中，没有恭维只有感恩！追捧会随着你权力的消失而消失，恭维会随着你地位的变化而变化，而尊重和感恩则会愈老愈醇！"作为一名班主任，可能会有学生不理解你的严格、你的付出、你的关爱和你的期待，但跟科任教师一比，我们更容易收获学生的真情。这种真情融合着喜欢、佩服、感激、关心、理解、感恩。比如，你独自走在校园里，背后忽然传来整齐的一声"班主"！比如你唇干舌燥走下讲台回到办公室时，发现办公桌上早已放着一杯温水和一包"金嗓子"润喉糖；比如你惊喜地发现最新一期黑板报上，你的名字被学生以藏头诗的形式写在了正中央；比如你的学生为你颁发自制的"最佳实力教师"奖、邀请你参加班级的草坪聚餐，夜修结束时跑过来给你讲个冷笑话……很庆幸，我们能拥有这份真情！

推荐书籍

《做最好的班主任》
作　　者：李镇西
出 版 社：漓江出版社
出版时间：2008 年

推荐理由

　　《做最好的班主任》是著名教育家李镇西 26 年班主任工作经验和教育智慧的精华集萃，全方位阐释了李镇西教育观、教师观、学生观、家长观，以及班级管理、学生思想工作、学生心理健康教育等的理念和实践。本书体现了其崇高的教育情怀，教给我们为人、为师的道理。读了李老师和他的学生那些感人肺腑的故事，让我深深体会到：教育不能没有爱，但教育也不等于单纯付出爱，教育还需要智慧。

推荐人：蔡晓虹

爱的教育

蔡晓虹

　　本学年是我参加工作的第二年，当得知我将担任高一（14）班的班主任时，我难掩心里的紧张。最近有幸拜读当代著名教育家李镇西老师的《做最好的班主任》一书，我有些感触与思考。这本书是李镇西老师爱心与智慧的结晶，教给了我们为人、为师的道理。

　　"班主任"经常被认为是辛苦、劳累的代名词，接触班主任工作以来，我也深深感受到班主任工作的琐碎，有时候一个学生出现的小问题就让我困扰许久。但是李镇西老师用他的成就逐渐改变了我对班主任这个角色的理解。"我要让我教的每一位学生都有一种幸运感。让他们感到，在李老师班上的日子，是生命中最值得骄傲，也最值得怀念的一段时光。"这段发自肺腑的话让我体会到李镇西老师对学生深深的爱。从书中读到一个个真实的故事，不但让我感到有幸做李老师的学生是幸运的，而且也感觉到李老师是一个真正幸福的班主任。

　　在没有读李老师的书之前，我曾那么自信自己是"爱"学生的。读完这本书我扪心自问，我爱每一位学生吗？我对学生的"爱"真的是无怨无悔吗？爱学生，不单单是欣赏优秀的学生，而是"怀着一种责任把欣赏与期待投向每一个学生。爱学生，不应是对学生的错误严加追究，而是以博大的胸襟'对学生的宽容'"。"所有的孩子生来都是天才，我们千万不要在他们生命的最初磨灭他们的天赋"。爱就是"一份纯真，一份庄严，一份责任感"，就是民主，就是平等，就是把"童年还给童年"，就是为学生的美丽人生奠定美好的开端，这才是做教师最大的幸福。

　　李老师是苏霍姆林斯基的追随者，他在书中极力强调"没有爱，便没有教育"。"在教师素质的诸多因素中，对学生的奉献之心、理解之心、平等之心、责任之心等教师非智力因素是第一位的。"他说我们教育对象的心灵绝不是一块不毛之地，而是一片已经生长着美好思想道德的肥沃的田地。因此，教师的责任首先在于发现并扶正学生心灵土壤中的每一颗幼芽，让它不断壮大，最后排挤掉自己缺点的杂草。如果我们用成人的冷漠去对待孩子的真诚，那么

一切"语重心长"的教育都无济于事。对于那些让人头疼的孩子，李老师用"科研"的眼光去看，把教育上遇到的每一个难题，如班集体建设、"后进生"转化、早恋、作弊等，都当作科研课题来对待，把每一个"难教学生"都当作研究对象，心态就平静了，教育也从容了。当然，李老师也认为教育并不是有了爱就有了一切，教育之爱绝不是迁就纵容学生，绝不是放弃严格要求和严肃的纪律。教育中真正的爱，意味着对学生的成长乃至未来一生的负责，因此这种爱必然包含着对学生的严格要求，乃至必要的合理惩罚。

"做最好的班主任"是一种平和的心态，也是一种激情的行动；是对某种欲望的放弃，也是对某种理想的追求；是平凡的细节，也是辉煌的人生；是"竹杖芒鞋轻胜马"的闲适从容，也是"惊涛拍岸，卷起千堆雪"的荡气回肠。

合上书之后，还有一些声音总是萦绕在我的耳边："永远不要对你的学生扬起你的拳头；永远不要用刻薄的语言对你的学生说话；宁可让学生欺骗十次，也不要冤枉学生一次；无论你的教育遇到了多么大的困难，都千万不要对学生说'你是不可救药的'。"我要学习他寻找做班主任的幸福感，科学民主地管理班级，努力走进学生的心灵。我相信任何一个"著名"的班主任，都经历过由失败到成功，由普通到卓越的过程，不是每一个教师天生就是成功的班主任，但我可以从别人的成功中得到启示，进而塑造自己的个性，有自己的思想，得到自己为人师的幸福。我相信只有个性才能造就个性，只有思想才能点燃思想。

推荐书籍

《做一个老练的新班主任》
作　　者：熊华生
出 版 社：中国人民大学出版社
出版时间：2015 年

推荐理由

　　熊华生老师主编的《做一个老练的新班主任》是"班主任之友丛书"之一，本书是针对新上岗的青年班主任如何适应班主任角色，做到专业"老练"而准备的导航手册。该书分别从如何调整心态、如何接班、如何培养班干部、如何进行班级各项日常管理、如何进行班风建设等方面，提供了切实可行的指导，可谓是无微不至，细致到学生座位的安排、卫生轮值的建议等，非常值得新手班主任去学习和借鉴。此外，本书还为新班主任的职业规划、专业成长提供具体的指导方案，让许多新班主任能够快速入门并走上专业化成长道路。就像书中所说的一样，如果从一开始就走上专业化的道路，新班主任也能像经验丰富的老班主任一样，得心应手地工作，这对学生来讲也是一大福祉。

推荐人：王梅珊

拿着"班照"上路

王梅珊

初为人师的第二年，学校安排我担任班主任。一开始，对于班主任如何调整心态、如何接班、如何培养班干部、如何进行日常管理以及如何营造良好班风等等，都不太清楚。顿时发觉，原来班主任工作并不简单，只凭自己的一腔热血、勤勤恳恳地付出是不够的。如何引领学生"快乐学习，健康成长"，这简单的八个字背后需要无穷的智慧和艺术啊！恰好暑假得幸拜读了熊老师的《做一个老练的新班主任》，为我指点了迷津，提供了切切实实的指导。书中还为新班主任专业成长设计了职业规划，可谓是青年班主任的"导航手册"，也是我的班主任生涯第一位"导师"。在书中，熊老师幽默地将掌握班主任工作的专业知识喻为类似"驾照"的"班照"。我想，如果从一开始就走上了专业化的道路，那么新班主任也能够像经验丰富的老班主任一样，得心应手地工作了。

一、一开始就专业地做班主任

人们常说，架桥是渡车，而教书是渡人。确实如此，对于一个老师来说，专业水平直接影响学生的成长。本书提到，一开始就要专业地做班主任，这一点讲得极有道理！如果每个班主任能在一开始就以专业化的标准去要求自己，去管理班级，无疑是学生最大的福祉。

而作为一名新班主任，如何使自己上手更快，更加专业，个人觉得通过各种途径拓宽视野，储备专业知识不失为一个好方法。拓宽视野的途径很多，如书中提到向同校同办公室的老班主任学习是最为快捷的。班主任的工作事无巨细、纷繁复杂，往往让我们焦头烂额，所以很有必要相互交流经验，特别是和老教师、老班主任交流。一方面，他们对学校的工作情况很熟悉；另一方面，长期的学生管理工作，也让他们对学生的心理、思维、发展变化等情况很熟悉。所以，向这样的老教师、老班主任学习，能让青年班主任上手得更快。除此之外，向教育专家学习、向专业报刊学习、向身边人请教、向网络学习，也是很好的途径。与此同时，我们参加了学校倡导的读书共享活动，通过阅读教育专家所著的作品，从中学到相关的理论知识，用于指导我们的实践，非常实在。这些途径能针对教育现状和班主任工作的实际情况，及时有效地给我们青年班主任以最新的理论引领和方法指导。

二、重视沟通的力量

班级管理是张人际网，班主任是这张网上居于枢纽地位的一个结，如何保证网络的畅通，班主任的沟通艺术是不可忽视的必备能力，而新班主任尤其要重视自己的这个枢纽位置，用最好的沟通调动每一份力量。①

本书介绍了在与学生沟通中要注意的一些问题，其中，我印象最深刻的是书中提到"第一次班级讲话怎样才能成功"。熊老师写道：要重视第一次讲话，但又不可寄希望毕其功于一役，要保持一种从容的心态，同时，用心而不是刻意精心准备讲话稿。教师的精心构思本是有准备的表现，但如果不在后续过程中增加内涵，慢慢地将会原形毕露。所以对待第一次讲话，需要刻意做下铺垫，如准备几句精练而意味深长的话语。比如，熊老师在与学生第一次讲话时说："我希望我们一起看风景，更希望一起成为风景。"又如在开场白中对学生说："0.4与0.5看起来差距很小，但在四舍五入的情况下，却是天壤之别，犹如我们现在共处一室，但多年后，彼此的人生状态可能也是相去甚远。"作为阅读者，自己看到这些话都觉得特别有感触，如果讲给学生听，相信他们会更加有动力去奋斗。

在过去一年的班主任工作中，我尝试了诸多沟通方式，其中自我感觉最走心的一种就是让学生记周记。非语文老师的我，为何让他们写周记？因为这种方式能够让学生敞开心扉叙说自己的想法，或是一些困惑和内心矛盾。在写周记这一过程中，我能较全面地认识和了解学生的心理活动。比如在军训后，我给学生布置的周记主题是"我心目中的二班"。在学生的周记中，我发现，经过一段时间的接触后，他们会敞开心扉聊聊自己对新班级有哪些满意的地方，或是针对班级的建设提出自己的一些想法。如此一来，每位同学都能参与到新班级的建设中来，班级凝聚力也逐步提高。我对每一篇周记都会细心阅读并作详细的批改。这一届学生升上高二后，有一位女生回来看我，她说当时看到老师写的评语比她自己的周记内容还要长，而且字里行间都是对她的鼓励，让当时缺乏自信的她特别感动，也不敢怠慢写周记了。事实上，很多学生会特别珍惜有这样一个机会与老师交流，所以他们也真诚地记下自己的内心世界。在这一过程中，班主任对学生的内心世界了解更多，教育工作也较容易开展。而我

---

① 熊华生. 做一个老练的新班主任［M］. 北京：中国人民大学出版社. 2015：171.

在评语中，有建议，有批评，有鼓励，也有赞许，这种方式一下子拉近了与学生的距离，对班级管理工作有很大的帮助。

三、身正为范，感染学生

我们不可能设计好每一个学生的人生历程，也难以将所有学生的性格、习惯、品行和能力等方面按照班主任自己的意愿来培养，但是，我们能尽心尽力做到的是，给予他们榜样的力量！熊老师讲到，以自身的精神，去辐射和培养具有可持续发展能力的学生，才是我们教育的目标。老师的榜样作用可以成为激发学生学习的动力，变成一种流淌在他们身上的精神力。

而如何起到榜样作用，熊老师提到，一是积极的心态。我时常在班会课上和学生讲，成绩的好坏是一回事，高中三年，首先要学会的是做人，我希望他们以自强不息、厚德载物为人生信条，努力鞭策自己上进的同时，也与这个世界温暖相待。我深知自己所为甚少，但我希望在他们未来的人生长路上，我的一言一行对他们有所影响和帮助。二是优秀的思维品质，即遇到问题，懂得思考、会思考。一个积极向上的班主任，如果能够用淡定、包容的心态对待他人，并具有高水平思维能力，那么这个班主任一定充满动力，一定可以创造出美好的未来。所以，以身作则不失为一个好的教育方法。

在担任班主任这一年，我也深刻体会到以身作则对学生的影响。学校每日早读 7：20 准时开始，很多学生会踩点进教室。于是，在带班的这一年，我对学生的要求是 7：15 前必须打扫好卫生，然后迅速回班级做好早读准备，要求他们做到的同时，每次轮到我看早读的时候，我都尽量提前 5～10 分钟到达。很多学生看到老师早早就来了，他们也不好意思总是踩点而至，所以班级早读质量也逐步提高。故而，树立榜样作用，着实有必要。

多年来，班主任工作的理念在不断地改变，从前我们强调"爱心与奉献"的"推动精神文明建设的重要力量"，20 世纪 90 年代中期开始彰显"民主与科学"的班级管理新理念和新探索，现在以"自主与专业"为鲜明坐标。班主任群体职业自觉和专业发展方兴未艾，生机勃勃，始终浸润着时代的气息，越来越贴近教育的本真。① 如果作为新班主任，只把目光停留在自己的一亩三分地里，那与井底之蛙又有何异？所以，在这一个成长过程中，不断汲取新的理念，与时俱进也显得尤为重要。

本书作者熊老师言：在现代城市，车多，人多，假若没有实行驾照制度，将会有什么后果？做班主任至少跟开车同样重要，缺乏能力后果很严重，不仅

---

① 熊华生. 做一个老练的新班主任［M］. 北京：中国人民大学出版社. 2015：3－4.

班主任会受伤、受累，班没有带好，出现严重挫败感，还会让一个班的学生跟你一起受罪。言之凿凿，作为一名新班主任，从学期初的军训到学期结束，班上五十几位同学的一举一动都牵动着我的心，他们获奖的时候，自己比他们还开心，而当他们犯了错误，自己比他们更郁闷。所以，在这种息息相关紧密相连的关系中，青年班主任如能学习到更加专业的班主任工作方法，对自己的成长是一种帮助，对学生的成才也是一大福祉！

所以如同熊老师说的，如果当班主任也有类似"驾照"的"班照"制度，那么青年班主任一定要拿到"班照"，不论是为了班上学生，还是为了自己。

悦读共享

问渠那得清如许？为有源头活水来。

读书之法，在循序而渐进，熟读而精思。

读书有三到，谓心到、眼到、口到。

大抵观书须先熟读，使其言皆若出于吾之口；继以精思，使其意皆若出于吾之心，然后可以有得尔。

——（宋）朱熹

推荐书籍

《物理学史》
作　　者：[美] 弗·卡约里
译　　者：戴念祖
出 版 社：广西师范大学出版社
出版时间：2008 年

推荐理由

　　《物理学史》叙述了从古代巴比伦时期至 1952 年人类探究自然规律，拓展时间与空间尺度的重要历史事实。探究自然规律需要客观和严谨的学科态度，作者以极具哲学性的叙事方式将一个个物理事件著成了一部史书。学科的发展需要积累，《物理学史》便是物理底蕴的载体，它为人们传承物理知识和研究物理规律提供了丰富的素材和思维方法。

　　通过阅读《物理学史》，我们知道以前的科学家是怎么样去研究问题的，从中了解物理学家的研究方法与思路，可以为我们的教学提供参考与借鉴。例如，在自由落体运动的研究中，通过回顾物理学的事件，让学生体会伽利略是怎样应用思辨的方法批驳亚里士多德的落体运动的错误理论，领悟伽利略是怎样巧妙运用数学分析、逻辑推理以及实验的方法得到自由落体运动的规律的。

推荐人：黄永鹏

读书笔记

黄永鹏

高一课程的内容是高中阶段基础之核心，是有生命力的基础知识。它对培养学生基本技能和科学思维、人生态度、科学情感和价值观有重要的教育意义。

在《物理1》中，"运动的描述"这个主题涉及知识点有：质点、位移、速度、加速度和匀变速直线运动规律。教材对这些知识点进行详细深入、条理分明的描述，同时注重概念发展的循序渐进与逻辑性，突出了数学工具的应用。同时，教材也注重概念形成的描述，渗透物理学研究的思想。如教材就质点概念的描述，从学生身边的生活实例出发，阐述怎样描述物体的运动、描述运动的困难所在、引入质点的意义、认识构建质点这一物理模型的意义，这充分体现了教学大纲的要求与教材的紧密结合。

人类社会的发展离不开科学，科技进步需要创新。创新是一个民族的灵魂，是决定国家、民族地位的要素之一。为了培养创新人才，我们需要了解物理学史方面的知识。通过阅读《物理学史》，我知道以前的科学家是怎么样去研究问题的，了解他们的研究方法与思路，这为我们的教学提供了参考与借鉴。例如，在自由落体运动的研究中，通过回顾物理学的历史，让学生体会伽利略是怎样应用思辨的方法批驳亚里士多德的落体运动的错误理论，领悟伽利略是怎样巧妙运用数学分析、逻辑推理以及实验的方法得到自由落体运动的规律的。这样，学生不仅学到了科学知识，同时也真切地感受到人类思想史上的伟大成就——伽利略的发现以及他所运用的科学推理方法，体会到科学探究的道路是不平坦的，在曲折、艰辛的历程中，我们需要大胆质疑、勇于创新，需要严谨认真、实事求是的科学态度和科学精神。

为此，高中物理课程标准要求"经历科学探究的过程，尝试经过思考发表自己的见解，尝试运用物理原理和研究方法解决一些与生产和生活相关的实际问题，具有一定的质疑能力、信息收集和处理能力、分析解决问题能力和交流合作能力。能领略自然界的奇妙与和谐，保持好奇心与求知欲……"《物理学史》这本书，它也强调从生活走进物理，从物理走向社会，注重保护学生的探索兴趣。每章都有精彩的导入，旨在吸引学生的学习兴趣。一些故事及理论浅显易懂、幽默风趣，能够帮助引导学生在轻松的氛围中进入物理学习；有的高度概括，从科学技术的现代应用开始，激发学生的好奇心，使之产生学习兴趣。如在叙述电荷时，讲述了"魔术师"诺莱特的"电震实验"。诺莱特让700个修道士手拉手站成一排，全长约300米。从"莱顿瓶"（装着水的大玻璃罐）引出两条导线与这700人相接，当闭合开关瞬间，700个修道士几乎同时惊叫着跳起来，他以这样令人信服的证据向人们展示了电的巨大威力。

课堂是学生与教师交流的平台，教师必须了解学生的所思所想，明白这个年龄段的学生需要的是什么。高一对学生们来说，他们需要在知识方面上一个台阶，如何把他们带进这扇门，发挥学生的最大潜能，身为教师要多给学生一些鼓励，鼓励他们大胆发言，让他们在疑问与探索中学习知识。

有一本书也是值得我们物理教师去读的，它就是《改变世界的物理学》。这本书从生活出发，讲解物理学正在深刻改变着人类与自然界的对话方式，由这种方式引起的科学思想和科技创新涉及人们社会生活和文化生活的各个方面，尤其是对大、中学物理课程和物理教育改革产生深刻的影响。

阅读《物理学史》有助于让学生了解人类对自然界的认识的过程，了解物理学家认识世界和发现定律的基本方法，努力以物理学家认识自然界本来面目的方式去认识世界，从而在学习物理学的过程中实现个人的智力、智慧和创造力的发展。

推荐书籍

《数学哲学：对数学的思考》

作　　者：[美] 斯图尔特·夏皮罗

译　　者：郝兆宽、杨睿之

出 版 社：复旦大学出版社

出版时间：2009 年

推荐理由

　　由于数学理论精深难懂，抑或是教授数学的方式过于枯燥，造成了有些人对数学产生极大的误解，认为数学只是写写算算，解决一些跟现实生活无关的问题。实则不然，大到我们探索研究宇宙，小到日常的工作安排，都需要应用数学来解决。《数学哲学：对数学的思考》给我们提供了一个重新认识数学的机会，它引导我们去思考——数学研究的对象是什么？数学的本质是什么？数学是如何被认识的？通过阅读这本书，我们可以了解数学的历史，了解数学原来这么有趣。同时，也指引我们应当遵循什么规律来学习数学，并努力把数学各个分支的知识联系起来，构成高效的知识体系。

推荐人：姚锐鹏

读《数学哲学：对数学的思考》的反思

姚锐鹏

在高中数学教学中，经常会遇到这样的问题：学生会跟教师反映知道题目怎么解，但是格式不会写；有时学生也会反映某些题目前几天能够解答出来，现在却忘了怎么解；甚至有些学生会反映某些题目里提到的概念是知道的，但是总是找不到解题的入手点……这些问题都说明这一部分学生的逻辑思维出现了问题，数学能力需要进一步提高。而造成这些问题的原因在于以下一系列的脱节：数学语言（形式语言）与数学思维的脱节、数学语言与逻辑推理的脱节、数学语言与数学概念（数学对象）的脱节。解决这一系列脱节，是提高数学教学质量、提高学生数学能力非常有效的途径，值得每一位高中数学教师去深入地思考。

一、数学教学中出现的问题

在数学课堂上，教师主要追求的是学生能够掌握例题，在题目发生变化（例题的变式）的时候，学生能够仿照例题，作出一些修改，进而能够独立地解答变式。因此，教师在备课的时候，花了很多时间来寻找合适的例题，希望所使用的例题能够"覆盖"尽量多的变式。同时，教师在给学生讲解例题过程中，会对每个关键步骤进行解释，为什么这样做行得通。但是，学生在学习这一系列解题步骤时，往往会出现偏差。学生经常只注意到教师如同变魔术一般，把一些"不可思议"的过程和结论呈现出来；又或是学生只是机械性地认可教师的讲解，没有去思考、感悟。无论哪种情况，最后都导致学生只是记住教师解题过程中形式语言的推演，只能机械性地模仿教师的步骤，并不明白为什么这样做。这样的教学方法能够保证学生取得很好的成绩，能够让学生在不断模仿教师的解题步骤的过程中，逐渐掌握数学语言的应用方法。但是，这也正好体现出：学生所掌握的数学知识变成了一系列盲目的技术。

从数学能力的发展来看，这一教学方法是不可靠的，甚至是存在缺陷的。原因在于这一教学方法使学生能够解答一些题目，能够慢慢掌握数学语言的应用，但是，最重要的思维能力却没有得到多少提高。如果学生学习缺乏主动

性，那么，这部分学生到最后什么都学不到。这也解释了现在很多学生心中的疑问："我为什么要学数学？数学有什么用，上菜市场又不需要用二次函数。"学生感觉数学是教师强加给他们的，他们只是在写写算算，玩弄一些不懂含义的字符。这些都是跟数学教学的目的相违背的。数学教学的目的是传授数学知识、培养逻辑思维能力、培养科学精神。数学的本质是一种解决问题的方法，数学教学以数学知识为载体，以数学问题为训练，培养学生逻辑思维能力，使得学生能够在以后所从事的工作中遇到问题时，有足够的逻辑思维能力来解决问题；更进一步的，能够有严谨的科学精神来研究问题。这些能力对学生的人生发展存在着深刻、长远的影响。

二、让学生去思考

思维和语言的发生学研究表明，思维的发展并不是与语言发展同步的，思维与语言的发展存在着相互的联系，但沿着不同的路线发展。数学思维与数学语言作为一种特殊的思维和语言，也遵循着这一规律。通过学习教师对解题步骤的讲演，学生能够模仿教师的形式语言解答同一道问题。但是，为什么这样解答能得到正确的答案？学生并不完全理解。因此，学生在这一部分的知识结构里，思维上是存在缺陷的。所以，当题目的数据发生变化，或者题目的条件与结论交换位置，很多学生就束手无策。这就产生了第一个脱节：数学语言与数学思维的脱节。

如何解决学生数学语言与数学思维的脱节？一个方法就是必须让学生去思考，在思考中领悟题目的解法。所以，教师在备课时，应该花更多的时间来设计问题，引导学生去思考。

在数学教学中，教师首先应该着眼于把产生这一数学概念或方法的原始问题告诉学生。一方面，使学生了解到数学的产生是源于生活，是为了解决生活中所遇到的问题而产生的，并不是数学家关起门来，凭借智力造出来的空洞符号，激发学生学习数学知识的热情。另一方面，教师应该设置情境，积极引导学生，在遇到同样的问题时，应该如何去解决，刺激学生主动去思考。其次，教师应该设计出合适的问题给学生思考。什么是"合适"的问题？"合适"的问题必须是对学生既不能太简单，又不能太困难。太简单的问题，不但不能让学生的思维能力得到锻炼，学生也会逐渐丧失思考的兴趣；太困难的问题，不能引起学生思考，学生也会逐渐丧失思维的积极性。为了设计出"合适"的问题，教师应该主动与学生交流，了解学生的学习状况、思维模式和思维习惯，才能在备课时设计出"合适"的问题，引导、纠正学生的思维，使学生的思维能力得到提高。最后，教师除了要设计出"合适"的问题，还要使所有的问题具备整体性。为什么要使问题具备整体性？在思维的发生学研究中，会出现一种"顿悟"的现象。引起"顿悟"的重要原因在于把问题的所有要素呈现给思维者，思维者通过一段时间的观察，发现这些要素互相间的联系，从而设计出解决问题的方法。所以，教师通过提问，帮助学生找出问题要素的同时，还应当引导学生发现这些要素的联系，进而能够找出解决问题的方法。还要注意课堂的节奏，留给学生观察发现的时间，使得各个层次的学生都能够参与思考，都能够获得思维的乐趣，真正养成思维的习惯。

三、培养逻辑推理能力

所谓逻辑推理是指从一般性的前提出发，遵守公理规则的约束，将问题的各个要素进行联系，进而得出具体陈述或个别结论的过程。要进行逻辑推理，得出正确的结论必须具备三个条件：找到进行推理的前提；遵守公理规则；找出问题各个要素的联系。

所以，学生会出现数学语言与逻辑推理的脱节，在于下列环节出现了问题：不能理解题目条件的含义，没办法把题目的条件转化为推理的前提；不能完全遵守公理规则，推理过程中出现不够严格的直观、直觉，导致错误结论的产生；不能找出问题各个要素的联系，或者没能把各个要素进行组合，并最终得到正确的结论。

如何解决学生数学语言与逻辑推理的脱节？

首先教师要着眼于打好学生的知识基础，掌握好数学对象的定义、性质、定理、公理。一方面，只有拥有良好的知识基础，学生才能把题目中的条件转化为推理的前提，才能找到解答问题的入口。另一方面，只有拥有良好的知识基础，学生才有可能找到问题中各个要素的联系，进而找到解答问题的方法。其次，教师要对学生狠抓严格推理的训练。数学作为众多自然科学的基础，要求无可挑剔的确定性，严密的逻辑就是数学的标志。逻辑推理的重要作用就是用来判断命题的真假，而不再依赖经验式的猜测来得到结论。教师应当培训学生言必有据的严谨思维习惯，真正养成科学精神。最后，教师还应当帮助学生建构高效的知识网络。柏拉图曾说："我认为，只有当所有这些研究提高到彼此互相结合、互相关联的程度，并且能够对于它们的互相关系得到一个总括的、成熟的看法时，我们的研究才算是有意义的。否则，便是白费气力，毫无价值。"可见一个高效的知识网络对于解答问题的重要性。当学生的知识网络能够做到各个知识点高度分化，同时又能互相贯通，那么，学生在解答问题的时候，就能找出问题的各个要素的联系，这样就能在解答问题的过程中进行顺畅的推理，进而找到正确的解答方法。

四、重视学生数学概念形成的引导

为什么学生会出现数学语言与数学概念的脱节？数学概念在实际教学中，存在着下列问题：学生将数学概念单纯地认为是一些陈述性的知识，只要记忆下来就可以；学生对数学概念的理解不够深入，只知其然，而不知其所以然；学生在课后没有及时复习、领悟，并与前面所学的知识相联系。这些问题都暴露出学生不够重视数学概念的学习，从而也导致部分学生对大部分数学概念完全不明白或只是停留在初步的认识和记忆上。最后，学生往往只记住了数学概念的形式表示，却没能理解数学概念本身的含义，于是就出现数学语言与数学概念的脱节。例如，在教授函数概念时，学生更多的只是关注概念的文字表述，而没有理解函数实际上是一种特殊的对应关系。在课堂上提问函数的定义，学生不是照着课本把函数的定义念出来，就是说函数是 $f(x)$。

如何解决学生数学语言与数学概念的脱节？

教师在教授数学概念时，大致采用两种方法：①定义法：通过学生已有的概念内容下语言定义。②抽象法：通过对一些特殊的对象进行观察，找出这些对象的各个特征，并从这些特征中提取出这些对象的共同特征。

研究发现，概念形成是一种复杂活动的结果，在这种复杂的活动中，所有基本的智力功能（联想、注意、意象、推理或者决定性倾向）都参与。但是，如果我们不把符号或者字符作为一种用以指引学生心理操作的工具，作为控制学生心理进程的工具，作为引导学生心理去解决我们面临问题的工具，那么概念形成就难以实现。

首先，在教授数学概念时，教师应当提醒学生数学概念的重要性。并且教师自身也要十分重视概念教学，不能把数学概念单纯地认为是一些陈述性的知识。数学概念是数学学习、研究的起点，无论是数学学习还是数学研究都遵循着：数学概念—性质—命题—定理的过程。所以，掌握数学概念是进一步学习数学知识的基础，对学生数学能力的培养和发展有着深远影响。其次，教师应当把数学概念所要解决的问题呈现给学生，同时在数学符号的指引下，在解决问题的探索过程中，来实现概念形成。数学概念实际上是思维的一种形式，概念的形成过程是一个思维过程。概念的形成总是由具体到抽象，由特殊到一般，经过分析、综合，去掉非本质的特征，保留本质属性，从而形成概念。最后，教师应当使学生认清数学概念的本质属性。数学概念的学习，不仅要记住它的定义、认识代表它的符号，更重要的是把握它的本质属性。

总之，学生数学能力的提高，思维能力的发展是每一位数学教师真正应当关注的地方。同时，现行的很多教学方法还存在一些不能让人满意的地方。例如：如何制定相应的课堂模式来适应以上要求？学生在掌握一个数学概念或一种思维方法时，都需要一段时间去思考、感悟，如何在课堂有限的时间里让学生去思考、感悟？这些问题都是有待数学教师去思考、研究。

参考文献：

［1］列夫·维果茨基. 思维与语言［M］. 李维，译. 北京：北京大学出版社，2010.

［2］李忠. 数学的意义与数学教育的价值［J］. 课程·教材·教法，2012（1）.

［3］陈美蓉. 高中数学学习中学生逻辑推理能力培养策略［J］. 数学学习与研究，2014（1）.

推荐书籍

《老师的谎言：美国历史教科书中的错误》
作　　者：[美]詹姆斯·洛温
译　　者：马万利
出 版 社：中央编译出版社
出版时间：2009 年

推荐理由

　　被《中国教育报》评选为 2011 年影响教师的 100 本图书之一的《老师的谎言：美国历史教科书中的错误》，其目的在于揭示真实的历史。本书一经出版，便在美国引起轩然大波。詹姆斯·洛温得出的正确结论是：当你揭穿美国历史教科书中的那些谎言时，美国不会因此就变得可憎起来，尽管像哥伦布这样的历史人物将变成争议的话题，但是他们不会因此而成为恶棍。与此相反的是，充满冲突的美国历史会展示出它的丰富多彩和独特魅力。中国的历史教科书的编写也是有所侧重，对某些事件的描述避重就轻，这并不符合历史教育本身的任务——公民素质教育。我从这本书得到的启示是历史课堂与历史学习需要努力还原历史的本来面貌，依托历史教材、历史课堂，帮助学生建立完整的知识体系，让学生学会思考，加强历史与现实的联系，强化历史的现实感，让冷冰冰、高高在上的历史变得接地气。

推荐人：许春梅

浅谈中学历史教科书的是与非及教学策略

许春梅

尽管还原历史的真相是历史学的任务而不是中学历史教科书的任务，可是《老师的谎言：美国历史教科书中的错误》这本书还是给我们很多启示。如今的历史教学应该是往公民素质教育方向发展，可是作为中学历史教学载体的历史教科书却难以体现公民素质教育，政治色彩很浓。教科书里的雷锋、张海迪、赖宁、狼牙山五壮士等，数不胜数，这些都是我们的政府给我们树立的榜样，而我们的教育方法也在到处树立榜样，我们会有各种各样的评优。我们每年都会评出各个级别的优秀学生，各个方面的优秀学生，给我们的学生树立榜样，榜样的力量激励学生向上，于是我们的优秀学生都是一样的，努力、勤奋、刻苦……当然这是在我们的教育资源有限的情况之下发生的事情。用这种方式可以让我们有发展的方向，但这样教育出来的学生可能会丧失自己独立的个性。在经济发展的前提之下我们的教育是否应该换一种方式，更多地关注学生每一个个体，关注学生的个性，当然这要在小班教学的前提之下。

人性中肯定是有善良的一面也有丑恶的一面，我们要给学生呈现的是每个历史人物，每个历史事件的真实面貌，有好的有坏的。美好的一面要引导学生学习，丑恶的一面要对其进行批判，在教学中我们不但要教给学生历史知识，还要教给学生判断是非的标准，让学生学会用一颗宽容的心来看待这个世界，看待身边的事和物。

中学历史教科书不足的地方就是还不够客观，但是历史教师在教学中可以多让学生接触不同的观点，以此来帮助学生养成一种全面的思维。那么我们该如何在现有历史教科书的基础上还原历史呢？

历史是一系列尚待解答或尚待完善的问题，而不是一系列确定的答案。这是我们历史教师必须教给学生的一个观念，不能让学生把教科书当成金科玉律。事物是在不断地发展的，我们的历史也是在发展中完善的，不断接近历史真实，最后还原历史真相。

在现有的情况之下，我们该如何利用好历史教科书教给学生尽量接近真相的历史，教给学生历史思维，而不是应付考试的干巴巴的知识？这就是我们接

下来要探讨的话题。

教科书的性质包括两个方面：一是学生的学习资源，二是学生的学习工具。

作为学生学习资源的历史教科书，历史教科书选择的内容应具有一定的代表性，并能较及时地反映史学研究的新成果。

（1）历史教科书内容与学生心理特点的关系。如果完全从历史知识的角度出发，中学历史教科书只需要把大学教科书内容简单提炼一下就好。但由于中学生处于特殊的年龄阶段，我们必须考虑学生的兴趣需求和理解接受能力。历史学中很多概念、现象对于历史学本身来讲很重要，但不一定是中学生容易接受的。所以，中学历史教科书必须考虑到内容与中学生心理条件的贴合程度。而我们的历史教科书在这点上做得非常到位，教科书的编排是在学生初中已有历史知识的基础上进行的，那么我们的历史教学也应该建立在初中教学的基础上，因此教师最好能够熟悉初中历史教科书的内容。

（2）教科书知识体系。在各科中，历史学科的知识体系显得特别重要。只有存在一个合理的科学的知识体系，许多看似杂乱无章的历史知识才能被整理得有条不紊。现行的高中历史教科书虽然看上去没有体系，但实际上有着完整的体系，只是这种体系不是直接呈现给学生的，而是需要教师整合。教师需要把必修和选修的内容整合起来，挖掘历史教科书之间的联系。

在现行的历史教科书中不单是有历史知识，还渗透着相关学科间的知识。在渗透其他学科的知识内容上，历史学科有着天生的优势。因为任何一门学科都有自身的历史，任何一门学科都可以按照时间发展的顺序去编纂。因此，在历史教科书的编纂中多从其他学科的角度去叙述历史，不但有利于培养学生的发散性思维，使其触类旁通、举一反三，更有利于加深学生对历史知识本身的了解，从其他学科的知识或者出现的新发明新现象来理解具体的时代背景。从这个角度来讲，要求高中历史教师知识广博，也就要求高中历史教师不断地提升自我。关注学生所学的其他学科的知识，把历史和学生所学的其他学科的知识联系起来，其实对于历史学习来讲其他学科的知识不重要，但是当从历史教师的嘴里讲出了其他学科课堂上所听到的知识时，学生会觉得很新鲜，会崇拜教师，历史课的听讲效率会更高。同时，学生在历史课堂上还可以顺便复习其他学科的知识，假如各个学科都能这么渗透的话，那么我们各个学科的知识就能在学生的头脑里形成一个完整而庞大的体系。

教科书作为学生学习的工具，就应该发挥工具的功能，起到帮助或指导学生有效地获取知识的作用。要做到这一点，首先我们要研究教学规律以及中学生的心理特点、认知特点，还要掌握一定的教科书编纂技巧。从这两方面出发，我们可以确定教科书思想性的两方面因素——心理发展规律因素和编制水平因素。

作为心理发展规律因素维度，我们要研究教科书的编撰是否充分考虑到学生的心理发展特点，其中涉及的问题有：教科书能否充分引起学生学习的兴趣，激发其求知的欲望？现行的教科书有的专门设有"导学"栏，但它的主要作用还是引导学生如何掌握知识，在"激趣"方面所做的努力还远远不够。此外，引起学生的兴趣还涉及很多方面的条件，诸如文字表述是否符合学生的心理习惯；图片是否精美，甚至带点卡通色彩；练习的方式是否生动、有趣。现行历史教科书在生动性方面的不足就要靠教师来补充，现在多媒体教学的普及也使教师有了补充教材不足的前提条件，教师可以通过图片、视频来激发学生的学习兴趣。

（1）教科书对发展学生的历史思维能力所做的努力。长期以来，我们把历史教科书看作是历史知识的简单堆砌，把历史学习等同于死记硬背，现在我们在观念上已经做了极大的改变，但是，经过十多年的研究，我们对历史思维能力定义、内容、层次等一系列重要问题仍未能取得共识。历史教科书的编撰虽然也做了一些有益的探索，但还远不能令人满意，导致教师在学生的能力培养方面带有较大的盲目性和随意性。因此，在新形势下，历史教科书能否突出思维能力的培养应成为衡量历史教科书优劣的重要标准。假如教科书在历史思维方面体现不够，那么就需要教师在课堂上不断地培养学生的历史思维，通过讨论也好，练习也罢，都是帮助学生养成良好思维模式的方法。比如说客观评价历史人物、历史事件，在具体历史环境之下评价历史人物、历史事件等。这些都需要教师在课堂上刻意培养学生的思维能力。

（2）教科书的表现形式是否多样化。作为书本的教科书，它只有文字和图片两种表现形式；作为辅助教材，它则可以有地图、练习册、挂图、幻灯片、音像资料等多种形式。在以上形式中，音像资料由于造价较高，推广有一定的难度，但仍可以把它视为活动课内容的教学指引。为什么要强调历史教科书的表现形式多样化呢？因为历史并非一门纯思辨的学科，相反，它是一门涉及许多具体人物、事物，直观性非常强的学科，尤其是在中学阶段。所以，学生通过多种形式进行学习，不但容易形成清晰的历史表象，而且可以更好地加深对历史现象的理解和记忆。而这种学习途径的多样化可以通过教师的教学来实现。教师可以充分利用多媒体平台，信息化教学除了可以让课堂容量变大之外，还可以让我们的教学形式多样化。我们可以通过补充的图片、视频、文字等，让我们的课堂更加鲜活。当然我们的资料也要贴近学生生活，最好能够挖掘一些和学生日常生活相关的资料，比如说学生活动的图片，让学生感受到原

来学习和自己的生活如此贴近。

（3）练习是否形式多样、内容生动。现行教科书对学生的练习要求仍以书面练习为主，事实上对学生的学习评价应该是多渠道、多方面的，而且应该把实践能力的评价提高到一个较高的地位。在吸引学生学习兴趣方面，历史学科本来有着天生的优势，但当我们把它变为一门"纸上谈兵"的学问时，它就成了一门令学生生畏、生厌的课程了。在进行纯学术性的历史研究时，我们有理由对"历史研究为现实服务"的观点持不同意见，但在进行历史教学的时候，教学活动却必须尽量地与现实结合起来。例如，为加深对古代发明创造的认识，可以让学生自己动手制作各种教具，查阅资料，了解这些发明在今天社会的命运。为加深对乡土历史的认识，可以让学生做社会调查，写成报告文章。这些都完全可以成为练习的手段和评价的依据。尽管这看上去好像和历史考试没有关系，实际上我们的历史教学在走近学生生活的同时也锻炼了学生的思维，而历史考试更多的是考查学生的历史思维能力。

尽管我们的教科书有种种不足，可是我们依旧可以尽可能地还原历史，我们不能照本宣科，历史教学需要给学生以启迪，需要带领学生学会思考，学会判断是非，只有这样社会才会进步。

我们的教育不能只是培养考试机器，把书背下来就可以应付考试了，考完试之后又是一片空白，这样的历史教学是失败的。作为一个中国人不知道中国的历史是一种耻辱，教出不知道中国历史的下一代也是中国教育的耻辱！不知道世界历史的中国人，也不会知道中国未来的路该怎么走。

希望有一天中国的历史教育真的能成为国民素质教育，国民素质教育不会成为课改的一句空话，当然这需要无数的历史教师的努力。尽管我们只是平凡的一线教师，可是我们依旧可以在三尺讲台上燃烧自己，为我们的教育理想而努力。目前来看很多理论都只是理想，很多人把体现课标要求的课堂称为理想课堂，只要努力，我们的理想是会变成现实的！

推荐书籍

"历史是个什么玩意儿"丛书

作　　者：袁腾飞

出　版　社：上海锦绣文章出版社、花山文艺出版社、宁夏人民出版社、希望出版社

出版时间：2009、2010 年

推荐理由

此书文风新颖特别，幽默风趣、措辞犀利、见解独到。按作者袁腾飞自己讲，本书是由其日常教案整理而成，课堂信手拈来些数据，正史野史掺杂着讲，难免出现不太严谨的地方，诚如丛书名"历史是个什么玩意儿"略显俚俗。然而这位热辣的"史上最牛历史老师"用连批带讲、嬉笑怒骂的语言文字，使枯燥而沉寂的历史变得灵动鲜活、妙趣横生，令人在如同听相声般的感受中汲取庞大的历史知识信息，其精湛幽默的语言功底，深入浅出的讲述正是我们历史课堂所缺失的。

推荐人：王丽珊

读 "历史是个什么玩意儿" 丛书有感

王丽珊

　　从教历史，所以我对历史多少有些了解，也曾思考历史到底是什么？但初见书店竟陈列丛书"历史是个什么玩意儿"，我着实诧然，再见书面上介绍本书是"史上最牛历史教师"所著，便觉有趣，于是拜读，反思连连。

　　袁腾飞只是一个普通的高中教师，并不是什么历史大师，按他所说，本书是依据平时上课的经验整理而成，与传统史书完全不同。书中用的是一种非常简单、幽默、诙谐的方式来讲解历史，将枯燥乏味的历史片段变得生动活泼，于趣味横生的讲述中展示厚重的千年历史。如果真如他所说，那么作为袁腾飞的学生应是一乐事，因其在每节历史课中都能愉快地汲取庞大的历史知识。同为高中历史教师，我深感惭愧。我想要做到袁老师这样，除却博览群书的苦工和深刻的理解能力之外，最主要的便是其精湛的语言功底。诚如苏联教育家马卡连柯所说："同样的教学方法，因为语言的不同，效果可能相差二十倍。"

　　虽然此书中多有对历史的调侃，玩笑，甚至还有一些不够严密的地方，但其表述方式对我的历史课堂，还是裨益良多。

　　第一，历史课堂表述应强调"俗"，即做到表达通俗，无晦涩用语，让学生易于接受。以往我上课习惯于用书面化的语言解释历史，有时候还采用晦涩的措辞，以显示自己有高深的文学修养，但是，学生不能理解语言所表达的意思，食而不化，听起来味同嚼蜡。袁腾飞则不然，他说"周朝是西方人无法想象的超级大国，他们想象不出150万平方公里、上千万人口是什么概念，就像吃惯了肉丝炒饼的人不知道满汉全席的概念一样，当时的周朝就已经是满汉全席了"。他把勇猛闻于世的斯巴达300勇士说成"300个人打仗放在咱们周朝相当于是连长干的事儿"。如此表述使历史概念浅白化，当然，课堂语言也不能尽是大白话，过于庸俗或过于浅显，低于学生的接受能力，都会使学生听得乏味，令人扫兴，一样会减弱学生的学习积极性。因此，要抓学生的思想状况，了解学生的认识能力、知识水平，把书面语转化为口语，尽量适合学生的水平，有的放矢，采用适当的语速和深度，才能达到预期的教学效果。

　　第二，历史课堂表述应该"活"，即做到表述形象生动，描述绘声绘色。

历史讲述的大部分是已经过去的事情，由于时空久远，所以在学生眼里显得枯燥乏味。如我们讲隋朝国富，为唐朝奠定基础，但是具体"富"到什么程度，并无交代。而袁腾飞说"（隋朝的）粮食储备丰富到什么程度呢？能供天下五六十年。隋朝38年就灭亡了，所以到唐朝建国20年，吃的粮食都是隋朝攒下来的"。这样的表达就生动形象了，能帮助学生感受历史、再现历史画面。

第三，历史课堂表述力求"趣"，即做到表达幽默，轻松诙谐。袁腾飞说"（郑和）七次下西洋，六百万两银子花出去，郑和整个是一个散财童子""汉人的服装是最笨拙的，宽袍大袖，那个大袖子能钻进一个人，穿上那衣服上街，勤劳的清洁工都得下岗"。我想在课堂上，教师幽默的语言可以使学生在一笑之余引发联想，使学生感受到学习的乐趣，消除教学中师生的疲劳，活跃课堂气氛，给学生带来欢笑和信心，让学生在和谐愉悦的氛围中得以发展，也使学生真切地感受到历史教师的人格魅力，展现教师教学风格，缩小师生间的心理差距，达到"亲其师而信其道"的目的。

读史书，悟师道，今后我将更注重锤炼自己的语言。

推荐书籍

《所以，北大兄妹》
作　　者：萧百佑
出 版 社：上海三联书店
出版时间：2011 年

推荐理由

　　随着经济社会发展和人们生活水平的提高，孩子的教育越来越受到社会和家庭的高度关注。很多家长都希望子女学习成绩更加出色，能够考上一所名校，获得更加广阔的发展空间。但是，很多家长空有一番"理想"，却没有真正有效的教育方法。本书作者用自己的教育理念和方式，培养了自己的四个小孩。四个小孩都品学兼优、各有所长，而且知书达理、谦和恭让，并且在2009 年创造了两个小孩同时考上北京大学的奇迹。这样的成功经验，让很多人既羡慕又好奇，都想一寻究竟。作者在本书中用最平实的手笔，向我们展示了他的家庭教育全貌，有值得借鉴的地方，也有一些应引起家长和老师思考的地方。

推荐人：蔡淑惠

然后呢，北大兄妹

蔡淑惠

萧百佑先生因其"三天一顿打，孩子进北大"的口号被称为"中国狼爸"，他却坚称自己是"全天下最好的父亲"。萧先生之所以如此肯定自己，依据是到目前为止，他的四个小孩已有三个考进北大，而且，2009 年更是创造了长子萧尧和女儿萧君同时考上北大的奇迹；目前最小的女儿萧冰虽然成绩"略微逊色"，但目标也锁定中央音乐学院。萧先生以孩子们的学业成绩为傲，写了这本叫《所以，北大兄妹》的书，讲述自己的教育经验，书中理论引起了很大的反响，甚至是争议和反对。放假有空，我早早买来，仔细拜读，对其中的许多做法进行了一定的思考。

四个儿女有三个考上北大，这让很多家长羡慕不已，想要马上知道到底是怎样的家庭教育，能把孩子都送上名牌大学？

《所以，北大兄妹》正是萧先生介绍其"萧氏教育"的一本书。当认真阅读他的理论之后，我发现其实仅靠"打"是不能直接让孩子上北大的，萧先生的"打"按照他的叙述，是有理有据的，必要时孩子是要"打"的，且要"打"得孩子心服口服。萧先生的教育理念中除了必要的、正确的"打"，使孩子们循规蹈矩之外，还有很多地方都是值得学习的，比如将孩子的成长当作自己最重要的事业。为了孩子的成长，作为早期暨南大学优秀毕业生的妻子，辞去工作，在家里做起了全职妈妈。而萧先生自己也可以为了大儿子转到更好的学校就读而变卖房产、省吃俭用。对于这点，我们不得不佩服。很多家庭都非常重视孩子的学业，但是能做到像萧先生这样的并不多。家庭的高度重视，是孩子们取得优异成绩的至关重要的因素。另外，萧先生对孩子的成长进行严格、持久的监督和指导，这也是很多家长难以做到的：对孩子的同学交往、假期安排、网络使用、金钱管理等方面都进行了严格的控制，净化了所有物质和环境干扰后，萧先生精心地为孩子们安排大量的国学知识的学习，使孩子们从小接受优秀传统文化的熏陶。如他所讲，四个孩子都是彬彬有礼的。他积极主动与学校老师保持联系，辅助孩子成长；以身作则，引导孩子尊敬长辈，引导孩子正确做人等，这都是值得家长学习的。

但是，在萧先生看来，孩子最大的成功就是考上北大。孩子们为了这一目标，在受控制的学习和生活中小心翼翼地成长，孩子对于父亲手中的"鸡毛掸子"的惧怕，跃然纸上。对于萧先生的一些做法和观点，质疑是少不了的。

一、学习成绩是评价孩子的最终标准吗

短期来说，孩子的学习成绩是很重要，读书的确是很重要的任务，但不是唯一任务。在孩子的未来生活里，需要面对社会的竞争，需要面对更复杂的社会、家庭要求。如果我们从小就只重视成绩，不懂得培养他们做事和做人的能力，以为成绩好就是一切，这样的孩子迟早会出问题的。

每当期中、期末考试，尤其是高考之后，总会有学生由于成绩不理想，怕家长责骂、教师批评，或者自己绝望，而自寻短见的报道。社会、学校和家庭，都越来越关注孩子的学习，可又过分地把注意力集中在孩子的学习成绩上，无论家长还是教师，不少人以成绩论成败，认为成绩好的就是好学生，成绩差的则是问题学生。这样的判断标准，引发很多家庭教育和学校教育的问题，引发了学生们各种各样的心理健康问题。诚然，学习成绩只是评价孩子的一个重要标准，并非等于全部。现实一次一次地否决我们的判断标准，可仍然有这么多人"不思悔改"。

二、孩子的成长过程中，不需要朋友吗

一个人，除了读书学习取得优异成绩之外，必须掌握一个重要的技能，就是社交。因为人是社会中的人，用社会学上的说法，人是具有社会性的。但是萧先生的教育哲学里面，似乎过度抑制了孩子社交能力和技巧的发展。他严加控制孩子与同学的交往，不允许孩子参与任何形式的聚会或者活动，孩子每上一个新班级，就必须把班级里面交往得比较多的同学的成绩、家庭背景、交往范围等情况向父亲汇报，父亲批准与其交往，才能继续交往下去；如果想去同学家里，更是需要写申请书，讲明时间、地点、人物，记下对方父母名字和家庭电话，由班主任签名之后，再交给父亲批准。如此烦琐的报批程序，在很多的家庭里是难以想象的，更无法长期坚持。

这样的做法，确实在一定程度上保证了孩子不受损友的影响，有一个良好的学习环境。但是，这真的能保证孩子的社交能力良好地发展吗？很难相信一群只局限在家庭成员间交往的孩子，能与社会上其他人顺畅地交往。在孩子童年的回忆中，"朋友"一词完全空白（因为萧先生认为学生时代只有"同学"，没有"朋友"），这不能不算是一种残缺，对于孩子的健康成长，不见得是一件值得提倡的事。

适当的社交，尤其同龄人之间的交往，对于锻炼孩子的社交能力、生存能力和社会责任感，是不可或缺的。

三、把孩子与网络、连续剧隔离合适吗

同一个年代的人，都有属于自己成长年代的共同回忆；而这很大程度上都是来自于当时的电视剧、玩具、游戏等。比如"八零后"，看到《忍者神龟》《葫芦兄弟》等动画片或者其他经典电视剧的剧照时，都会勾起对童年时代的美好回忆。如今是信息大爆炸的时代，信息更新速度快，不允许人们与之脱离，否则将会跟不上时代的步伐。

据萧先生介绍，在他的家里，孩子是不能随便打开电视机、电脑，当然热播的电视剧、动画片跟他们是毫无关系的。孩子们看什么节目，必须是父亲通过的。萧先生引以为傲的大儿子对于时政的评析能力，很大程度上就是得益于父亲引导他观看新闻联播。只是当孩子们长大了，与同龄人一起，其他人谈起那些经典作品时，可对于他们来说，是零，那不得不说也是人生一大遗憾吧。

当然，网络和连续剧中的一些信息，确实有可能使孩子浪费了宝贵的学习时间，甚至将孩子引上歧途。但是如果完全为孩子"定制"了上网和看电视的内容，那么孩子们就不用判断自己所接触的内容到底健康与否了，因为那是父亲做了"权威选择"的，长此以往，孩子们还有明辨是非的能力吗？倒不如给孩子一个自己选择和判断的空间，引导他们，让他们自己走，而不是牵着他们的鼻子走。

四、"萧氏民主"适合所有孩子吗

萧先生明确地告诉孩子们，家里是"民主"的，只是孩子是"民"，父亲是"主"，父亲是家里唯一的权威，说什么是什么，孩子必须无条件服从。或许是因为萧先生的孩子们刚好都比较听话，所以没有出现严重叛逆的现象。不过，其实从他的字里行间，我们还是可以了解到，孩子们常常对于父亲的做法不解甚至反感。现实生活中，动不动对孩子严加拷打的"严父"，最后酿成了悲惨的结局，这样的事例并不罕见。

教无定法，"萧氏教育"是取得了一定的成绩，但并不意味着这一教育理念和方法适合所有的家庭和孩子。

五、考上北大就是成功吗

在萧先生看来，证明他的教育方式无比正确的，无疑是三个孩子都考上北大。但是，读完整本书之后，甚至只是看到书名，便让人产生了这样的疑问：

考上北大就一定意味着成功吗？如果让孩子认定只要考上北大那就是成功，会不会让孩子对成功的理解片面呢？他们考上北大之后，是否会妄自尊大？北大、清华甚至世界上更名牌的学校，不是也有一些学生遭遇挫折就出现各种各样稀奇古怪的极端行为吗？考上名牌大学，那仅仅是人生中的一个亮点，大学之后还有很长的人生，还会遇到更多问题，考上北大，并不意味着所有问题都将迎刃而解。

拥有名牌大学的学历，当然是筹码之一。但就如现在社会上流行的说法："学历至多可用两年，接下来就要看实践能力。"实践能力比学历和就读的学校的名气更重要，它综合了人的心理、良心、为人处事的态度和能力等等。所以，以考上北大来认定孩子是成功的，似乎为时过早，孩子只是刚刚扬帆起航，需要更正确的引导。

所以，读完《所以，北大兄妹》后，我就想问：然后呢，北大兄妹？

推荐书籍

《世界上的另一个你》

作　　者：［美］朗·霍尔、丹佛·摩尔、林恩·文森特

译　　者：张永英

出 版 社：湖南文艺出版社

出版时间：2013 年

推荐理由

　　这是真实发生在生命中的故事。故事的两位主人公，一个叫丹佛·摩尔，一个叫朗·霍尔。一个是流浪汉，一个是百万富翁。截然不同的人生境遇和社会地位，看似平行线般永远不会有交集，却成为真正的好朋友。故事里闪过一个个真实的人生片段——贪婪、恐惧、苦多于乐、希望、惊喜。虽然贫富悬殊，但没有阶层的歧视，用真爱感化绝望中的生命，犹如在寒冬注入一股温暖的力量，让人愿意相信这世界上会有无条件的爱去填充所有的恐慌和不安全感。

　　是的，最艰难的时候，有没有谁，愿意陪你一同走过？我们要相信，是有的。

　　《世界上的另一个你》蝉联纽约时报非小说类畅销书排行榜长达 3 年，至今屹立不摇。一个比小说更像小说的真实故事！

推荐人：曾映丹

读《世界上的另一个你》有感

曾映丹

　　生活中，有着太多拥有截然不同的出生背景和成长环境的人，似乎从一开始就注定了富贵与贫贱的差距，也从一开始就铸造了不可交叉的关系。很多人因为不愿意努力或者没办法努力，使得这两类群体永远都是平行线的关系。而在《世界上的另一个你》中，丹佛·摩尔和朗·霍尔，一个在当时美国处于最底层的黑人与一个身为百万富翁的白人，却用他们不平凡的能力和崇高的爱，成就了他们之间的美好友谊，造就了他们对这个世界的伟大的改变。

　　这本小说堪称"比小说还小说"，因为它真实，甚至真实得有点假。因为发生在主人翁身上的故事在这个物欲横流的社会里显得有点不可触及。

　　他们用无尽的爱来守护这份弥足珍贵的友谊以及这个"摇摇欲坠"的社会，他们之间并没有因为社会地位的悬殊而产生距离，他们互相尊敬、互相鼓励。从小因为身边最爱他的人总是被无情地带走而害怕再碰触别人的丹佛，对于陌生人的抵触和防范心理使得他在各个方面，包括交朋友方面，都显得异常小心翼翼。在美国当时不平等的阶层社会中，地位悬殊的他们，在他们的友谊中却拥有平等的地位，这在当时已然是一种莫大的超越。他们强大到一个人就可以成就很多事，却又好像脆弱到谁都离不开谁的帮助。他们分享着彼此的快乐和幸福，同时也分担着彼此的痛苦。他们视彼此为自己的亲人那样信任着、守护着。

　　这本书中另外一个非常重要的人物——黛博拉，朗的妻子。她凭借自身的聪慧和宽容，以及作为一名女性对一段感情的尊重和守护，改变了她的丈夫，挽回一段差点擦肩而过的感情，更以她纯粹的毫无私心的爱来改变这个世界。受上帝的感召及其本身的善良，她想要竭尽全力去关怀被这个冷漠残忍的社会所抛弃的底层人民。而丹佛作为这一群体中的一员，受到了特殊的关注而被赋予伟大的艰巨的使命。黛博拉坚信上帝的指令，她和朗通过不懈的努力一步步地卸掉丹佛身上一整套的抵制系统，并最终成功使丹佛愿意与他们成为真正的朋友。

　　作为美国上流社会的富翁，朗和黛博拉对于一个穷苦流浪汉的耐心和真诚，真的很难不让人动容。丹佛说："她（黛博拉）是这个世界上真正爱我的人"，像丹佛如此小心谨慎的人，是不轻易显露自己的情绪的，更何况是情感。当他说出"爱"的时候，这个"爱"字显得异常扎眼而美好。没错，黛博拉是真的"爱"他，这是一种大爱，是所有市井小民所期盼和渴望得到的。在当时的美国社会，冷漠和歧视蔓延整个国度，这些流浪汉能得到最基本的尊重已是最大的满足，而"爱"对他们来说简直就是奢望。但是，朗和黛博拉，他们是真诚地爱着一个叫作丹佛的流浪汉，一个有过前科的身上长满刺的游民。他们对丹佛的爱是无私的，朗经常说，没有什么是黛博拉害怕的，她会笑对流浪汉，坚持每周星期二甚至更经常地去照顾他们，纵使丹佛对她的友好报以冷漠及反抗，她还是一如既往地对他好，真诚地关怀他。黛博拉与朗对游民的付出，不同于其他富翁的标榜和做作，他们是以纯粹的毫无私心的"爱"在爱着这个世界的一切生命。

黛博拉和朗向我们诠释了真正的爱所应有的样子：爱，不是只去爱那些你该爱的人，还有陌生人，哪怕他们并不爱你，这是上帝教的爱。

很遗憾，黛博拉最终因为患上癌症而辞世，但她崇高的精神及在生命最后阶段与疾病顽强抗争的毅力，已经书写了人生奇迹。她用爱征服了这个冷漠的社会，即便丹佛在六十几岁时才碰上黛博拉，但他却最终因为这份弥足珍贵的"爱"而改变，他重新燃烧起对生活的爱，并最终代替黛博拉继续爱着这个世界。黛博拉走后，朗要求跟丹佛一起回去体会丹佛的人生，他说过，对于这份友谊，他不会像钓鱼似的放与捉，他早已把丹佛看成是自己家族的亲人，他们早已是那种谁也不会离开谁、谁也离不开谁的关系。

作为读者的我，三年前踏上人民教师之路，对于教师这个职业，时有复杂的情绪和情感。我知道三年多的经历和感悟远远不够，但我却已经深刻体会到"爱"对于每一位学生来说有多么重要，就像黛博拉和朗对丹佛、对游民的"爱"那么重要一样。有时候我会发现无论你在技能或专业上多么努力和专注，却似乎敌不过你在无意或有意中流露出来的对学生的"爱"所能给予的那么多。三年多的教学经历，让我对"爱"的力量有了更进一步的理解。而读了《世界上的另一个你》，我更加确信，爱，它真的有一股似乎能超乎一切的强大的力量，能将陷入漩涡的人们拉出来，回到正确的轨道上。

我被朗和黛博拉的"爱"所深深感动，我也被丹佛的"爱"以及"感悟爱"的行为深深感染。我不会"无动于衷"，爱是这么美好的一件事，我一定会努力践行。我相信，爱，可以给学生、给家人、给朋友以正能量。我也希望，这股正能量能无限传递下去。我相信，在我从事的教育事业，更需要爱，更需要这种正能量。

　　我非常庆幸看到这本书，看到这么美好的人与事，感受到满满的爱。因为，生命中，只要能感受到爱，能嗅到美好的气息，才会充满期待和充满信心地活着。想到生活中有这么多在为这个社会的和谐和进步努力的善良有爱的人们，就会对生命和生活充满感激。谢谢朗、丹佛、黛博拉以及书中所提及的一切为冷漠社会取暖的你们，让我不断思考人生的意义和价值，让我内心在无尽翻滚后对生命肃然起敬。感谢你们，在寒冷的冬天，因为读到你们的美好，我无比的温暖。

　　如果你对社会失望，对生活没有热情，想要以新的姿态来面对新的生活；

　　如果你总是觉得这个社会冷漠，觉得自己生活贫苦，充满绝望，想要看到生命的激情和希望；

　　如果……一切的一切……

　　我推荐给你，《世界上的另一个你》。

推荐书籍

《我在美国教中学》
作　　者：方帆
出 版 社：华东师范大学出版社
出版时间：2005 年

推荐理由

近年来，中外教育比较研究的著作层出不穷，尤以中美教育对比的话题最甚。越来越多的中国父母希望孩子享有国外优质的教育资源而送孩子出国留学，美国就是其中一个热门国家。《我在美国教中学》这本书从各个方面详述了作者在林肯高中的教学经历，包括师生关系、家校关系、考试制度、课堂教学等。作者像剥洋葱一样层层解析，酸辣刺激，告诉我们在美国基础教育下的学生有怎样的面貌、美国的教师有怎么样的要求以及美国的家长和学校、孩子、老师之间的关系是怎样的。了解之后，你就知道外国的月亮不一定圆，美国的家长一样不轻松，美国的孩子也要考试。教育的对比不是为了对立，而是为了取长补短，更好地前行。

推荐人：林少娜

他山之石

林少娜

在读《我在美国教中学》这本书前，我对本书充满了好奇。看书名就知道，这本书讲的不是发生在中国中学的事，而是发生在美国中学的事。作为一个在国内学习英语的人，我对于美国教育的了解仅限于书本和前辈们的说法。这本书的作者在中国土生土长，毕业于中山大学，他在美国中学教中文和生物。我最好奇的是一个中国人如何教外国人中文。虽然国内有一个学科叫对外汉语，但作者显然并不是学过这个学科的人。学过语言的人都知道语言这门学科跟思维有点关系，还有专门的一本书叫《思维与语言》。众所周知，中文属于汉藏语系，英文属于印欧语系，两者的思维是不一样的。这一点我在日常的教学当中也深有体会。比如说，我让学生翻译"英国的教育制度受许多其他国家的学生欢迎"这个句子的时候，学生翻译"许多其他国家的学生"的时候习惯于中文的字面的直译：many other countries' students，而比较正宗的表达应该是 many students in other countries。也就是把状语后置。再比如，学生说"中国的"的时候会用 China's 而不是 Chinese。由此，我们可以知道在美国教中学，特别是教中学中文是不容易的。

读了这本书之后，我对美国的教育和语言的教育有了一番新的理解。

首先，谈谈我对美国教育的新认识。以前，从课本和其他读物上获得的信息是美国人很诚实，在美国，诚信是非常重要的。不诚信，一家公司可以把你扫地出门；不诚信，一家店就休想有顾客；不诚信，你休想在美国找到一份工作。加上在大学里，一个美国来的外教要求我们不能抄袭，抄袭了就没办法拿到学分需要重修。为了避免学生中出现抄袭的现象，他让我们写的文章都是网上找不到，国内书店也看不到的。因此我对美国人的印象就是特别诚实、特别重视诚信。可是书中"作弊的故事"里，那个作弊的小女孩竟然拿到了奖学金，作弊之后的处分记录也被她偷了。虽然学校后来成立了"学术诚实委员会"，可是学生对此却不在乎，而是希望教师睁一只眼闭一只眼。学生的成绩出来之后，家长也搅和进去了。最后作者发现对此类现象，他的措施想赢都难。所以，诚实，也不是每个美国人都拥有。而这个问题的存在也表明了美国教育的竞争性有多大。我们的学生经常嚷着为什么我们要高考，或者为什么我们要一考定终身，他们总是羡慕外国的教育，觉得在外国读书受教育就不那么累了。但是作者在书中说了华人在美国要进重点大学，录取率比国内高考重点大学的录取率还低。读了这本书之后，我想对国内的中学生也会有一定的启示。

其次，我也想对比一下中国人学英语和美国人学中文的小区别。第一方面对比的是考中国人的英语试卷和考美国人的中文试卷。我们的英语高考试题包括听说和笔试两部分，而笔试方面又有语法填空、完形填空、阅读理解、信息匹配和作文几部分。作者提供的中文试卷是旧金山联合校区的期末考卷（汉语语文与中华文化），其中有选择题、阅读理解和作文这三部分。这份试卷除了考学生的语言技能和语言知识外，还有语言的文化。而我们中国中学生的英语试卷里是没有针对这部分的考查的。我想要是在中国的英语试卷中也有关于文化方面的考查，会促进学生对英语国家文化的了解，也可以促进学生对英语这门语言思维的理解。

第二方面对比的是课堂教学的实施。国内教英语还是以教师引导和任务型教学相结合多见。作者在美国的教学是任务型为主，这也很像我在大学上过的外教的课。作者在上一篇记叙文课的时候，先把"高级记叙文检查表"发给学生，这张表的内容分为两部分：总体印象和具体内容。总体印象中有"题目与内容是否有关，文章有没有写成流水账，文章是第几人称写的"之类简单的问题。而具体内容里的检查就需要学生仔细地阅读文章，里面的问题有"故事的矛盾是什么？矛盾怎么组织？故事用了伏笔没有？故事使用的语言是否生动吸引人？举例说明。"在学生阅读文章回答这些问题之后，教师再对此进行总结，并布置作业。作业是写一篇《分寸》或《沟通》的初稿。在下一堂课时，他让学生根据他提出的标准对自己写的文章做出评价。作者以先发现后反思的做法教会了学生如何写记叙文。我想这样循序渐进的做法对于我们的教学也有启示。

这就是我读了这本书之后的一点小体会。在教师生涯，我想还是要多对比多了解再反思才能够提高自己的教学能力，这本书中的有些做法对我还是有用处的。

推荐书籍

《目送》
作　　者：龙应台
出 版 社：广西师范大学出版社
出版日期：2014 年

推荐理由

　　以前看过很多鸡汤文和励志篇，总是当下若有所思但不出几日就渐渐淡忘，然而读龙应台的文章，总感觉那些文字活生生变成了生活中一个个真实可及的画面，让我深有感触且久久难以忘怀。她写父亲的逝世、母亲的苍老、儿子的离开、朋友的牵挂、兄弟的携手……平实而又温暖的基调让人感同身受，宛如一滴浓墨掉入一池心水，慢慢漾开，回味无穷。其中，让我最深有感触的是那些关于幸福、关于家、关于亲情的理解。看《目送》，我们可以感受到作者独到的敏锐和她文字特有的深情，字里行间流溢着与生命素面相对的真诚与理解，这是一本温暖人心且使人有所思的好书。

推荐人：林晓亭

莫等子欲养而亲不待

林晓亭

夜，追着秒针嘀嘀嗒嗒滑入梦境，依稀几声前院里的狗吠声，窗外残留点点灯火，没有星星作伴，这夜，静得太沉。只剩失眠躺着的我，悄然享受这夜的静谧。尔后心池泛起涟漪，思绪万千，只因白天看的那些文字——来自台湾女作家龙应台的《目送》，让我深有感触。

一、"家与幸福"

不知是否因为作者是台湾人，而台湾很多民俗风情与潮汕有着相似之处，读作者的文字我总倍感亲切，那些生活画面、那生活的姿态就如日日演绎在潮汕人的柴米油盐中一般，有家的气息。

何谓家？我想千万人有千万种答案。房屋，或许是其外在的表现——海边，山谷，郊野，小镇，又或者是某个市区，形形色色的房子，或简陋或精细，或陈旧或华丽，本无关人情，一旦有了人的气息，它便被赋予了灵性，成为我们情感的寄托载体、世俗的避风港，于是，成了家——稳妥，满足，温暖。我们的喜怒哀乐，酸甜苦辣，尽在家的记忆里，也在我们的心里。读作者对台湾的家的描述，让我感叹我们的潮汕之家。所谓一方水土养育一方人，生根于潮汕这片土地上的人们，纵有无可否认的瑕疵，终究大多是厚道朴实的人，说着潮汕音，过着简单生活，柴米油盐，人情冷暖，平平淡淡度过这小城四季。在潮汕人的概念中，家的重要性，是毋庸置疑的。潮汕人对"家"与"家乡"有种特殊的情怀。在外人看来，是偏安一隅，怯出外头的软弱。其实不然，许许多多的潮汕人，一样漂洋过海独闯他乡，一样以骄傲独立奋斗于世，一样扬名于外，但有一点，他们的心从来不会真正抽离这个给予他们人世最初的"家"。每个潮汕人都有一种浓烈厚重的乡情，纵然离家万里，但逢年过节，总有往家聚的思乡游子。记得小时候，在爷爷奶奶家附近时常会见着那些久归的华侨，七老八十，白发苍苍，笑中闪泪，举手投足间，依旧是熟悉的乡音，亲切无比；也记得暑假去泰国旅行遇到在异国定居已久的澄海老伯，听我们乡音一出，老伯欣喜无比，感慨离家思家之情，瞬间眼眶泛红……我们在

乎，是因为珍重。因为，家，有我们的人世最初，有我们走过的足迹，有挚爱的人们；而成人后，他娶她嫁，我们又有另一个家，陪我们走另一段人生路，融入另一段温暖，学会处理人情世故，家常琐碎。

家，早已超越了空间，它是一份寄托，一段时光，一世记忆。就如作者在讲述母亲时说的，"我们都知道了，母亲要回的'家'，不是任何一个有邮递区号、邮差找得到的家，她要回的'家'，不是空间，而是一段时光"。

有了家，我们才有了幸福。作者说："所有的人，会经历结婚、生育、工作、退休，人生由淡淡的悲伤和淡淡的幸福组成，在小小的期待、偶尔的兴奋和沉默的失望中度过每一天，然后带着一种想说却又说不出来的'懂'，作最后的转身离开。""幸福就是，生活中不必时时恐惧；幸福就是，寻常的日子依旧；幸福就是，寻常的人儿依旧；幸福就是，冬天的阳光照在你微微仰起的脸上；幸福就是，早上挥手说'再见'的人，晚上又平平常常地回来了，书包丢在同一个角落，臭球鞋塞在同一张椅下。"

作者对幸福的定义，是那么实实在在。

我想，幸福与家，紧紧相连。回想走过的二十多年时光，是家，为我保驾护航……岁月流逝，那一年冬月初九的我，尚不懂人世；想起妈妈说过两三岁时候的自己在街坊邻里口中是亭亭玉立如纸影戏里的女子；想着当初开始跟着妈妈学勾花的六七岁的自己；想着煮饭不敢拧煤气开关的小时候；想着一大早提着一桶衣服淌在溪水里刷刷洗洗的那个女孩；想着奶奶种了满庭院的茉莉花，捧着一手的清香的那时候；想着因为晚起怕迟到和妈妈赌气不吃早餐就跑学校的倔劲；想着第一次刚学骑单车就差点把一个大婶给撞上，人家还没开口自己就先吓得哭了的那模样；想着那时屋漏偏逢连夜雨，守在水盆旁盛水倒水再盛水的一整夜；想着台风夜全家人躲在外屋厅里惶恐得睡着的那时候；想着雷雨天和弟弟妹妹躲进被窝的那时候；想着初次独自一人拖着一堆行李走进那个叫作苏北中学的地方；想着黑暗中躲被窝里复习那本名叫历史的书……身为长女，多多少少肩负些许责任，懵懵懂懂二十多个春夏秋冬又走远，岁月里的浮萍，时间里褪去青涩，浮躁过，彷徨过，挣扎过，也美丽过……这段时光里，家永远为我亮着灯，一如既往承载着我的那些欢笑与眼泪。家的温暖，家人的包容与支持，让我一路坚持向前，而今成为站上讲台的师者，我也时常对着学生说："要学会感恩我们的家，我们的亲人，因为有他们，才有我们的幸福"。

二、莫等"子欲养而亲不待"

读《目送》，一不小心就会顿感酸楚而落泪。特别是读到"所谓父女母子一场，只不过意味着，你和他的缘分就是今生今世不断地在目送他的背影渐行渐远。你站立在小路的这一端，看着他逐渐消失在小路转弯的地方，而且，他用背影默默告诉你：不必追"，心里不由得咯噔一下——父母亲如今是有多老了……想着想着突然就害怕起来，为人子女，竟在日日繁忙的工作中悄然忘记了时光也在一点一点带走我们与父母的缘分。不知是印象太深刻，还是从小就习惯记事，现在还总想起小时候骑在爸爸的肩膀上吹海风，看海浪，咬着爸爸买的包子的画面；妈妈抱着去阿姨家看着阿姨在给客人理发的场景；小学时爸爸为了三个孩子的学费奔波到四川、云南收购石榴，一去两三个月，回来就会瘦好多斤，期间妈妈独自一人打理着一亩半的田地，早出晚归……一切就如昨天发生一般，如此清晰。儿女毕业工作后，他们依然不能停歇，反而操心更多，担心我们是否健康、工作是否顺利、与同事朋友相处是否融洽、是否过得开心等等。看着《目送》，不禁落泪，很多时候，为人师者，一直教育学生要感恩，要多向父母倾诉，表达对父母的爱，回过头来，却发现自己给父母带来太多的担忧和不安，心里深感愧疚。这时才懂得，很多时候不是我们去看父母的背影，而是在承受他们追逐的目光，承受他们不舍的，不放心的，满眼的目送。最后渐渐明白，这个世界上，再也没有任何人，可以像父母一样，爱我们如生命。

仔细回想，自己是否为父母做过一些事——是否送过礼物？他们最需要的是什么？在他们最需要我们儿女的时候是否陪伴在他们身边？是否对他们说过抱歉抑或感谢的话语？是否注意到只能看电视剧排解空虚的父母孤单的背影？是否懂得他们背后默默的付出……突然间就很想陪他们去旅行，让他们看看年轻时没看到的风景，尝尝世界其他角落的美食，放慢脚步体会另一种生活……就怕时间是只藏在黑暗中的手，在你一出神一恍惚之间，物走星移。所以，趁着有时间，好好珍惜我们与父母之间的缘分和时光，在父母的有生之年，让他们常常能看到我们，见证我们的幸福，切勿等没了时间，切莫等到"子欲养而亲不待"！将来，我们也会为人父母，儿女也会一天天长大，我们也会一直在等候，也会经历父母曾经经历的一切。为了不留遗憾，这父女母子间的情缘啊，愿你我且行且珍惜！

推荐书籍

《如何阅读一本书》
作　　者：〔美〕莫提默·J. 艾德勒、查尔斯·范多伦
译　　者：郝明义、朱衣
出 版 社：商务印书馆
出版时间：2004 年

推荐理由

　　《如何阅读一本书》是一本指导如何阅读的实用类书籍，书中主要通过阐述基础阅读、检视阅读、分析阅读、主题阅读四个层次，帮助我们通过阅读增进理解能力。

　　作者认为每一本书都有一套属于自己的骨架，我觉得这跟华罗庚的"把书读厚，再把书读薄"的观点很相似。一本书，我们阅读的时候，会对里面的句子进行分析，不懂的地方还会加上注解、联系相关的知识，因此书被读厚了。而当我们把一本书读厚了之后，知识的累积会更加丰富，这时候我们对知识的框架可能会模糊，因此需要再将书的框架找出来，完成这个过程，这才称得上读完一本书。《如何阅读一本书》就是教会我们怎样把书读"厚"，又怎样把书读"薄"。

推荐人：蔡萍

培养良好的阅读习惯

蔡 萍

巩俐在一次接受杨澜的访谈中曾经这样评价国内外的电影观众：在美国或法国看电影，你会发现观众的年龄是参差不齐的，看完一部艺术片，观众会把字幕全部看完，这是一种对艺术的尊重。最重要的是，电影中的某一个镜头或是一段话会震撼你的心灵，让你看完之后觉得有所收获。而在中国，人们为什么会走进电影院，因为"我累了""我想笑一笑"，于是带着可乐和爆米花，笑一笑，笑完便离开，不去管有没有所谓的"心灵感应"。

这让我想到了在教学上，我们不断地提倡学生阅读课外书，经常强调要多读书，提高自己的阅读量。但是值得我们思考的一个问题是：学生应该读什么样的书呢？学生应该如何去读书？我们都知道学生应该阅读有营养、能够带给学生正能量、富有深刻含义、能够让学生去思考与感悟的书。但是现实中，学生看的又是什么书呢？遗憾的是，我们发现学生看的不是故事会、漫画，就是一些不知名的杂志，极少会看一些有价值的作品或名家名著。甚至有时问起四大名著中的人物，学生也是答非所问。这时候我会想，现代社会，有多少人还能坚持着阅读的习惯，有多少人还能在阅读中思考人生、收获智慧呢？

现代社会犹如翻滚的急流，我们像沙砾般被包裹在其中，来不及思考，也来不及沉淀。物质至上的教条鞭笞着现代人不断地获取更多的金钱，世人把"时间就是金钱"奉为指导人生的座右铭，用商业精神取代了人生智慧，结果使自己的人生成了一个企业，使人际关系成了一个市场。就连人情味也变得廉价，一个微笑、一句问候、一丁点儿恻隐之心也变得昂贵而罕见了。发展到了学生身上，便表现为一种功利性的学习与获取，教学成了应试教育的手段，读书只读考试会考到的，努力只为了有更好的成绩、上更好的大学、找更好的工作。就连课外阅读，也只是提高作文水平的手段。

作为教师的我们，应该如何去正确地引导学生呢？

首先，要挑选适合学生阅读的书。每个年龄阶段的学生经历不同，对作品的理解能力也不同，所以教师要根据学生的身心特点为学生推荐阅读作品。当学校是封闭式的管理时，学生接触外界的机会不多，图书馆的资源也很有限，

我们可以鼓励学生资源共享。将每个人认为家里最有价值的一本书带到学校，同学之间互相借阅，这样既方便大家阅读，又能够让学生阅读到更多更好的作品。另外，教师还应该考虑到学生的兴趣和爱好，比如，有一些学生喜欢阅读武侠小说，有些学生喜欢阅读散文，学生对于某一种文学有特别的喜好，我认为是应该尊重和鼓励的。这或许就是学生的兴趣，或许就是一个学生职业生涯的开端。

其次，要对学生的阅读进行适当的指导。《如何阅读一本书》中提到："每本书的封面之下都有一套自己的骨架，作为一个分析阅读的读者，你的责任就是要找出这个骨架。一本书出现在你面前时，肌肉包着骨头，衣服包裹着肌肉，可说是盛装而来。你用不着揭开它的外衣或是撕去它的肌肉，才能得到在柔软表皮下的那套骨架。但是你一定要用一双 X 光般的透视眼来看这本书，因为那是你了解一本书、掌握其骨架的基础。"学生的阅读必须是有方向的，我们可以建议学生遵循着这样的思路：①从一本书的书名中学到什么；②叙述整本书的大意，驾驭复杂的内容；③找关键词和关键句，找出主旨；④判断作者的论点是否正确。法国学者巴斯卡在三百年前就说过："读得太快或太慢，都一无所获。"因此我们要提出不同速度的阅读法。

最后，教师自身必须是热爱阅读的。没有一位学生不喜欢博学多才的教师，教师的博学多才来自于对生活的积累和对作品的思考。一个富有智慧的教师，在课堂教学中能够融会贯通，联系古今，让学生得以更好地理解和把握新的知识，同时也能开拓学生的思维，教会学生从深层次、多角度去解读作品。"言传不如身教"，教师说得再多，讲得再好，比不上用自身行动去证明。我们鼓励学生多阅读，也应该从自身开始，养成阅读好书的习惯。

冗杂的社会让尚在象牙塔中的学生也变得浮躁。快餐式的文化影响着学生对知识的追求和探索，他们习惯于不假思索地获得，让我们引导他们用书籍去平复一颗躁动的心，去认识更加广阔的世界，去思考更有意义的人生。

后 记

汕头市澄海实验高级中学位于韩江之滨，是广东省国家级示范性普通高中。她背靠层峦叠翠的花果山，南迎始建于明代的冠山书院，东承中华英烈许包野纪念陵园，西临我国首个千斤稻示范农场。在这里，优秀的传统文化和现代科技交相辉映。

为师之道，在厚学养德，厚积薄发。近年来，随着学校规模不断扩大，师生人数增加，学校面临办学规模化、教师年轻化之困。为解难脱困，实现规模和内涵同步发展，学校从 2013 年开始了"普通高中教师校本研训的理论与实践研究"课题研究工作（该课题为广东省教育科研"十二五"规划"强师工程"重点项目），把提升办学水平与教师专业发展结合起来，开展校本研训，深入开展"共读共享"活动。这本书是老师们在读书活动中所写的札记和读后感。

澄海实验高级中学师生读书活动具有悠久历史和优良传统。学校前身是创办于 1958 年的澄海师范学校，2002 年转制为普通高中。在转制前的师范时期，学校师生读书氛围浓郁，有各种读书社团。其中，以倡导读书和写作的花果文学社会员众多，长期保持在几百人的超大规模。文学社常年举行读书笔会活动，与兄弟学校和文化出版部门保持着密切联系，培养了不少作家和写作能手。学生到各地教书，也把读书写作这种良好习惯和爱好带到工作单位，大力倡导阅读写作，有如种子，播种在各个校园，各个教室，各个学子心田，郁郁葱葱，花开不败。这个传统犹如奇楠沉香，历经艰辛磨炼，沉淀凝聚，被师生传承发扬，多年来，读书活动生生不息，使美丽校园沐浴在浓郁的书香当中，熏染灵性，永续飘香。

每年的"共读共享"活动分为两个时间段，设置了不同的主题和活动方式。第一个时间段：以 4 月 23 日世界读书日为契机，每年 4 月 10 日—10 月 10 日开展活动，活动主题为"让阅读成为习惯，让思考伴随人生"，倡导终身热爱阅读，让更多的人了解"世界读书日"；利用暑假时间，开展"读书与反思"活动，加强阅读交流。第二个时间段：12 月全民读书月至第二学期开学初，活动主题为"有效教学，改造学习"，侧重于教育教学理论的学习和运

用，形式上以个人自学为主，利用寒假时间，开展"暖冬悦读"。

学校为做好"共读共享"的组织和实施工作，在教师中大力开展"读书与反思"活动，开通新浪教师读书博客，推荐年度教育教学好书榜，组织教师"读书与反思"论坛，开展暑假读书征文活动，举行"读书与反思"优秀作品交流会。学校按每位教师 10 册配置一批教师学习专用书籍。第一学期举行"读书与反思"教师暑期读书札记比赛，第二学期结合"双十双百"（组织校公开课，"推磨课""对比课"各十节，开展读书一百天活动，推荐教育教学名著一百部）活动，每位教师每学年精读教育教学专著不少于 2 本，摘录读书笔记，撰写读书心得。每年 4 月份举行"读书与反思"论坛，出版"读书与反思"优秀作品集。

共读共享活动取得了一些成果。首先，形成"学、用、创"教师继续教育工作策略。多年来，学校以共读共享为起点，在教师继续教育中走了一条行动研究的道路，形成了"学模""用模""创模"工作策略。"学模"就是开展读书活动，学习成功经验和教育理论。通过广集学习资料，设计活动方案，落实学习制度，建立课程改革理论学习书架、名师成长经验和教学案例专题资料库。"用模"就是在学习的基础上借鉴先进模式，推广科研成果和成功模式。"创模"就是原创或经过组合改造之后的校本研训模式。经过选取成功的模式，改装后为己所用，在此基础上，提炼出"全员参与、统筹规划、制度保障、分段促进、重在过程"的校本研训操作规程，促使研训模式推陈出新。"学""用""创"行动研究是一个不断学习、实践、反思的螺旋式循环上升过程。这种边学习研究，边实践反思、改进创新的做法行之有效。

其次，通过大量阅读提高专业发展水平。从近年辑录的"读书与反思"文章中可以感受到每位教师都在努力寻找课程改革的正道通途，正确表达对理想教育的理解和追求。"共读共享"促进了"读书与反思"活动的有效开展，推动了对话、协商、合作的研训机制的建立，加快了以精研精修为核心的教研文化的形成。"课堂同步实录""15 分钟精讲"和解题、命题、教学设计等师能比赛有声有色地开展起来了，教师的专业技能得以不断提升，高高在上的教学理念落了地，教师们转变观念，追求创新，积极推广"以学定教，先学后教"的成功做法，落实精致教学范式，把"粗放型课堂"转为"精致型课堂"，教学质量稳步提高，学校实现跨越式发展，办学品质得到提升。

破解普通高中由规模化向内涵化发展难题的过程，有如经历一个近乎梦幻般的迷局，如今雾霾散开，发展的通途渐渐显露出来：壮大师资力量，走专业发展之路，将共读共享进行到底！至此，我们用所感所思所悟，去改造课堂教学，改变学习方式，提升办学品质。

　　"取乎其上，得乎其中。"为了实现教育之梦，我们取法于上，点亮阅读之灯，照亮前路。本书付梓之时，"强师工程"项目已经进入结项阶段，正是许多教师圆梦之际。衷心感谢原项目主持人侯庆生校长（现任澄海中学校长），衷心感谢关怀本项目的各级领导和专家的引领与指导，特别感谢韩山师范学院教师专业发展中心的支持和引导，感谢课题组全体成员的努力和奉献。

编　者

2016 年 11 月